L'ENVIE D'ALLER MIEUX

Alain Krotenberg & Luc Patry

L'ENVIE D'ALLER MIEUX

Apprendre à surmonter ses angoisses, peurs, fatigues…

PAYOT

106, boulevard Saint-Germain, 75006 Paris

AVANT-PROPOS

Ce livre a été conçu et rédigé pour tous ceux et toutes celles qui souffrent en silence et qui, pour diverses raisons, soit qu'ils n'aient pas ou très peu entendu parler de ce que la psy peut leur apporter, soit qu'ils aient des réticences, n'osent pas aller consulter un psy. Il s'adresse également à toutes les personnes que la psychanalyse n'a pas satisfaites. Il vise enfin leurs proches et les médecins généralistes qui ne pensent pas toujours à leur conseiller de venir nous consulter.

Son but ? Dédramatiser la première séance et montrer que, dans bien des cas, une thérapie brève, répondant à un objectif précis et proposant des solutions simples, concrètes, à base de relaxation, de positivation de la pensée, de jeux de rôle et d'exercices à pratiquer quotidiennement chez soi, permet de surmonter ses problèmes.

Cette méthode, importée des États-Unis, a un nom : la psychothérapie comportementale et cognitive. « Psychothérapie » signifie « soigner par la parole ». « Comportementale » veut dire que l'on traite un comportement négatif — par exemple, la boulimie — en lui substituant d'autres comportements, positifs ceux-là, et incompatibles avec lui — par exemple, aller en vélo chez une copine. « Cognitive » signifie que l'on recherche les pensées négatives du moment qui activent le comportement négatif — par exemple, « il faut se dépêcher pour réussir »

— pour les contredire — par exemple, « on commet plus d'erreurs en allant trop vite ». Son efficacité est avérée en cas d'obsessions, de peurs, de timidité, de dépression et d'agressivité, et elle permet une amélioration de bien d'autres symptômes pour autant qu'ils soient mesurables en durée, intensité, fréquence et lieux.

Nous avons voulu que ce livre soit compris par tous. Pour cette raison, vous n'y trouverez aucun terme technique qui ne soit pas clairement expliqué. Nous avons voulu également qu'il soit utile. Chacun y trouvera donc son symptôme ou celui de son proche et lira le chapitre correspondant, sous une forme vivante, dialoguée, à la première consultation de notre patient venu parce qu'il souffrait de la même chose. Il verra comment se met en place, selon le contexte, une stratégie thérapeutique et les résultats qu'elle peut produire. Il verra en outre apparaître les inquiétudes légitimes du patient, ses résistances au changement, et la manière dont nous les gérons. Et comme ce livre est aussi un livre honnête, le lecteur pourra faire la connaissance — car cela arrive — de patients insatisfaits de leur thérapie.

Un mot pour finir. En France, les psychothérapeutes sont encore très majoritairement des analystes. On a tendance à penser que des thérapies différentes ne peuvent pas s'entendre. Nous formons ainsi un couple de psychiatres qui n'auraient jamais dû se rencontrer et encore moins associer leur expérience dans un livre commun : l'un a reçu une formation plutôt psychanalytique, puis s'est dirigé vers les thérapies brèves (thérapie comportementale et cognitive, analyse transactionnelle, programmation neurolinguistique, hypnose ericksonienne) ; l'autre est comportementaliste depuis de nombreuses années ; l'un exerce dans une banlieue de Paris réputée difficile (Pantin), l'autre dans un quartier bourgeois d'une ville de province (Rouen). Pourtant, convaincus que nos approches respectives étaient complémentaires, nous avons décidé de travailler cette complémentarité. Avec succès. Si l'objectif de la thérapie comportementale et cognitive est de produire chez le patient un changement rapide, grâce à des exercices dirigés sur un symptôme précis, urgent et douloureux, il n'est pas du tout incompatible avec celui de l'analyse, qui est de comprendre, par le biais de la parole libre, un problème non mesurable : « À quoi sert ma vie ? ». Nous adressons d'ailleurs environ 10 % de nos patients chez un analyste une fois que nous leur avons permis de diminuer l'intensité de leur souffrance.

La psy n'est pas ce que vous croyez. Elle est diverse et nous pensons que chaque psy, chaque patient doit pouvoir choisir la thérapie qui lui convient.

PREMIÈRE PARTIE

Le corps qui souffre

Maux de ventre
(« Mon médecin ne veut plus rien me prescrire pour mon mal de ventre »)

C'est une femme intimidée, d'une quarantaine d'années, qui se tient en face de moi. Elle s'appelle Anouck. Elle semble un peu gênée et recule son siège. Si je ne la rassure pas très vite, elle risque d'avoir des difficultés à exprimer ce qui ne va pas. Je prends une voix chaleureuse :

— Pourquoi souhaitiez-vous me rencontrer ?

— J'ai mal au ventre depuis plusieurs années. J'ai consulté de nombreux médecins, généralistes et spécialistes. Ils me disent que tout est normal et que c'est dans ma tête.

J'élimine une origine corporelle à la douleur.

— Quels analyses, radiographies, scanners avez-vous faits ? Que dit votre généraliste de vos résultats ?

Anouck prend un air découragé :

— Mon médecin dit : « Vous avez eu tous les examens possibles et imaginables. Ils sont complètement normaux. » Il dit aussi : « Je ne veux plus vous prescrire d'analyses pour votre mal au ventre. Cela ne sert plus à rien. »

La première minute de la première consultation est capitale. Je trouve Anouck très tendue. Il est indispensable que je puisse la décontracter dans un premier temps. En thérapie, il ne faut pas aller trop vite. Si l'on rentre tout de suite dans le vif du sujet, on peut aggraver l'angoisse du patient. Le risque principal serait alors qu'Anouck annule son deuxième rendez-vous. Je veux toujours être le plus simple possible :

— Votre problème est sans doute d'origine psychosomatique. C'est-à-dire que votre stress nerveux active vos intestins. Je vais faire une comparaison. Lorsque vous êtes effrayée par une voiture qui arrive trop vite sur vous, votre cœur s'accélère.

— Vous avez probablement raison. Mais je ne peux pas m'empêcher de penser que je suis en train de faire un cancer comme mon père. Il est décédé à quarante-huit ans d'un cancer de l'estomac.

C'est le moment de proposer à Anouck de se confronter à ses obsessions. Je vais lui faire imaginer ce qu'elle redoute le plus pour son ventre. De cette façon, nous allons atténuer progressivement son obsession du cancer. D'une manière générale, le stress augmente si l'on s'interdit de penser au pire et diminue si on l'imagine précisément.

— Imaginons que vous ayez raison, dis-je avec assurance. Imaginons que vous ayez ce cancer. Quelle est la pire image ou sensation que vous voyez et que vous ressentez maintenant, en fermant vos yeux ?

Anouck est surprise. Ma question lui fait violence et elle n'aime pas cela. Elle croit que je veux l'impressionner.

— Vous voulez me faire peur ? demande-t-elle en fermant les yeux.

— Oui, mais pour vous guérir.

En acceptant l'exercice que je lui propose, Anouck me fait confiance. Je ferme moi-même à demi les yeux. Si elle rouvre les siens avant la fin de l'exercice, mes paupières mi-closes et l'angle indirect de mon regard lui sembleront conviviaux. Il va s'agir pour moi d'être attentif à son acceptation des émotions troublantes qu'elle va ressentir. On ne peut pas faire l'économie des impressions fortes, qui doivent rester acceptables et acceptées par Anouck. C'est son visage et son corps qui vont me renseigner sur son accord.

— Mais si vous me parlez de mes peurs, me dit-elle en se repliant au fond de son fauteuil, cela va les faire venir encore plus vite ! À quoi bon ?

Étonnant comme la plupart des patients redoutent la même chose qu'Anouck. Le patient obsessionnel ou phobique est sûr que penser à sa peur la fait venir. C'est toujours le contraire qui se passe. À moi de le lui prouver par la pratique. Je parle calmement pour rassurer Anouck :

— C'est exactement le contraire. Pour vous donner un exemple, j'ai rencontré un forain qui sautait à l'élastique de trente mètres en fumant une cigarette. Il m'a expliqué qu'il faisait cela tous les jours à la foire pour attirer le client.

— Je ne suis pas acrobate ! me répond-elle en souriant.

Je suis content. Anouck commence à faire de l'humour. C'est bon signe ! Le signe que nous pouvons continuer l'exercice.

— Non ! Mais c'est la même chose. Plus vous allez vous confronter à cette obsession, plus vous deviendrez indifférente et blasée. Mais poursuivons, car cet exercice doit être fait sans interruption. Qu'imaginez-vous de pire pour votre ventre ?

Anouck se met à grimacer.

— Je me vois avec des vomissements de sang et des douleurs qui résistent à la morphine, comme pour mon père.

Pour l'apaiser, je vais plus loin que sa peur :

— Et ensuite ? Continuez votre film.

— Je mets longtemps à mourir.

— Combien de temps ?

En lui demandant cette précision, je cherche à faire en sorte qu'elle ne quitte pas le scénario dans lequel elle est plongée.

— Cinq mois, comme mon père, me répond-elle sans hésiter.

— Dans ce film, c'est la mort qui vous fait peur ?

— Non, pas du tout, dit-elle d'un ton assuré. Enfant, j'ai dû veiller ma grand-mère qui venait de mourir. J'ai encore la sensation de sa joue froide lorsque je l'ai embrassée pour la dernière fois.

Cherchons la cause principale de sa peur :

— Cela vous a-t-il effrayée ?

— Absolument pas. Cela ne m'angoisse pas.

— Alors, dans votre film-catastrophe, c'est peut-être la douleur qui vous fait peur?

— Non! Ce qui m'horrifie, c'est mon cancer qui saigne à l'intérieur. J'ai toujours eu peur du sang!

— Que voyez-vous de plus effrayant dans votre tête à propos de ce saignement imaginaire?

— Je me vide de sang et cela me rend folle.

Son visage s'est crispé. Je lis pourtant qu'il s'agit là, pour elle, d'un désagrément acceptable. Je poursuis donc:

— Folle comment?

— Je me sauve dans la rue comme un canard auquel on aurait coupé la tête.

Ce disant, elle mime, d'un mouvement des épaules, une course effrénée. Après un silence, elle lâche:

— Mais tout cela est si ridicule...

Je continue d'évaluer qu'elle fait parfaitement face:

— Dites-vous: «Le film que je me fais dans ma tête n'est pas ridicule.» Qu'arrive-t-il à ce canard que vous croyez être?

Anouck remue les mains, mais son angoisse diminue:

— Le canard devient de plus en plus fou!

— Et alors, que peut-il se passer?

Ma voix est montée crescendo, en même temps que le suspens du scénario. L'anxiété d'Anouck continue de diminuer, mais le ton de sa voix est, lui aussi, monté d'un cran:

— Je deviens folle et je suis capable du pire. Mais tout cela est vraiment nul.

Il faut que je la réconforte, que je lui montre que cet exercice est utile:

— Non, Anouck, tout est important dans notre imaginaire. Chaque personne a sa souffrance, qui est plus ou moins grande. Cette douleur repose toujours sur une pensée archaïque, apparemment ridicule et irrationnelle. Qu'entraîne cette folie imaginaire dans votre tête?

Anouck se calme un peu:

— Dans ma folie, puisque mon cerveau manque de sang, je peux tuer sans le vouloir. C'est comme si j'étais droguée. Mon esprit est déréglé.

— Et après ?

— Que puis-je vous dire de pire ?

Anouck semble exaspérée. Je lui montre que je ne vais pas abandonner. J'insiste donc :

— Finalement, que devenez-vous ?

— Je meurs, bien sûr !

C'est dit comme une évidence, d'une voix très calme. Je calque ma voix sur la sienne .

— Et ensuite ?

— Vous n'êtes jamais content !

Anouck est perplexe. Elle se sent détendue, alors que je ne lui ai fait parler que de sang et de mort. C'est le moment d'aborder, avec le plus de délicatesse possible, ses croyances irrationnelles :

— Vous avez évoqué votre terreur. Cela vous a calmé. Après votre mort, allez-vous au paradis ?

Anouck fait la moue :

— Je me vois aller au paradis parce que je n'ai pas commis de fautes assez graves pour mériter l'enfer.

— Que vous arrive-t-il aux portes du paradis ?

— On me fait quand même entrer au paradis. Comme je ne vaux pas grand-chose, on me laisse dans un petit coin. Mieux vaut avoir un strapontin au paradis qu'une place d'orchestre en enfer !

Pour la première fois, Anouck a souri. Je sais que l'exercice est définitivement positif. L'humour lui a permis de prendre de la distance par rapport à l'idée du cancer. Je dois maintenant l'aider à s'émouvoir face à cette obsession. Je la complimente pour lui faire oublier la fatigue :

— C'est bien ! Vous avez fait un superbe exercice. Vous êtes courageuse. Vous pouvez prendre votre temps pour ouvrir lentement les yeux. Que ressentez-vous maintenant ?

Anouck ouvre prudemment les yeux, comme devant un danger.

— Je suis surprise, après avoir parlé de tant d'horreurs, de ne pas être plus mal que ça. Je suis autant étonnée d'avoir plus parlé de sang que de cancer. En effet, c'est curieux car, au fond de moi-même, il me semblait que c'était seulement le cancer qui me faisait peur.

La séance progresse favorablement. Après ce travail en imagination, il va aussi falloir restructurer les pensées douloureuses liées au cancer. On appelle cela un « travail cognitif ». « Cognitif » veut dire « en rapport avec les pensées, les cognitions ». Ce travail a pour but de compléter le combat d'Anouck contre son obsession. Je prépare la prochaine consultation :

— Nous allons maintenant passer à une méthode complémentaire. Elle est centrée sur votre obsession du cancer. Cette semaine, une fois par jour, pendant cinq minutes, vous noterez sur un carnet toutes vos pensées douloureuses (voir tableau, p. 22). Vous ferez toujours cela au sommet de votre stress, quand vous penserez au cancer.

Anouck a l'air très intéressée, mais profondément sceptique.

— Je ne pourrai pas écrire sur ce carnet pendant mon stress, me dit-elle. Je suis trop figée dans ces moments-là.

— Vous allez le faire progressivement. La première fois, ce ne seront que quelques mots. Par exemple : « horreur du sang ». Je vais vous montrer. Voici mon carnet. Il est identique au vôtre. Vous voyez, il comporte trois colonnes. Ce sont ces colonnes que vous allez, pendant cinq minutes chaque jour, remplir. Dans la première colonne, vous noterez la situation réelle, objective. Par exemple : « Nous sommes le 12 mars, à huit heures, au cimetière, devant la tombe de mon père, avec mes deux frères. » Dans la seconde colonne, vous noterez le retentissement des émotions sur votre corps. Par exemple : « J'ai une boule dans la gorge, une oppression dans la poitrine, mon estomac est noué, mon front est couvert de sueurs froides. » Dans la troisième colonne, vous inscrirez vos pensées douloureuses, subjectives. Par exemple : « Je pense au cancer de mon père et à ses derniers moments de souffrance, avec son visage crispé à l'hôpital. »

— Quelle différence faites-vous entre « objectif » et « subjectif » ? me demande-t-elle en montrant du doigt la première puis la troisième colonne du tableau.

— Une situation objective, c'est par exemple : « Je fais cuire des œufs sur le plat dans ma cuisine. » Cela peut s'enregistrer sur un caméscope : il y a l'image des œufs et le bruit de la cuisson. Ce n'est pas le cas d'une pensée subjective comme : « Je me vois en train d'être opérée d'un cancer comme mon père. » Cette image reste dans la tête. On ne peut pas la filmer.

— Compris. Est-ce tout ce que j'aurai à faire ?

En principe, il vaut mieux éviter de noyer le patient sous un flot d'informations lors de la première séance, qui est souvent fatiguante. Je teste donc tout de suite Anouck sur son état :

— Non, ce n'est pas tout. Dans un deuxième temps, nous remplirons ensemble trois autres colonnes. Mais je vous expliquerai cela lors de la prochaine consultation.

— Dites-m'en quelques mots. J'ai tellement envie de m'en sortir vite !

Anouck semble motivée par ce travail cognitif et manifeste son désir de connaître la suite du chemin à parcourir. Pour ne pas la frustrer, je vais donc lui expliquer dès à présent, dans son entier, le tableau, que l'on appelle aussi « Colonnes de Beck ».

— Bien. Dans la quatrième colonne, nous noterons d'autres façons de penser par rapport à l'idée « J'ai un cancer comme mon père. » Par exemple : « Ce n'est pas parce qu'un père ou une mère a une maladie grave que les enfants auront cette même affection. »

Dans la cinquième colonne, nous noterons d'autres manières d'agir moins douloureuses. Par exemple, si j'ai noté dans la première colonne : « Je cache toutes les photos de mon père », je vais m'obliger à noter dans la cinquième colonne : « Je regarde les photos une fois par jour »... et à le faire immédiatement et tous les jours suivants (en notant les heures sur mon carnet).

Dans la sixième colonne, nous noterons votre schéma douloureux. C'est la règle que vous utilisez pour vous faire souffrir. Vous chercherez ce que vous vous dites inconsciemment. Par exemple : « Quand on aime son père, on subit les mêmes souffrances que lui au même âge. En revanche, on n'a pas droit à son positif si on est moins bon que son père. »

— C'est tout à fait clair, me dit-elle en comparant la quatrième et la cinquième colonnes du tableau. Mais pouvez-vous me préciser la différence qu'il y a entre « une autre idée » (colonne 4) et « une autre action » (colonne 5) ?

— Bonne question ! Je vais vous faire une autre comparaison. À propos d'une balle de tennis, une action consiste à « serrer la balle dans votre main » et une idée consiste à « imaginer qu'on la sert ».

Anouck est maintenant un peu fatiguée et désorientée :

— Je comprends votre comparaison. Elle me plaît bien. Redites-moi ce que je dois préparer pour la prochaine fois.

Si elle me parle de la prochaine séance, cela signifie qu'elle a envie de continuer la thérapie. Je lui résume ce qu'elle a à faire pour la deuxième séance qui, comme souvent, est fixée huit jours plus tard.

*
* *

Anouck a fait une thérapie qui a duré dix mois. Je me suis rendu compte au fil des séances que son obsession du cancer était associée à une phobie du sang.

Ces deux symptômes (obsession et phobie) sont souvent associés. Cela ne les empêche pas d'avoir des définitions différentes. La phobie, c'est une peur exagérée devant une situation concrète qui existe vraiment : « J'ai peur de cette goutte de sang sur le trottoir. » Au contraire, l'obsession est la peur d'une idée abstraite qui reste dans ma tête : « J'ai peur de m'imaginer avoir un cancer comme mon père. »

Pour cette raison, j'ai mené la thérapie d'Anouck en associant le traitement de l'obsession à celui de la phobie du sang. Par exemple, Anouck a pris contact avec un laboratoire d'analyses médicales. Elle a observé le sang au travers des flacons à une distance de plus en plus courte. Puis, au service des urgences d'un hôpital, elle a affronté la vue du sang dans des situations en rapport avec des maladies bénignes, pour finir par le sang de patients cancéreux. Ainsi, progressivement, son mal de ventre s'est-il atténué. Il n'a pas disparu pour autant de façon définitive. En effet, dès qu'elle arrêtait sa relaxation, ses tensions abdominales revenaient. Anouck devra donc toute sa vie, quotidiennement, pratiquer chez elle des exercices de relaxation.

Comme à tous mes patients, je lui ai dit : « On ne guérit pas forcément d'un problème psychologique. On consolide une digue pour contenir la mer. On peut parvenir, au prix d'un travail régulier, à un équilibre. Si l'on arrête d'entretenir ce mur, la mer reprend ses droits. »

*

* *

CONSEILS PRATIQUES
Si vous souffrez d'un mal de ventre persistant ou d'un autre symptôme psychosomatique

Demandez à votre généraliste de vous prescrire une échographie, des analyses de sang et de selles, ainsi qu'un examen intestinal avec une sonde anale et une caméra.

Que vous ayez une lésion ou non, le stress augmente toujours votre mal de ventre. Même pour une souffrance intestinale corporelle, la relaxation atténuera donc votre souffrance. La relaxation est toujours très efficace sur les douleurs de ventre.

Le tube digestif est l'un des organes les plus sensibles face aux troubles nerveux. Quand nous sommes tendus, nos intestins s'affolent en contractions comme une mer qui se déchaîne. La relaxation va calmer la tempête.

La stratégie relaxante la plus souvent utilisée est celle de Simonton. Elle consiste à faire imaginer le désordre des intestins, puis à positiver et à pacifier cette image.

Le patient refait ce travail à haute voix, seul, chez lui, entre les consultations.

En cas de douleurs persistantes, il peut être nécessaire de faire un travail comportemental plus spécifique.

COLONNES DE BECK

Les colonnes 1 à 3 sont celles de *l'auto-analyse.*

(1) SITUATION OBJECTIVE	**(2)** ÉMOTIONS CORPORELLES (noter de 0 à – 4)	**(3)** PENSÉES AUTOMATIQUES
Date, heure, lieu, etc.	Que ressentez-vous dans chaque partie de votre corps ?	Écrivez les pensées automatiques qui précèdent, accompagnent ou suivent l'émotion

Les colonnes 4 à 6 sont celles de *la restructuration.*

(4) IDÉES ALTERNATIVES	**(5)** ACTIONS ALTERNATIVES	**(6)** SCHÉMA DOULOUREUX
Que peut-on penser d'autre ?	Que peut-on faire d'autre ?	Quelle est ma façon de me faire souffrir ?

Rhumatismes
(« On me dit que j'invente mes douleurs aux articulations »)

Paul a la cinquantaine. C'est un homme de taille moyenne, cheveux blancs et belle moustache. Il a le visage crispé quand il entre dans mon bureau.

— Bonjour, docteur.

— Bonjour, monsieur. Asseyez-vous, je vous en prie. Quelles bonnes idées pourrions-nous trouver ensemble ?

Paul se recroqueville.

— Voilà, je souffre de douleurs, surtout aux poignets et dans les genoux. Mon généraliste m'envoie vers vous, car il ne sait plus trop quoi faire pour me soulager.

Paul ne m'en dit pas assez. Il faut que j'en sache un peu plus.

— Depuis combien de temps avez-vous ces douleurs ?

Paul s'exprime lentement, comme si chaque mot comptait :

— Cela a commencé, il y a cinq ans, quelques semaines après la mort de mon père.

Je dois étudier ce lien entre les douleurs de Paul et la mort de son père. C'est pourquoi j'ai envie d'insister sur cette mort.

— Depuis la mort de votre père, avez-vous consulté un rhumatologue pour ces douleurs ?

— Effectivement, dit-il à voix basse, comme s'il se sentait coupable. Il m'a fait une radio des poignets et des genoux. Il m'a dit que tout était normal, mais je n'y crois pas vraiment. Je suis sûr qu'on ne peut pas tout voir sur un cliché.

J'ai l'habitude de ce genre de problèmes. Il ne faut pas contredire ce patient, car sa douleur est bien réelle. D'ailleurs, les douleurs osseuses et articulaires constituent un réel problème de santé physique et mentale après cinquante ans.

— Vos douleurs vous gênent-elles dans votre vie, notamment professionnelle ?

— Oui, surtout dans mon travail. Je suis professeur d'économie dans un lycée. J'ai surtout des élèves de première et de terminale. Mes douleurs m'empêchent de me concentrer pendant les cours et me rendent parfois agressif envers mes élèves. Je n'aime pas cela, car je suis plutôt quelqu'un de très doux et gentil.

— Alors, Paul, qu'attendez-vous de moi ? dis-je d'un ton plus ferme.

— Vous comprenez, docteur, c'est comme si j'avais deux parties en moi. L'une est persuadée d'avoir une maladie grave. Ça me fait penser à un cancer des os ou à une maladie rare qu'on ne voit que dans les livres de médecine. Il n'y a aucun traitement. L'autre partie se dit qu'il ne s'agit que de douleurs nerveuses et que vous pouvez m'aider.

Il faut absolument que j'insiste sur ce que Paul appelle sa deuxième partie, qui est beaucoup plus positive.

— Comment aider cette deuxième partie ?

— Je ne sais pas, répond-il un peu mal à l'aise. Peut-être en me relaxant davantage ou en prenant les choses du bon côté, car je suis très anxieux dans la vie.

Cela me plaît que Paul ait d'emblée parlé de la relaxation. C'est une méthode efficace. J'aime l'utiliser contre l'anxiété d'une manière générale et parfois aussi, comme dans ce cas, contre les douleurs.

— Vous avez absolument raison, Paul ! Dans un premier temps, nous allons travailler avec la relaxation.

Paul est perplexe :

— Comment le fait de me relaxer peut-il calmer mes douleurs ?

Cette question prouve que Paul est déjà impliqué dans le début de la thérapie.

— La relaxation va d'abord abaisser votre niveau d'adrénaline, car c'est elle qui accentue votre douleur.

Paul, de caractère plutôt scientifique et donc rigoureux, semble satisfait de cette explication, mais il veut en savoir plus :

— Est-ce que ma douleur est uniquement une histoire d'adrénaline ?

Je préfère lui répondre immédiatement, sans laisser le moindre silence s'installer entre nous.

— Non, l'adrénaline n'en est que la conséquence. Ce sont vos pensées négatives sur vos os qui sont à l'origine de vos douleurs. Si vous permettez, je vais essayer d'être encore plus simple : donnez-moi par exemple un adjectif caractérisant votre douleur.

— Je dirais que mes poignets et genoux sont comme tendus et gonflés.

— Citez-moi un objet que vous connaissez bien et qui pourrait provoquer ce gonflement. Faites comme si vous vouliez expliquer cela a un enfant de cinq ans.

— Cela me rappelle le premier vélo que mon père m'avait offert. Cette douleur, c'est comme quand il gonflait les pneus avec la pompe à vélo.

— Bravo ! Voilà une belle comparaison entre le gonflement de vos poignets et genoux et la pompe à vélo de votre enfance. Je vous propose donc de faire tout de suite un premier travail de relaxation en visualisant le changement.

— Que voulez-vous dire ?

— C'est simple, nous allons imaginer votre douleur, penser à la manière dont vous la ressentez, puis nous positiverons cette image.

Je demande à Paul de s'allonger et nous commençons la séance de relaxation.

Vous allez maintenant fermer les yeux. Imaginez votre douleur. Pour cette première séance, nous nous limiterons à vos poignets, en commençant aujourd'hui par le gauche. C'est comme si vous preniez une pompe à vélo pour gonfler cette partie de votre poignet que vous connaissez bien. Pensez à cet endroit précis de vos articulations. Vous êtes dans une montgolfière au-dessus de votre poignet et vous l'observez. Vous repérez l'endroit qui se gonfle par rapport à votre poignet.

Choisissez une pompe à vélo sympa de votre enfance. Peut-être votre premier bon souvenir de vélo, par exemple une petite pompe à vélo d'enfant. Mais on peut aussi « jouer » avec une bicyclette d'adulte. Concentrez-vous dans ce premier temps sur vos sensations.

Observez la région la plus émouvante de votre poignet gauche, comme le noyau d'un fruit exotique rencontré au cours d'un voyage agréable, par exemple le noyau d'une mangue, d'un avocat, d'un abricot, ou alors comme un ballon.

En gardant cette dernière image ronde, vous allez adapter la pression du ballon en le dégonflant lentement. Cherchez la bonne pression, celle qui vous amène le plus de confort. Visualisez le changement qui s'opère dans votre poignet gauche.

Prenez tout votre temps.

Quand on est confortable, on a l'impression que le temps s'allonge agréablement. C'est bien ! Vous avez trouvé la bonne mesure. Vous profitez du confort de ce moment-là. Quand vous aurez suffisamment goûté le plaisir de cette détente, vous pourrez vous étirer avant d'ouvrir vos yeux.

Long silence.

— Qu'avez-vous ressenti pendant cette première séance ?

— Ça m'a fait du bien. Mais ne pourrait-on pas faire autre chose que de la relaxation, car j'ai aussi envie de parler ?

Cette remarque me fait penser que Paul sera probablement un peu résistant à la relaxation. Qu'importe ! Mon expérience m'a souvent confirmé que ce sont précisément ces patients-là qui en ont le plus besoin. Il vaut mieux que je commence à soigner Paul par la relaxation pendant les trois premières séances, car d'une part c'est un homme très stressé, et d'autre part ce sera également efficace sur ses douleurs.

— La relaxation ne sera que notre premier outil, lui dis-je. Nous la compléterons mercredi prochain, même heure, par un travail sur vos pensées négatives.

*

* *

En tant que professeur d'économie, intellectuel et cartésien, Paul a eu du mal à accepter la relaxation. Je lui ai demandé d'attendre trente jours pour juger, et je lui ai fait rencontrer d'autres patients résistants comme lui à la relaxation au début, et plus souples par la suite.

Son intellectualisme l'a aussi gêné au début pour écrire sa pensée brute quand il était angoissé par la douleur ou par une autre circonstance. Je lui demandais de noter sans interpréter au moment du stress. Pourtant, il ne pouvait s'empêcher de tout expliquer du stress.

Il trouvait que sa femme était indifférente à sa douleur. Nous avons donc pratiqué des jeux de rôle pour lui apprendre à en parler à son épouse sans se plaindre (« Tu es indifférente quand je souffre »), mais en demandant de l'aide (« Que ferais-tu à ma place si tu avais l'impression que les autres sont indifférents à ta douleur ? »). Ensuite, sa femme est venue et je leur ai fait faire des jeux de rôle à tous les deux.

Pendant six mois de thérapie, Paul a géré sa douleur par la relaxation. Il a appris à ne plus jouer le pauvre garçon persécuté. Par l'écriture de ses moments de stress, il a compris que sa douleur cherchait en vain à ce que son épouse trop froide, le câline. Je lui ai appris à demander autrement ce qu'il attendait d'elle.

Au bout de six mois, les douleurs avaient fortement diminué, sans toutefois disparaître.

J'ai revu Paul une fois par mois, pendant un an, avec une stabilisation tout à fait satisfaisante.

*

* *

CONSEILS PRATIQUES
Si vous avez des rhumatismes

Demandez à votre médecin généraliste de vous prescrire des radiographies et des analyses de sang. Avec l'aide de votre rhumatologue, vous découvrirez soit une destruction mécanique articulaire, c'est-à-dire de l'arthrose due à votre surpoids ; soit une inflammation du cartilage, c'est-à-dire de l'arthrite dont il faut retrouver la cause. Votre douleur peut aussi être liée à l'ostéoporose si vous ne prenez pas bien les hormones pour votre ménopause.

Il existe souvent des différences importantes entre les radiographies et les douleurs. Vous pouvez souffrir beaucoup avec des radiographies presque normales, et inversement. La cause ? Le seuil de la douleur, qui peut être plus sensible, ou plus bas si vous êtes stressé. Dans ce cas, la relaxation relèvera le seuil douloureux.

La souffrance de votre genou ne se localise pas dans votre genou, mais dans votre tête. Cette douleur cérébrale est influencée par votre humeur, votre moral, votre tension. Dans ce cas, la relaxation agit comme un bon film qui vous ferait oublier que vous avez mal aux dents.

Même si votre maladie osseuse est sérieuse, une thérapie, en vous aidant à l'assumer, atténuera votre stress et, de ce fait, diminuera votre douleur.

Migraines
(« Tous les médecins se sont pris la tête avec mes migraines »)

Le téléphone sonne. Mon assistante étant partie déjeuner, je décroche. Au bout du fil, une voix de femme :

— Allô, docteur ?

— Oui, je vous écoute.

— Avez-vous une place en urgence aujourd'hui ?

— De quoi s'agit-il ?

— C'est pour mon mari. Cela fait des années qu'il a des migraines. Depuis ce matin, il va très mal. Notre généraliste ne sait plus trop quoi faire. Il demande si vous pouvez prendre mon mari en urgence, car il souffre encore plus que d'habitude.

— Bien. Dites-lui de venir à quinze heures.

Jean arrivera très en avance. Il m'attendra dans la salle d'attente avec la tête dans les mains et l'air effectivement de souffrir.

Quand vient son tour, mon assistante le fait entrer. Je lui demande de s'asseoir et de me donner ses nom, prénom, adresse et numéro de téléphone.

L'homme est jeune, il grimace de douleur. Je décide d'aller droit au but.

— Votre épouse m'a téléphoné ce matin au sujet de vos migraines. Depuis quand vous font-elles tant souffrir ?

— Depuis cinq ans, me dit-il d'une voix douce, comme s'il avait peur de gêner. Mais mon médecin généraliste en a assez de m'entendre me plaindre. Il est fatigué de me prescrire des radios et des scanners. Ce matin, il m'a dit : « Allez voir ce psy que je connais. Je ne sais plus quoi faire pour vos maux de tête et je ne veux plus que vous vous intoxiquiez en prenant trop de médicaments. »

Quand on n'arrive pas à trouver la cause physiologique d'un symptôme, il faut parfois songer à une cause psychologique.

— Effectivement, dis-je à Jean. Le médicament que vous me montrez est toxique si vous le prenez trop longtemps. Il peut détruire vos globules rouges et blancs comme le ferait une leucémie, et votre foie comme le ferait une hépatite.

Jean a l'air impressionné. D'une voix qui tremble, il me dit :

— Quel intérêt de voir un psy pour des maux de tête ? Je dois vous dire que j'ai déjà consulté un neurologue et que ça n'a rien changé !

J'ai envie de prendre un ton de professeur pour bien faire comprendre à Jean ce que je veux lui dire.

— Il faut savoir qu'un symptôme inconsciemment douloureux peut faire souffrir dans le corps. Comme si le voyant rouge de votre voiture vous alertait : « Attention, tu n'as plus d'huile et tu vas casser ton moteur », ou : « Attention, tu fatigues et tu vas casser ton moral. »

— C'est cela qu'on appelle psychosomatique ?

Voilà un mot que le grand public connaît bien, mais qu'il utilise à toutes les sauces.

— En effet, un trouble psychosomatique, comme vous le dites fort bien, peut exprimer un conflit intérieur non conscient.

— Alors, selon vous, rien n'est médical, tout est psy ?

Jean semble exaspéré. Je dois essayer d'atténuer son impatience.

— L'un n'empêche pas l'autre ! Le corps retentit sur l'esprit et inversement. Quoi qu'il en soit, si vous acceptez cette thérapie avec moi, je vous encouragerai à continuer de voir votre médecin généraliste. Vous devez lui signaler toute modification de votre douleur : intensité, localisation et autres caractéristiques. J'ai l'habitude de travailler en coordination avec mes confrères quand je m'occupe d'un patient.

— Mais alors, je me demande pourquoi il a mis autant de temps à m'envoyer chez vous ! C'était si évident que mes migraines venaient de ma tête...

À ce bon mot, Jean se met à rire. Il se décrispe. Hourra !

— Vous voyez, vous êtes capable d'humour, c'est une grande qualité. Je vais répondre de manière simple à votre question. Il fallait que votre médecin recherche d'abord une cause physique, comme il va falloir que nous recherchions ensemble quel chemin nous allons suivre. Il s'agit d'une recherche psychologique qui doit vous intéresser, mais qui ne remplace pas le traitement médical de votre médecin. Elle le complète.

— D'accord, mais pouvez-vous me dire combien de temps cette thérapie va durer et combien cela va me coûter ?

Voilà une question directe et de grande importance. Aujourd'hui, chacun veut une réponse rapide à sa souffrance.

— Pour le temps, il faut compter six mois en moyenne pour juger de l'efficacité réelle de la thérapie. Quant à l'argent, je suis conventionné (on dit aussi en secteur I). Vous serez donc remboursé avec votre mutuelle.

— Un psy conventionné ?

— Oui. Cela signifie que pour les médecins comme moi, en secteur I, la Sécurité sociale fixe nos honoraires et vous êtes remboursé à 90 % avec votre mutuelle. Il existe aussi un secteur II, dit à honoraires libres, pour lequel le médecin fixe lui-même son prix ; mais la Sécurité sociale ne vous rembourse alors que sur le prix du secteur I.

— Pouvez-vous m'en dire un peu plus sur la méthode que vous avez l'intention d'utiliser avec moi ?

La question est nette, je dois y répondre avec précision.

— Tout à fait. Dans un premier temps, je vous apprendrai à vous relaxer, puis à noter dans un tableau qu'on appelle « colonnes de Beck » (voir p. 22) vos pensées pendant vos migraines, ainsi qu'après la relaxation. Ces colonnes serviront à positiver vos pensées négatives ou gênantes pendant votre stress ou vos émotions pénibles, par exemple agressives.

Jean a l'air surpris : je viens de lui indiquer qu'il lui arrivait d'être colérique alors qu'il ne m'en avait pas encore parlé. Il reprend :

— Pouvez-vous me donner un exemple de colonne de Beck ?

Il faut que je lui réponde tout de suite avant qu'il ne pense à autre chose.

— Voici un tableau avec six colonnes. Vous me le rapporterez rempli à la prochaine séance.

— Et si je n'y arrive pas ?

— Cela a peu d'importance. Si vous le faites avec sincérité, c'est déjà bien. D'ailleurs, je vous demanderai aussi de faire le compte de vos durées et quantités de migraines : les matin, après-midi, soir et même pendant la nuit si cela se présentait.

— Que voulez-vous dire par durées et quantités ?

Je me rends bien compte que tous ces éléments un peu techniques peuvent perturber Jean, mais je pense qu'il a besoin d'en savoir le plus possible pour être certain qu'il voudra continuer la thérapie.

— C'est simple, lui dis-je, vous noterez le jour et l'heure où a commencé votre migraine et le nombre de minutes qu'elle aura duré sur un diagramme que je vous fournirai. D'autre part, vous noterez de – 1 à – 10 l'intensité de la douleur, – 1 étant le minimum et – 10 le maximum.

— À quoi tout cela va-t-il vous servir ? me demande-t-il avec impatience.

Il est temps que je termine cette première séance.

— Cela nous permettra d'apprécier le pourcentage d'amélioration de vos migraines au fur et à mesure des séances en durée et en intensité. Alors, Jean, que faisons-nous ?

Sûr de lui, Jean me répond :

— Je continue. Donnez-moi un autre rendez-vous, s'il vous plaît.

*

* *

La thérapie de Jean a duré neuf mois. Elle a mis en évidence une importante agressivité que Jean avait du mal à canaliser. Une grosse partie du travail a consisté à gérer son agressivité à mon égard.

Entre lui et moi, ce fut en effet un bras de fer, de la même façon que sa migraine avait causé l'échec des précédents médecins.

Jean était souvent en arrêt maladie à cause de ses migraines. C'était un moyen inconscient d'échapper à son travail et au harcèlement moral dont il était victime à son bureau.

Quand son agressivité a été gérée, sa migraine s'est fortement atténuée.

Son père lui avait transmis une grande méfiance envers les autres et une impossibilité de transmettre ses émotions : la migraine représentait ce rempart.

*

* *

CONSEILS PRATIQUES
Si vous avez des migraines

Votre généraliste, en vous questionnant, vérifiera si ce sont bien des migraines. Ensuite, il vous prescrira un électroencéphalogramme, un scanographe et, selon les résultats, d'autres examens. Le but est de faire la différence entre une migraine qui contracte des artères normales comme l'onglet et une lésion chirurgicale du cerveau plus grave comme une tumeur ou un anévrisme artériel.

Le neurologue mettra au point avec vous un traitement de la crise migraineuse à prendre dès l'apparition des signes d'appel. Si les crises durent plus d'une heure par semaine, il adaptera un traitement quotidien. Il vous conseillera de diminuer les excitants comme l'alcool. Il pourra aussi vous adresser à un relaxologue pour apprendre à gérer les crises puis à les réduire en diminuant votre niveau de tension quotidien.

La migraine est une douleur qui remplit un vide, ou plutôt, c'est une représentation négative de votre corps. Votre imagination positive remplacera cette souffrance comme un bel arbre puissant et gourmand qui empêche l'herbe de pousser à son pied.

Tics
(« On se moque de mes clignements d'yeux »)

Quand j'arrive au cabinet, je suis un peu fatigué. J'ai passé une mauvaise nuit, car un de mes enfants a été malade. Je ne dois pas le montrer à mes patients. Ils n'y sont pour rien. Pourtant, je suis un homme comme les autres, qui a le droit d'avoir des cernes sous les yeux parce qu'il a mal ou peu dormi !

Mon assistante, elle aussi, a l'air fatiguée ce matin. J'ai cru comprendre qu'elle avait des problèmes avec son mari. Leur couple ne va pas trop bien. J'ai honte de ne pas savoir comment l'aider. À qui puis-je l'adresser ? Va-t-elle se vexer ? C'est difficile d'aider ceux que l'on connaît. Je crains l'abandon ou l'intrusion.

Après un rapide bonjour, elle fait rentrer le premier patient de la journée. Il s'appelle Stéphane. Il semble mal à l'aise.

Quand un patient est mal à l'aise et que je le suis aussi, les premiers mots que je prononce sont les plus délicats. Alors, je dis une phrase que j'adore :

— Quelles bonnes idées pourrions-nous trouver ensemble ?

— Voilà, je viens vous voir parce que je ne supporte plus mes tics des yeux. J'ai l'impression que tout le monde se moque de moi.

Effectivement, ce patient d'une trentaine d'années semble très gêné d'avoir ses tics, qui s'accentuent devant moi. Il faut que je lui en parle immédiatement, sans détour. Il est important qu'il se sente bien ici, dans ce cabinet. Il doit pouvoir s'exprimer sans gêne dès la première séance. Si je me sens à l'aise pour comprendre sa honte, par effet de miroir, il sera également détendu.

— Depuis combien de temps avez-vous des tics, Stéphane ?

— Cela a commencé à l'adolescence, vers onze-douze ans, et ça ne s'est jamais vraiment arrêté depuis.

— À quel moment avez-vous été le plus gêné ?

Stéphane me répond sans hésiter :

— Au collège puis au lycée, les copains se moquaient déjà de moi. Depuis, je suis obsédé par le fait qu'on puisse à tout moment se moquer de moi. Plus j'y pense, plus mes tics augmentent. C'est le cas devant vous maintenant.

— Et si vous êtes occupé par une activité passionnante ?

— Si je joue au bridge, je n'ai plus de tics.

— Et aujourd'hui, à votre travail ?

— J'ai commencé à en souffrir dès mon premier emploi. Je vends des ordinateurs et j'ai toujours peur que mes tics me fassent passer pour un rigolo auprès de mes clients. Plus j'ai honte, plus je cligne des yeux. C'est un véritable cercle vicieux !

J'aimerais en savoir un peu plus sur cet homme qui a l'air très sympathique.

— Et dans votre vie privée ?

— Je suis marié depuis cinq ans. J'ai deux filles de trois ans et un an. Mais de toute façon ma femme se fiche de mes tics, ça ne l'a jamais perturbée !

Il est temps que j'apporte à Stéphane quelques éléments d'explication pour ses tics.

— Il faut que vous compreniez d'abord qu'une grosse partie de votre symptôme est entretenue par la honte qui s'y attache.

— D'accord. Mais quelle importance de savoir que ma honte d'avoir ces tics aggrave la douleur que je ressens ?

Je dois être plus précis, sinon Stéphane ne croira pas à l'efficacité d'une thérapie.

— En premier lieu, vous allez apprendre à en parler aux gens que vous aimez le plus. C'est ce qu'on appelle la difficulté – 1. Petit à petit, vous en parlerez aux gens avec lesquels c'est de moins en moins facile (– 2, puis – 3, etc.).

— Je n'arriverai jamais à en parler à mon travail, avec mes clients.

Son angoisse monte. Je vais prendre un exemple extrême pour bien lui faire comprendre ce que je suis en train de lui expliquer.

— Donnez-moi le nom d'un client avec qui se serait vraiment épouvantable d'en parler.

Stéphane m'interrompt presque :

— Qu'entendez-vous par « épouvantable » ?

— C'est simple, j'appelle – 1 la honte minimum, pour parler de mes tics, – 5 une honte moyenne et – 10 une honte épouvantable.

— Alors, sans hésitations, – 10, c'est Mme D., qui est la personne avec laquelle j'aurais le plus de difficultés à parler de mes tics. C'est une bonne cliente qui m'achète régulièrement des ordinateurs pour sa PME. Elle se moque toujours de tout le monde. Elle repère toujours les moindres défauts de celui qui est en face d'elle. Oh ! oui, c'est bien avec elle que j'aurais le plus de difficultés à en parler !

— Et avec qui auriez-vous le plus de facilités !

— Avec ma femme, ce serait – 1, me dit-il sur un ton plus calme.

Je sens Stéphane prêt à faire ce qu'il faut. Je peux dès maintenant lui expliquer ce que j'attends de lui.

— C'est bien. Chaque jour de cette semaine, vous en parlerez à votre épouse à dix-neuf heures précises. Je vous demande de rédiger ce soir sur votre agenda le programme de vos exercices quotidiens pour la semaine.

— Et si je n'y arrive pas ?

Il est fréquent que les patients me répondent cela, comme s'ils voulaient vérifier ma motivation à les aider.

— Si vous n'y arrivez pas, nous ferons ensemble ce simulacre de parler de vos tics, avec votre épouse, en jeu de rôle. Par la suite, quand vous ne serez plus angoissé à l'idée de faire ces exercices, nous passerons à l'étape suivante, qui est légèrement plus difficile.

Stéphane commence à paniquer.

— Vous pouvez me croire, docteur. Je n'y arriverai jamais !

À moi d'être assez ferme pour que Stéphane ne baisse pas les bras et n'abandonne pas trop vite.

Bien sûr que si ! Vous y arriverez. Pour aller encore plus doucement, avant de travailler dans la réalité, vous vous confronterez à la peur du ridicule en rêve éveillé. C'est ce qu'on appelle une *exposition en imagination*. Cela signifie que pour chaque situation, vous vous imaginerez l'exercice à voix haute. Cet exercice sera successivement : en parler à votre épouse (– 1) ; puis en parler à votre mère (– 2).

Stéphane a l'air soulagé : je ne lui ai pas demandé d'emblée de parler de ses tics à Mme D., la cliente qui le terrorise tant.

— Quelle sera l'étape suivante ?

S'il s'intéresse à la deuxième étape, c'est qu'il a déjà pris conscience qu'il peut réussir la première, donc c'est bon signe !

— Je vais aussi vous apprendre à développer les muscles qui peuvent s'opposer à votre tic. Il s'agit des muscles qui ouvrent vos yeux.

— Y a-t-il d'autres exercices encore ?

— Oui. Nous ferons ensuite, ensemble, ce qu'on appelle un *jeu de rôle*. Vous clignerez volontairement des yeux dix fois devant moi, en m'expliquant de nouveau le but de l'exercice. Ce n'est que dans un troisième temps que vous reproduirez volontairement vos clignements dans la réalité. Devant votre épouse, puis devant un client facile, après les avoir prévenus que vous exagérez votre tic.

— À quoi toute cette mise en scène va-t-elle me servir ?

Il faut que je donne à Stéphane une image simple qui frappe son imagination.

— Je vais vous l'expliquer visuellement. Fermez vos yeux, nous allons faire un petit exercice. Je vous interdis de penser à un éléphant rose, avec sa queue rose, sa trompette et ses pattes roses. Ne pensez pas non plus à ses fesses roses. Ce n'est pas bien de s'imaginer les fesses roses d'un éléphant. En plus, c'est idiot de voir une tête rose bonbon d'éléphant, puisqu'un éléphant ne peut pas avoir le haut du dos rose. Ouvrez vos yeux lentement et dites-moi ce à quoi vous avez pensé.

— Je n'ai pas pu m'empêcher de voir l'éléphant rose.

Stéphane a souri pendant tout l'exercice. Il est prêt pour l'explication finale.

— Vous avez compris, et je vous en félicite. Nous allons nous appuyer sur ce principe. Effectivement, si vous vous dites : « Je pense à mes tics pour ne plus en avoir », vous finirez par ne penser qu'à cela. C'est comme un lycéen qui passe le bac. Plus cet examen aura de l'importance pour lui, plus il sera angoissé et plus il risquera de perdre ses moyens le jour du bac. Je vous donne un autre exemple que les sexologues rencontrent souvent. Si vous faites l'amour avec une femme que vous aimez très fort, vous avez peur de la perdre. La panne sexuelle se produira plus volontiers qu'avec cette autre femme que vous rencontrez pour une aventure sans lendemain. Nous voulons sortir de votre obsession : « Je veux interrompre mes tics devant cette cliente qui se moque de moi. » Nous travaillerons donc la pensée inverse. Je vous encourage à faire votre tic volontairement ou à l'exagérer : « Pourvu que j'arrive à intensifier mes tics. »

— Et vous croyez vraiment que le fait de reproduire volontairement mes tics va les faire disparaître complètement ?

Quand l'un de mes patients me pose ce genre de questions, j'aime bien lui raconter l'histoire suivante :

— Je vais vous raconter l'histoire de deux vieux copains, Jacques et Alain, qui ne se sont pas vus depuis dix ans. Jacques dit : « Il y a dix ans, je me rappelle que tu faisais une thérapie pour arrêter de pisser au lit. Où en es-tu ? » Alain répond : « Tout va bien. » Et Jacques rétorque : « Tu ne pisses plus au lit ? » Alain réplique : « Si, toujours. Mais maintenant, je m'en fiche ! »

— Votre histoire me plaît bien, mais quel rapport avec mes tics ?

Je dois encore préciser ma méthode paradoxale. Il ne doit pas y avoir le moindre doute dans l'esprit de Stéphane.

— J'aimerais par cette sympathique histoire que vous compreniez ce qui alimente votre souffrance. Ce ne sont pas vos tics qui comptent, mais ce que vous vous dites sur vos tics. Ce que vous ressentez lorsque vous croyez être une grande victime des tics, c'est l'essentiel. Ainsi, votre objectif ne sera pas d'annuler complètement vos tics, mais de positiver les pensées associées en vous disant : « Je vais parler de mes tics à tout le monde. Les gens me diront que je ne suis pas aussi ridicule que je le pense. »

— J'ai envie, moi aussi, de faire une comparaison pour voir si j'ai bien compris. Ce n'est pas toujours facile de positiver. Par exemple, le bruit du marteau-piqueur que l'on entend dans la rue en bas de votre cabinet, depuis une demi-heure, m'énerve.

— Que vous dites-vous sur le marteau-piqueur ?

— Je me dis que ça perturbe ma concentration pendant notre première séance. Je me dis également que le type pourrait insonoriser son matériel, car il se moque du monde !

Voilà l'occasion de lui expliquer comment on positive une idée négative.

— Je pourrais effectivement penser comme vous. Mais j'ai décidé de positiver ma pensée pour ne pas souffrir toute la matinée de ce bruit. Je peux me dire en regardant par la fenêtre de mon cabinet que c'est chouette. Je suis content que cet ouvrier soit en train d'agrandir la rue. De cette façon, mes patients et moi-même pourrons plus facilement nous garer. Si je vous relaxe, je peux aussi me dire : « Je vais apprendre à le détendre dans le bruit. C'est bon pour nous deux. »

— Vous avez vraiment réponse à tout ! Mais si nous en revenions à mes tics ?

— Nous ne les avons jamais quittés. J'ai simplement essayé de vous montrer que ce qui est douloureux, ce ne sont pas nos problèmes, comme le fait d'avoir des tics, mais l'idée négative que nous nous en faisons. Le fait de craindre que vos clients se moquent de vous est la seule source de votre souffrance. Ce sont précisément vos pensées négatives que vous allez apprendre à positiver comme je l'ai fait pour le marteau-piqueur de tout à l'heure.

— Donc, si j'ai bien compris, cette semaine je vais cligner volontairement des yeux devant mon épouse, chaque jour, jusqu'à ma prochaine séance.

Je suis satisfait. Stéphane peut désormais rentrer chez lui, il a bien compris l'idée de cette première séance.

— Bravo, Stéphane, c'est tout à fait cela ! Vous le ferez cinq minutes par jour et vous noterez ce que votre épouse en pense et ce que vous-même en pensez. On se retrouve dans huit jours.

*
* *

Une semaine plus tard, lors de la deuxième consultation, nous avons associé relaxation et renforcement musculaire.

Nous avons donc fait travailler les muscles opposés à ceux que sollicitaient le tic. C'est-à-dire que le tic fortifiait les petits muscles qui fermaient les paupières. Ce sont les muscles qui ouvrent le paupières que nous avons renforcés par l'exercice suivant que j'ai fait avec Stéphane :

« Stéphane, ouvrez grand vos yeux, le plus fortement possible, et maintenez-les grands ouverts en comptant jusqu'à trente. Imaginez la légèreté de vos pieds, cinq, qui monte jusqu'à vos jambes, dix. Vos jambes sont légères, quinze, cette légèreté monte dans vos cuisses, vingt. Vos cuisses sont légères en avant, vingt-cinq, vos cuisses sont légères en arrière, trente. Vous laissez lentement vos yeux se fermer et se reposer, puis vous les ouvrez grand encore pour trente secondes, etc. ».

Cet exercice a donc duré quinze minutes. Il associe la relaxation de Schultz (voir p. 44) et ce renforcement des muscles opposés au tic. On l'appelle « renforcement musculaire antagoniste ».

Stéphane aurait pu avoir un tic qui jette la tête en arrière avec les muscles de la nuque. Dans ce cas, nous aurions renforcé les muscles du devant du cou. Il aurait appuyé son menton dans le creux de sa main droite qui aurait résisté.

À la fin de la consultation, nous avons fait un jeu de rôle avec l'explication à son épouse de l'exercice, l'accentuation volontaire du tic, l'écriture des pensées négatives contemporaines de l'exercice. Cet exercice, Stéphane devra le refaire tous les jours, de l'interlocuteur le plus facile vers le plus difficile.

*
* *

Stéphane était motivé; sa thérapie s'en est trouvée facilitée. La honte qu'il ressentait le faisait énormément souffrir. Sa volonté de s'en débarrasser a été un puissant moteur thérapeutique.

Une grande part de la thérapie de ses tics a consisté en un développement musculaire antagoniste. De quoi s'agit-il? On commence par repérer les muscles concernés dans le tic. Dans le cas de ces clignements d'yeux, ce sont les muscles qui ferment les paupières qui sont sollicités par les tics. Bien entraîner les muscles ouvrant les yeux a permis de lutter contre les tics. L'efficacité de la thérapie a été renforcée par l'association d'une relaxation des pieds à la tête.

La dépression de Stéphane fut plus compliquée à soigner. Son autodépréciation s'est dévoilée au fur et à mesure des séances et de l'apaisement des clignements.

Fréquemment, la disparition d'un symptôme corporel (tic) en dévoile un autre, psychologique (dépression). Polir la peinture d'une voiture peut faire apparaître une carrosserie rouillée. Mais ce n'est pas le disque polisseur qui fait la rouille. Ce n'est pas non plus la thérapie de Stéphane qui a fait sa dépression.

Devant travailler à la fois sur les tics et sur la dépression de Stéphane, la thérapie comportementale et cognitive a duré six bons mois. Peu à peu, grâce à l'appoint d'un antidépresseur sédatif, la dépression a disparu. Les tics, en revanche, n'ont été réduits que de 60 %, Stéphane acceptant volontiers, sans souffrir, les 40 % restants. Sans dépression, il n'avait plus honte de son tic.

*
* *

CONSEILS PRATIQUES
Combattre les tics de votre enfant ou de votre conjoint

Il est très rare que les tics aient une cause physique incurable. Dans ce cas, le patient associe des cris et des injures involontaires. Il s'agit du syndrome de Gilles de la Tourette de l'enfant. C'est toujours un problème nerveux pour lequel votre généraliste et votre psy peuvent vous aider.

Même si la cause des tics est bénigne d'un point de vue médical, une thérapie permet de combattre les moqueries qui, chez l'enfant, peuvent entraîner une dépression.

Les tics sont plus fréquents chez les jeunes : « Je ne pourrais jamais draguer comme mes copains. » Et les tremblements chez les seniors : « Je suis malade et vieux, je vais mourir. » Dans les deux cas, on cherche à contredire la pensée qui en est à l'origine : « On peut faire rire volontairement avec ses tics. » « On est vieux quand on veut. »

Comme pour les tremblements, on traite souvent chez l'adolescent un état dépressif associé aux tics.

On lui apprend alors :

— en relaxation, à imaginer parler de ses tics et les accentuer ;

— à noter ses pensées négatives pendant les tics et à les positiver ;

— à parler de ses tics au psy, à sa femme, à sa mère, etc. ;

— à mimer et accentuer ses tics face au psy, à sa femme, à sa mère, etc.

Si le tic n'est pas caché, il va *progressivement* devenir un ami. Ces mouvements involontaires vont faire leur vie aux côtés de leur porteur en étant respectés par le patient, puis par les autres.

Le jeu de rôle va, par exemple, préparer la jeune fille à expliquer son tic de manière humoristique à un examen oral : « J'espère que mes tics ne vont pas me faire perdre l'intérêt que j'ai pour le sujet que vous m'avez choisi. »

Ce sont essentiellement l'isolement et le mutisme qui peuvent déprimer ces jeunes-là pour toute une vie. Le jeune peut affirmer avec agressivité : « Maman, je te dis que je m'en moque, de ce tic ! » Dans ce cas, pensez le contraire, et accompagnez-le pour consulter un psy.

Relaxation de Schultz

Texte court pour ceux qui n'ont pas beaucoup de temps.

Allongez-vous chaque soir de travail et chaque matin de repos pour faire cet exercice que vous apprendrez en le lisant, en vous le faisant lire, ou sur cassette.

Mon bras droit est lourd.
Mon bras gauche est lourd.
Mes jambes sont si lourdes.
Mon dos est si lourd.
Mes épaules sont lourdes.
Ma nuque est lourde.
Mon corps est lourd.

Mon bras droit est chaud.
Mon bras gauche est chaud.
Mes jambes sont chaudes.
Mon dos est chaud.
Mes épaules sont chaudes.
Ma nuque est chaude.
Mon corps est chaud.

Mon cœur bat haut et fort.

Je laisse mon corps respirer.

Mon plexus au creux de mon estomac est inondé de chaleur et cette chaleur irradie dans tout mon corps.

Mon front est agréablement frais.

Je retrouve mon tonus.

J'étire mes bras et mes jambes.

Tremblements
(« Je tremble tellement que je ne peux plus peindre »)

— Bonjour, monsieur, asseyez-vous. Mon assistante me dit que vous avez un peu parlé avec elle. Vous lui avez expliqué que vos tremblements vous gâchent la vie. C'est superbe que vous puissiez déjà vous confier à une femme que vous ne connaissez pas. C'est bon signe pour notre thérapie.

Jean-Louis a l'air ému.

— Oui, docteur, vous comprenez, j'ai soixante-cinq ans, la peinture était devenue mon unique activité. Je tremble tellement que je ne peux plus peindre. Qu'est-ce que je vais devenir si je ne peux plus faire la seule chose qui me reste dans la vie ?

Il faut que j'exploite toute l'émotion qui se dégage de Jean-Louis. En thérapie comportementale, ce sont nos émotions qui nous aident à nous comprendre.

— Je vous avoue que je n'ai pas souvent des artistes peintres en thérapie. J'aimerais en savoir un peu plus sur votre talent.

— Je peins surtout des paysages sur aquarelle. Je fais ça pour mon plaisir, depuis que je suis retraité de la marine.

Je vais essayer d'être précis avec Jean-Louis qui aime les détails.

— Quelle amélioration souhaitez-vous en ce qui concerne votre tremblement ?

— C'est mon neurologue qui m'adresse à vous. Il m'a dit : « Votre traitement contre le Parkinson est bien équilibré pour vos blocages musculaires. En revanche, les médicaments que je vous donne n'ont pas beaucoup amélioré votre tremblement. C'est fréquent. Je vous adresse donc à un psychologue qui va vous apprendre à moins trembler et à négliger ce tremblement. »

Cela me fait de la peine quand même mes confrères n'osent pas dire le mot « psychiatre » à leurs patients. Ce mot fait malheureusement encore peur. Comme le neurologue de Jean-Louis, les généralistes et les spécialistes préfèrent souvent le terme de psychologue, qui effraie moins nos patients communs.

C'est dommage qu'on en soit encore, au début du troisième millénaire, à penser que psychiatrie veut dire folie. Pour ma part, cela fait plus de dix ans que je suis installé dans ce cabinet. Et je n'ai pas vu un seul fou au sens où le langage populaire l'entend.

Il faudra que je lui explique plus tard qu'un psy américain a montré qu'on trouve plus de gens perturbés dans la rue que dans les salles d'attente des psychiatres...

— Je sens en vous, Jean-Louis, une certaine méfiance envers la thérapie ! Est-ce que je me trompe ?

— Vous avez raison. En arrivant devant votre porte, j'ai vu sur la plaque que vous étiez psychiatre, psychothérapeute, et non psychologue. J'ai eu alors l'impression de m'être trompé.

J'attendais cette réponse. Il est incroyable de constater cette ignorance à différencier les différents psys. Malgré la télévision, la radio, les journaux et les magazines, les gens sont assez mal informés. Je dois rectifier cela immédiatement.

— Rassurez-vous, je connais bien votre neurologue, il sait que je suis psychiatre. Il a simplement voulu dire que vous pouviez commencer un travail psychologique. C'est pour votre tremblement maintenant que le traitement médical a réduit ce petit mouvement involontaire au maximum.

— D'accord ! Donc, si je vous comprends bien, psychiatre, psychothérapeute et psychanalyste, c'est du pareil au même.

Un dessin vaut mieux qu'un long discours. Je montre alors à Jean-Louis deux tableaux que j'ai concoctés pour répondre à cette question qu'on me pose souvent. Je les ai d'ailleurs affichés dans la salle d'attente.

— Non, Jean-Louis. Voici deux petits tableaux (voir p. 52) qui résument les principales différences. Comme vous le voyez, les psychiatres sont des médecins qui ont fait en plus une spécialité de psychiatrie. Ils peuvent donc prescrire des médicaments. Vous êtes remboursé par la Sécurité sociale quand l'assistante vous dit que le psychiatre est conventionné comme moi. De plus, comme un psychiatre connaît la médecine, il ne confondra pas un tremblement dû à l'âge et une maladie de Parkinson, comme dans votre cas. Les psychologues, qui n'ont pas suivi d'études de médecine, mais une faculté de psychologie, on fait un apprentissage plus approfondi des tests. Nous leur adressons souvent nos patients pour procéder à des bilans de personnalité ou pour confirmer un diagnostic, surtout chez l'enfant. Ils ne sont pas médecins ; donc, ils ne sont pas remboursés par la Sécurité sociale. Renseignez-vous cependant, car certaines mutuelles remboursent une partie de leurs consultations.

— Je vous remercie pour ce tableau très clair, mais je ne vois pas en quoi, si les médicaments ne peuvent plus rien pour moi, de belles paroles pourraient me guérir. Dois-je attendre une amélioration par les comprimés pour entamer la thérapie ?

— Je vais vous faire une comparaison. Si votre fils est paraplégique, vous devez attendre la guérison avant de lui réapprendre à marcher et à conduire.

— Évidemment, rétorque Jean-Louis, stupéfait. Mais je ne vois pas le rapport !

— Je veux dire par-là que je vais vous apprendre, entre autres, à peindre en négociant avec votre tremblement et à vivre psychologiquement avec celui-ci.

— Peut-être, mais comment pourrai-je peindre des petits détails tout en tremblant ?

Je dois clairement lui montrer qu'il ne faut pas qu'il s'attende à une disparition complète de son tremblement.

— Je vous apprendrai donc à vous adapter et à accepter qu'il reste peut-être une partie de votre tremblement.

— Oui, mais il y a des limites. Allez réapprendre à un chirurgien à opérer en tremblant !

La remarque de Jean-Louis est tout à fait pertinente. Cela prouve que ce monsieur a du caractère. Une personnalité affirmée, c'est bon pour la thérapie.

— C'est vrai, Jean-Louis, mais il y a une grande différence entre vous et le chirurgien. Le chirurgien peut réussir ou tuer en opérant. Vous, en tant que peintre, ne pouvez avoir que du plaisir en progressant puisqu'on peut cacher une erreur en repeignant par-dessus.

— Et comment comptez-vous vous y prendre avec moi pour améliorer mes tremblements ?

— Je vais vous l'expliquer. Ma spécialité est la thérapie comportementale et cognitive. C'est une thérapie claire, précise et transparente !

— Claire et précise, je comprends. C'est comme lorsque je peins un paysage de manière réaliste et non abstraite. Mais transparente, je ne vois pas ce que cela signifie !

— Cela veut dire que je vais vous apprendre tous les outils de la thérapie. Mon but est que vous puissiez devenir votre propre thérapeute.

— Eh bien, j'en aurai fait, des choses, dans ma vie ! Trente ans dans la marine, puis peintre, et maintenant psy... Si mon père avait pu voir tout ça ! Il aurait rigolé de me voir chez un psy. Pouvez-vous me dire plus précisément ce que vous attendez de moi pour la prochaine séance ?

Jean-Louis est vraiment un homme d'action et de détails. Je me dois de lui fournir une explication précise des tâches qu'il aura à faire.

— C'est simple à la prochaine séance, c'est-à-dire dans huit jours, je vous proposerai une situation de tremblements. Pendant cette circonstance, vous devrez augmenter volontairement votre tremblement, en consultation, ici, à mon cabinet.

— Comment choisir cette situation de tremblements ?

— Cotez de – 1 à – 10 votre honte de trembler selon les circonstances. Avec au moins quatre situations, vous me remplirez un tableau. Vous y noterez de – 1 à – 10 votre honte d'avoir tremblé face à chacune des quatre circonstances que je vous demande. Vous noterez vos pensées dans chaque cas.

— J'ai honte de trembler dans ces quatre circonstances : en lisant mon journal (– 1) ; en buvant un café (– 2) ; en tendant un billet de banque (– 4) ; en remplissant un chèque (– 8).

— Pendant dix minutes, notez les pensées négatives qui vous viennent alors que vous tremblez. Écrivez une seule fois par jour, quand vous êtes confronté aux tremblements.

— Bien compris. Vos stratégies me plaisent et j'aimerais déjà être dans huit jours. Au revoir.

*

*   *

La thérapie a mis en évidence chez Jean-Louis qu'il ne s'agissait pas seulement d'une obsession de trembler. C'était un véritable tremblement entretenu par une timidité (phobie sociale). Jean-Louis est venu à ma consultation avec son matériel à peinture pour s'habituer à mon regard sur son tremblement. Techniquement, il n'aurait pas dû être gêné. Son stress et son tremblement n'existaient qu'en présence de quelqu'un. Je lui ai appris à parler de son tremblement et à exagérer volontairement ce mouvement involontaire devant les autres.

Par ailleurs, Jean-Louis avait très peur de l'évolution de sa maladie de Parkinson. Je l'ai donc aidé à se documenter. Il a découvert que le pronostic de la maladie de Parkinson était meilleur que ce qu'il pensait.

Jean-Louis a des idées suicidaires que je suis grâce à l'échelle H de désespoir. Cette quantification du risque vital était inquiétante. Elle me permit de le faire hospitaliser au deuxième mois. Je lui ai dit : « Jean-Louis, regardez les résultats de votre échelle de désespoir. Elle s'est encore aggravée depuis la dernière fois. Comme je tiens beaucoup à vous, je vais vous faire hospitaliser, ou vous irez en clinique psychiatrique quinze jours. Vous m'appellerez les jours pairs. Vous continuerez les exercices là-bas. Nous reprendrons la thérapie après. »

Il faut toujours situer le point de départ d'une tâche et non l'intervalle qui vous en sépare. On dit « les jours pairs », et non pas « tous les deux jours ». On dit : « Je vous attends jusqu'à dix-neuf heures », et non pas : « Venez dans une heure. »

Jean-Louis a fait onze mois de thérapie, à la suite de laquelle il a repris la peinture, ses cours et toutes ses activités. Si son tremblement a peu diminué, il ne l'a plus angoissé grâce à la positivation des pensées qui lui étaient associées.

Mon aide a été ensuite plus espacée, tous les quinze jours. Le neurologue a constaté que son travail de relaxation avait aussi amélioré sa marche. En relaxation, je lui parlais comme s'il était un joueur de tennis de haut niveau avec qui on aurait travaillé pour améliorer son revers : « Imaginez-vous en train de marcher. Mettez le ralenti du magnétoscope. Décomposez chaque phase de votre marche. »

Finalement, l'humeur de Jean-Louis s'est transformée. De dépressive, elle est devenue orgueilleuse et exaltée. Cette excitation (manie) nous a permis de découvrir une psychose maniaco-dépressive que nous avons équilibrée.

*

* *

CONSEILS PRATIQUES
Faire face à vos tremblements

Avec votre médecin généraliste et votre neurologue, traitez la cause éventuelle du tremblement (maladie de Parkinson). Qu'il y ait une cause ou non, le psy recherchera un problème psychologique. C'est un état dépressif ou obsessionnel qui tourne en cercle vicieux avec le tremblement. Votre inconscient dit : « Je suis angoissé de trembler. Cela me déprime d'être si vieux et, plus je suis déprimé, plus je tremble ou plus j'ai l'impression de trembler. »

Ce n'est pas le tremblement qui vous gêne, mais ce que vous dites du tremblement de manière :

a) dépressive : « Je suis foutu » ;
b) hypochondriaque : « Il y a un cancer caché » ;
c) paranoïaque : « Je tremble d'être agressé » ;
d) timide : « Je vais être ridicule » ;
e) obsessionnelle : « Je guette mon tremblement ».

Après médicaments et thérapie pour a, b, c ou d, le psy vous aide à composer avec votre tremblement. Plus vous voulez l'oublier, plus il vous obsède, plus il s'amplifie nerveusement.

Vous devez donc provoquer les situations de tremblements sans attendre d'y être poussé malgré vous. Par exemple, dans un magasin :

1) Notez vos pensées stressantes face à la vendeuse qui vous regarde. Amplifiez volontairement votre tremblement.

2) Positivez avec le thérapeute et vos proches, en leur parlant du magasin et de la vendeuse.

3) Relaxez-vous à voix haute en imaginant vos prochains comportements positifs face à la vendeuse.

4) En jeu de rôle, parlez du tremblement à la vendeuse. Et accentuez votre tremblement face à la vendeuse.

Faites la même chose en réalité, en augmentant *progressivement* la difficulté.

La formation des psys

Ce psy est	(1) PSYCHOLOGUE	(2) PSYCHIATRE	(3) PSYCHANALYSTE	(4) PSYCHOTHÉRAPEUTE
Quelles études a-t-il fait ?	Faculté de psychologie, bac +5, diplôme d'études supérieures, DESS.	Faculté de médecine, généraliste, bac +8, puis faculté de médecine avec spécialisation en psychiatrie, bac +12.	Fait des psychanalyses, c'est un psychologue (colonne 1) ou un psychiatre (colonne 2).	Fait des psychothérapies, c'est un psychologue (colonne 1) ou un psychiatre (colonne 2).

Les outils du psy

Ce psy fait quoi ?	PSYCHOLOGUE	PSYCHIATRE	PSYCHANALYSTE	PSYCHOTHÉRAPEUTE
Thérapie :	Toujours.	Pas toujours.	Toujours, car la psychanalyse est une sorte de psychothérapie.	Toujours.
Médicament :	Jamais : seuls les médecins (psychiatres) prescrivent.	Pas toujours.	Jamais.	S'il est médecin.
Analyse :	Pas toujours.	Pas toujours.	Toujours.	Pas toujours.

Éjaculation précoce (« Ma femme est habituée et ça ne la dérange plus »)

Ma journée de travail est presque terminée. Il me reste encore un dernier patient, Michel, qui est venu avec sa femme, Solange. Je ne sais rien d'eux, si ce n'est qu'il a insisté pour que je les reçoive tous les deux ensemble. Avoir un couple dès la première séance n'est pas une chose habituelle, mais cela arrive parfois.

Mon assistante les fait rentrer. Ils hésitent, s'asseoient avec beaucoup de précautions sur les deux chaises que je leur désigne. Ils ont déjà donné leurs coordonnées à mon assistante et je peux donc entrer dans le vif du sujet.

— Michel, mon assistante me dit que c'est vous qui avez pris rendez-vous pour vous-même. C'est très bien que votre épouse vous ait accompagné. Vous devez beaucoup vous aimer ! Quel est votre objectif, Michel ?

— Voilà, docteur, ce n'est pas facile à dire. Ma femme est habituée. Ça ne la dérange plus. Mais moi, je me rends bien compte qu'il n'est pas normal que j'éjacule aussi vite quand nous faisons l'amour. Ma femme se néglige. Elle n'est plus sexy. C'est ce qui gêne ma sexualité.

Il est intéressant de noter que presque tous les maris qui ont un problème sexuel minimisent celui-ci. Ils commencent toujours par se dire que c'est de la faute de leur femme et que cela ne lui pose pas de problèmes. Généralement, les couples parlent peu de sexualité. Le mari est secret, peu communicatif. De son côté, la femme évoque rarement son propre plaisir sexuel. Ils disent hypocritement que la sexualité n'est pas l'essentiel, mais ils se séparent en cas de problème sexuel. Pour éviter que cela n'arrive à Michel et Solange, je vais les aider à parler de leur sexualité.

— Michel, en avez-vous parlé à Solange ?

— Pas vraiment. Mais je la connais bien. J'ai quarante-sept ans et elle, quarante-deux ans. Nous sommes mariés depuis douze ans.

Il ne faut pas que j'attende trop longtemps pour parler à Solange. Cela n'a pas dû être simple non plus, pour elle, de venir ici.

— Je vous félicite, Solange, d'avoir accompagné Michel. Les hommes comme les femmes ont du mal, dans notre culture, à parler de leur sexualité.

— Contrairement à ce que pense Michel, déclare Solange avec fermeté, je trouve notre sexualité capitale à la fois pour notre couple et pour moi-même.

La réponse de Solange me paraît tout à fait pertinente. J'aime beaucoup cette sincérité qui est la qualité la plus importante dans toute thérapie, qu'elle soit ou non sexuelle.

— Alors, comment comprenez-vous que votre mari se trompe tant sur votre sexualité ? Il a dit tout à l'heure que son éjaculation précoce n'avait aucune importance pour vous…

— À chaque fois, docteur, que j'ai essayé de lui en parler, il s'est mis en colère. Alors, j'ai préféré renoncer pour éviter les histoires !

Il est malheureusement fréquent que les femmes se taisent par peur des conflits, d'être trompée, du divorce. Je dois absolument montrer à Michel que s'il se soigne, sa sexualité et son couple iront mieux.

— Solange, je vous propose d'aller maintenant dans la salle d'attente. Vous y resterez environ une demi-heure. Pendant ce temps, je vais continuer l'entretien avec Michel. Si vous le souhaitez, nous pourrons également nous voir une prochaine fois tous les deux. Vous pouvez avoir des choses à me dire sans que Michel les entende dans un premier temps.

Solange sort. Me voici en tête à tête avec Michel. Je dois faire attention à ne pas trop le culpabiliser.

— Avez-vous interprété négativement ce que Solange vient de dire sur votre sexualité ?

— C'est vrai, j'ai été étonné de sa réponse et je ne sais plus trop quoi vous dire ! Comment me jugez-vous ? J'ai perdu la face.

Mon rôle ne consiste jamais à porter un jugement sur les patients, car je ne suis ni policier ni juge.

— Je peux vous dire que vous aviez mal compris la pensée de Solange de la même manière. Vous pouvez déformer la réalité par rapport à la compréhension de votre éjaculation précoce. Vous aurez donc à écrire sur des colonnes que je vous fournirai vos pensées négatives, les remettre en question et les positiver.

Michel n'a quasiment pas écouté ce que je viens de dire et reste fixé sur la perte de son honneur.

— Mais d'où vient que j'éjacule si vite, après quelques secondes de pénétration et parfois même avant la pénétration ? Il doit y avoir un nerf de détraqué !

Presque tous les patients souffrant d'éjaculation précoce pensent que c'est dû à un nerf ou à un autre problème corporel médical. Cela doit être plus facile que de se remettre en question psychologiquement. Cependant, lorsque l'on trouve — rarement — un problème physique, ils ne le croient pas.

— Non ! Je peux vous affirmer que ce n'est pratiquement jamais un nerf ou une cause physique ! Votre éjaculation précoce est due à votre stress. Ce trouble est ensuite entretenu par le sentiment d'humiliation que vous ressentez par rapport à votre femme. C'est normal, Michel. Je suis un homme comme vous et je vous comprends. Tout homme à envie de donner du plaisir à celle qu'il aime.

— Si je comprends bien, docteur, c'est une sorte de cercle vicieux.

Le terme de vicieux est toujours suspect quand on parle de sexe. Il ne faut pas que je répète ce mot. Je vais plutôt parler d'un cercle négatif.

— C'est tout à fait exact, Michel. À chaque acte sexuel, vous redoutez que votre éjaculation trop rapide déçoive votre épouse. C'est une obsession, et vous vous faites comme un film dans lequel vous voyez votre épouse insatisfaite. Vous l'entendez à l'avance vous critiquer. Vous la sentez, frustrée, s'éloigner de vous. Ce stress boucle le cercle négatif de votre trouble sexuel.

— Et d'après vous, comment vais-je arriver à rompre ce cercle ?

Il y a toujours un moment important dans une première séance où le patient est disponible pour une explication claire sur le travail qu'il devra faire. C'est à moi de m'affirmer à ce moment précis. Cela me rappelle un de mes amis, chirurgien. Il me disait que dans toute intervention chirurgicale, même la plus simple en apparence, il y a toujours un moment délicat. Il ne faut pas le manquer pour réussir l'ensemble de l'intervention !

— Nous pourrons rompre le cercle négatif à trois niveaux. Premièrement, par l'analyse de vos pensées négatives. Deuxièmement, grâce à la relaxation contre le stress. Et troisièmement, par une technique spécifique que je vais vous expliquer aujourd'hui. Cette méthode s'appelle le *stop and go* (voir p. 57). C'est un exercice de masturbation pour retarder votre éjaculation.

— Je comprends l'intérêt des deux premiers moyens de guérison : relaxation et positivation. Mais avec le troisième, je ne vais quand même pas me masturber pour soigner ma sexualité avec mon épouse ! Cela me paraît aussi nul que si je me cachais encore plus pour guérir de ma timidité. Et puis, quelle honte de se masturber par rapport à mon épouse ! Je ne pourrai jamais lui avouer cela !

L'idée d'un exercice de masturbation le choque. Il est curieux de remarquer que les hommes se masturbent en secret plus que les femmes. Pourtant, les hommes sont plus choqués que les femmes quand on utilise la masturbation comme traitement sexuel.

Pour ne pas le laisser dans l'angoisse, il faut que j'explique rapidement à Michel ce qu'est le *stop and go*, car cette méthode, qui intimide au premier abord, est rapidement appréciée pour son efficacité.

— Comprenez-moi, Michel, vous avez créé un réflexe

conditionné qui associe l'idée de l'excitation sexuelle à votre éjaculation précoce. Voici une comparaison. C'est comme si vous aviez associé le chocolat avec la crise de foie que vous avez eue à votre première communion.

— D'accord, mais je ne vais tout de même pas guérir en me masturbant !

— Et pourtant si ! Car de cette façon, vous allez éliminer vos craintes par rapport à Solange, c'est-à-dire le scénario négatif suivant : « Elle me reproche de ne pas lui donner du plaisir, donc cela me décourage quand il s'agit de me retenir. » Je vais vous lire et puis vous laisser ce papier qui décrit le *stop and go*.

EXERCICE DU *STOP AND GO*

Premier mois (phase A). Seul

Votre masturbation se fait en quatre étapes, seul, avec arrêt avant l'éjaculation,

Vous contrôlez votre respiration.

Vous dites à haute voix un texte de relaxation.

Vous pensez à un endroit agréable, par exemple une plage ensoleillée.

La cinquième fois, vous éjaculez.

Deuxième mois (phase B). En couple (à défaut, seul, en imaginant)

Vous pénétrez votre partenaire sans mouvement.

Vous ressortez quatre fois avant l'éjaculation.

Vous contrôlez votre respiration.

Vous dites à haute voix un texte de relaxation.

Vous pensez à un endroit agréable, par exemple une plage ensoleillée.

La cinquième fois, vous éjaculez en dehors du vagin.

Troisième mois (phase C). En couple (à défaut, seul, en imaginant)

Vous pénétrez votre partenaire avec trois mouvements.
Vous ressortez quatre fois avant l'éjaculation.
Vous contrôlez votre respiration.
Vous dites à haute voix un texte de relaxation.
Vous pensez à un endroit agréable, par exemple une plage ensoleillée.
La cinquième fois, vous éjaculez à l'intérieur du vagin.

Cet exercice (A, puis B, puis C) est à pratiquer chaque jour.

— Votre *stop and go* n'est pas très sentimental !, s'exclame Michel.

Comme il semble mal à l'aise, je préfère lui donner cet imprimé afin qu'il le relise tranquillement chez lui avec Solange. J'en profite aussi pour lui donner un texte de relaxation de Jacobson : « Contractez vos muscles des pieds, relâchez-les, vos pieds sont lourds très lourds. » Cette même idée voyage en dix minutes vers le haut du corps pour finir par : « Contractez vos muscles du front, relâchez-les, votre front est lourd, très lourd. »

— Je comprends, Michel, ce que vous ressentez et je sais que ce n'est pas toujours facile. Le premier mois, vous n'aurez que la phase A à réaliser. Puis, aux deuxième et troisième mois, vous pourrez vivre les phases B et C avec Solange à la manière d'un jeu, comme pour toute sexualité.

— Et à quel rythme devrai-je venir vous voir ?

— Pour toute thérapie, le rythme d'une séance par semaine est bon, mais cela n'a rien de rigide et nous pourrons le modifier. Je vous propose donc pour la prochaine fois de noter chaque jour pendant dix minutes les pensées négatives ou gênantes que vous aurez sur votre sexualité. Vous ferez également chaque jour le *stop and go*. Au revoir Michel, à la prochaine séance.

Je raccompagne Michel dans la salle d'attente. Solange

est souriante. Je lui demande si elle a réfléchi et si elle souhaite me voir seul une prochaine fois ! Elle me répond que non, qu'elle n'a pas de secret pour son mari et qu'elle est contente que je m'occupe de lui. Elle viendra peut-être avec lui.

*
* *

Michel est revenu seul, chaque semaine, pendant environ quatre mois. Au centre de sa thérapie sexuelle, il y avait trois actions combinées : relaxation, analyse des pensées négatives, exercice du *stop and go*. Il a ainsi rapidement et progressivement pu retarder son éjaculation en se masturbant sous relaxation et en positivant ses pensées négatives écrites.

La thérapie de Michel a cependant été marquée par l'attitude paradoxale de son épouse à l'issue du quatrième mois.

Au début du cinquième mois, j'ai vu Michel avec Solange. Elle semblait tout à fait indifférente aux progrès accomplis par son mari. Elle participait tout de même, quoique à contrecœur, à la thérapie de Michel.

Je fus étonné de constater que Solange était de moins en moins heureuse de voir son conjoint avoir potentiellement de plus en plus de capacité pour la faire jouir. Solange était très timide. Elle avait beaucoup de difficultés à parler avec moi et avec son conjoint. Seule avec moi, c'était encore pire.

Trois hypothèses s'offraient à moi pour expliquer le paradoxe de l'indifférence de Solange face aux nouvelles prouesses sexuelles de son mari :

1. Michel a-t-il une sexualité qui ne convient pas à Solange ? Dans ce cas, l'éjaculation précoce lui aurait-elle permis d'y échapper ? J'ai déjà rencontré ce problème deux fois. Dans un cas, madame échappait à la violence sexuelle de monsieur. Dans un autre cas, madame refusait à monsieur l'échangisme qu'il lui imposait : « Tu ne feras pas le poids avec ton éjaculation précoce. »

2. Solange aimait-elle encore son mari ? Avait-elle un amant ?

3. Solange avait-elle un problème sexuel personnel qui était auparavant masqué par l'éjaculation précoce de son mari ?

C'est cette dernière hypothèse qui s'est révélée la bonne.

Solange a été suivie par son généraliste femme, qui l'intimidait moins que moi. Ce médecin téléphonait (avec haut-parleur) avec l'accord de Solange pendant les consultation du couple. Il me dit un jour : « Solange a peur de mourir en jouissant. Elle est agoraphobe. Elle ne veut voir personne d'autre que moi. Elle refuse de voir un psy, vous ou un autre. »

Son généraliste a commencé sa thérapie comportementale avec mes conseils. Elle est venue à mon cabinet trois demi-journées. La première, elle a appris la relaxation. La deuxième lui a permis de positiver la pensée. Au cours de la troisième, elle a appris à faire les exercices dans la rue. Ce sont surtout des médecins de campagne éloignés qui apprennent le comportementalisme à notre cabinet.

Ensuite, Solange a vu un psy femme comportementaliste. Enfin, elle a accompagné Michel dans sa thérapie avec moi. Aux dernières nouvelles, leur sexualité était rééquilibrée, mais Solange n'avait pas fini sa thérapie pour soigner son agoraphobie.

*

* *

CONSEILS PRATIQUES
Comment retarder une éjaculation précoce en gérant son stress

On appelle éjaculateur précoce tout homme qui a une éjaculation trop rapide pour faire jouir sa partenaire dont la sexualité est normale. Si vous éjaculez trop vite, c'est-à-dire avant l'orgasme féminin, rassurez-vous, votre éjaculation précoce est seulement liée au stress. Ce n'est pas une maladie, mais une mauvaise habitude conditionnée.

Vous apprendrez à vous relaxer en lisant des textes de relaxation à voix haute. Ensuite, sans éjaculation, vous associerez relaxation et masturbation, puis relaxation et pénétration.

L'aide de votre compagne n'est pas indispensable. Elle est préférable pour le *stop and go* et pour positiver vos pensées négatives. Vous pensez : « Si elle sait que je vais chez un psy, elle va se moquer de moi. » Ou bien : « Je ne vais pas guérir. Je suis indigne, je ne suis pas viril, je ne suis pas un homme. »

Il faut savoir que :

– L'éjaculateur précoce est incapable de gérer les excitations érotiques trop fortes sur son sexe et trop faibles sur le reste de son corps.

– Il souffre par conséquent d'une mauvaise répartition de ses zones érogènes, comme si tout était concentré au niveau de son phallus.

Il faut donc tenir compte de ces facteurs pour :

1. Diminuer l'angoisse du couple et la culpabilité du mari.

2. Palier la frustration de la partenaire en la faisant participer.

3. Reconditionner positivement l'acte sexuel (*stop and go*).

4. Apprendre au patient à diffuser l'excitation sexuelle à l'ensemble de son corps.

En complément de la psychothérapie comportementale et de certains médicaments antidépresseurs, nous avons recours à l'hypnose. Cette technique permet de lutter à la fois contre l'angoisse, contre les pensées erronées et contre les croyances irrationnelles par des suggestions indirectes et des métaphores.

Boutons
(« Mes boutons, c'est pas dans la tête »)

Un jeune homme, Dari, entre dans mon cabinet en regardant ses chaussures. Je lui propose de s'asseoir. Il accepte en bousculant maladroitement le fauteuil. Je comprends Dari. Lorsque j'avais son âge, j'étais timide comme lui, bien que n'ayant pas tous les boutons qu'il a sur le visage. Pour aider un patient, il faut se mettre à sa place. Ce sera facile pour moi de me remémorer cette belle fille à laquelle je n'ai pas pu dire mon amour pendant quatre ans. Je dois me demander : « Qu'aurais-je pu faire à sa place pour m'en sortir ? » Je me souviens que faire du théâtre m'a sorti de ma timidité. Voilà une idée pour Dari.

En ronchonnant, Dari demande :

— Mes boutons sont-ils vraiment dans ma tête, comme dit le dermatologue ?

— Que pense le spécialiste de vos boutons, du point de vue diagnostique ?

— Il m'a toujours confirmé que c'était bien du psoriasis, ce que je craignais. Heureusement, ce n'est pas du tout contagieux.

— Quel traitement vous donne-t-il ?

— Mon dermatologue semble ne pas croire lui-même à la pommade qu'il me prescrit.

— Pourquoi n'y croit-il pas ?

— Il affirme que tout le monde sait que les poussées

de boutons sont activées par nos angoisses. Il a utilisé le même discours avec ma sœur pour son eczéma.

Dari a déjà compris le caractère psychosomatique de son problème de peau. Il faut cependant que je prenne tout mon temps pour lui confirmer que sa timidité aggrave son psoriasis et réciproquement. Lorsque l'on est trop pressé, le patient pense que nous l'accusons d'être un malade imaginaire gênant.

— Mon confrère a raison, beaucoup de problèmes de peau comme le psoriasis ou l'eczéma viennent de la dépression et du stress. En parlez-vous avec vos proches ?

— Je n'ose pas me confier au sujet de ma maladie.

— Quand cela sera plus facile pour vous, je vous présenterai des patients qui viennent ici à cause de leurs boutons.

— Quel est l'intérêt ?

— Une prochaine fois, vous allez travailler avec Jade, une jeune fille victime d'un psoriasis important. Elle vous expliquera comment son psoriasis a régressé grâce à la relaxation.

Le visage de Dari est paniqué à cette idée. Je vais trop vite. Je vais l'affoler. Il faut que je me calme.

— Cela m'intimidera bien trop.

— Non, ce sera supportable. C'est seulement quand vous le déciderez que vous commencerez à combattre progressivement cette timidité qui aggrave vos boutons.

— Mes boutons sont toujours cachés sous mes vêtements. Personne ne les voit. Ce n'est donc pas ma maladie de peau qui peut m'intimider.

— C'est plus compliqué que cela. Quand on est timide, on est anxieux. Hors, le stress diminue la circulation de sang dans certains organes comme la peau. Votre psoriasis est l'expression de cette asphyxie par manque d'oxygène.

— Pourquoi ?

— Le stress est positif en vous permettant de fuir plus vite en cas de danger. Par exemple, il vous permet de traverser rapidement la rue, si vous êtes surpris par la vitesse d'une voiture.

— Si mon stress est positif, comment peut-il aggraver mon psoriasis ?

— Votre stress est trop intense et trop fréquent. Par son effet répété, votre sang se concentre trop souvent dans les muscles. D'autres organes sont également privés de vascularisation.

— Je suppose que c'est ma peau qui manque de sang.

— C'est vrai. Mais vos organes digestifs, votre appareil respiratoire, urinaire et sexuel manquent aussi de sang.

— En plus, avec cette maladie, je me sens sale.

— Une maladie psychosomatique comme l'eczéma ou le psoriasis est causée par ces stress fréquents qui ne servent à rien. Elle peut vous rendre timide ou agressif. Vous avez une mauvaise image de vous-même.

— Comment tout cela peut-il me donner des boutons ?

— Vos stress privent certains de vos organes de sang. Cela donne des boutons, des troubles digestifs, de l'asthme, une éjaculation précoce. Sur quelles parties de votre corps souffrez-vous de psoriasis ?

— J'en ai surtout sur le front, sur les coudes, sur les genoux et sur le cuir chevelu.

— Qui vous a conseillé de venir ici ?

— C'est mon dermatologue qui m'a dit que c'était nerveux. Il m'a fortement encouragé à vous consulter.

La première fois, il est toujours bon de savoir comment le patient imagine le thérapeute et la thérapie. Je peux repérer les fausses idées négatives sur la psychothérapie et les corriger. Je peux aussi mesurer sa motivation à changer.

— Qu'est-ce qu'un psy peut faire pour votre problème dermatologique ?

— Je me dis aussi à l'inverse que quand je suis énervé, mes plaques sont encore plus rouges. Le cerveau peut avoir une influence sur mon psoriasis.

— Vous avez raison ! Votre raisonnement est logique. Effectivement, notre cerveau et notre pensée ont une influence sur tout notre corps et tout particulièrement sur notre peau.

— Aucun traitement dermatologique n'a pu me soigner. Comment pourrais-je guérir de ce psoriasis en venant ici, chez un psy ?

— Vous avez plus ou moins consciemment une mauvaise image de votre corps. Je vais vous apprendre à vous positiver physiquement et intellectuellement. De cette façon, les autres (et vous-même, d'ailleurs) vous renverront une image plus positive de votre propre personne.

— Pourquoi positiver mon image ? Elle est ce qu'elle est, on ne peut pas la changer.

— Remarquez que lorsque les gens se trouvent beaux et enthousiastes, ils sont réellement plus beaux.

— Ma voisine doit faire plus de cent kilos. Je la connais depuis trois ans. Elle est gentille, coquette et maquillée avec goût. Elle se tient bien droite. Pourtant je n'ai jamais envie de la séduire.

Je dois assouplir son esprit un peu rigide en lui montrant qu'il n'y a pas de vérité en psychologie.

— Connaissez-vous des cas contraires ?

— Oui. J'ai remarqué que ma femme se trouve moins jolie en ce moment. Elle se néglige sur le plan maquillage et vêtements. Effectivement, je la trouve moins belle. Pourtant, elle est mille fois mieux faite que ma voisine !

— Au niveau de son corps, qu'avez-vous remarqué ces derniers temps ?

— Elle est plus négligée. Elle prend son bain plus rapidement. Elle s'occupe moins de sa peau. J'ai aussi remarqué l'apparition de quelques boutons sur son dos.

— Qu'en déduisez-vous ?

— Vous voulez me dire que la façon de s'occuper de soi nous embellit ?

— Bien entendu. Pouvez-vous établir une comparaison entre vos boutons et votre humeur ?

— Oui. Moi aussi j'ai tendance à moins m'occuper de moi-même depuis que je suis au chômage. J'ai l'impression de ne plus servir à grand-chose.

— Quel rapport voyez-vous entre se sentir inutile et se négliger corporellement ?

— Je me dis que c'est comme ma voiture. Elle ne me sert plus pour aller au travail. Je la dorlote moins. Mais mon problème de peau, ce n'est pas une histoire de propreté, car je me lave tous les jours.

— Vous avez employé pour votre voiture le mot « dorloter » et non « laver ». J'ai bien compris que vous ne reliez pas votre psoriasis à la saleté, mais à un manque de tendresse à l'égard de votre corps.

— Mais est-ce que mon problème de peau s'expliquerait aussi par notre couple qui fonctionne moins bien depuis que j'ai perdu mon travail ?

— Tout traumatisme, comme le chômage, la perte d'un être cher, ou un problème avec votre enfant, peut entraîner une réaction cutanée.

— Mais pourquoi est-ce ma peau qui est malade ? Pourquoi n'ai-je pas eu un problème à une autre partie de mon corps ?

— Quelle voiture avez-vous ?

— Une Twingo.

La psychologie est compliquée. Il est donc indispensable de faire des comparaisons simples en utilisant des objets simples que tout le monde connaît, comme les automobiles.

— Contactons tous les propriétaires du même modèle de voiture que le vôtre. Imaginons que ces Twingo viennent de la même chaîne de montage. Que pensez-vous de celles qui seraient sorties de la chaîne le même jour et la même heure que la vôtre ?

— Elles seraient strictement identiques.

— Vous ne constateriez aucune différence entre elles ?

— Non.

— Détrompez-vous. Nous constaterions de petites différences de fabrication à la sortie de l'usine. Ensuite, selon les habitudes d'entretien et de conduite des propriétaires, l'une ne présentera jamais de problème, l'autre aura des pannes répétées de carburateur, et la dernière sera toujours au garage pour faire face à des pertes d'huile.

— Comment vais-je donc apprendre à mieux comprendre mon corps et ma peau avec cette idée que la voiture du voisin est différente de la mienne ?

— Vous allez apprendre à connaître les particularités de votre corps et de votre personnalité comme vous avez appris à rechercher les faiblesses propres à votre Twingo pour mieux la préserver.

— Comment puis-je me connaître au point de guérir de mon psoriasis ?

— Nous allons faire ce qu'on appelle *une ligne de base*. C'est-à-dire que nous allons mesurer votre symptôme sur toutes les coutures au début de votre thérapie, puis votre changement, favorable ou non.

— Un symptôme peut se mesurer physiquement ou intellectuellement ?

— Les deux à la fois. Avec votre généraliste, au début de la thérapie, nous mesurerons l'état de votre psoriasis en centimètres carrés, l'épaisseur et la gêne comme les démangeaisons. Chaque mois, nous referons les mêmes mesures pour suivre l'évolution.

— Vous venez de me dire que nous allons aussi mesurer intellectuellement mon psoriasis.

— En effet, en début de thérapie nous mesurerons aussi précisément la façon dont vous affectionnez votre corps.

— Aimer mon corps, c'est subjectif, cela ne se mesure pas.

Il est habituel de mesurer des symptômes physiques comme la surface de boutons. C'est déjà un peu moins courant de mesurer des démangeaisons ou des douleurs de moins un à moins dix. Le patient n'ayant jamais entendu parler de mesurer l'amour de son corps ou le degré de sa dépression de moins un à moins dix, il est donc toujours difficile de lui expliquer que l'on va mesurer en début de travail ces notions impalpables. De plus, chaque mois il faudra refaire ces mesures de souffrances psychologiques.

— Pour la prochaine fois, vous noterez tous les actes que vous estimerez attentionnés par rapport à votre corps.

— Quelles sont les caractéristiques de mon symptôme que je dois noter ?

— Physiquement, vous noterez la surface de votre psoriasis, la rougeur et la gêne qu'il occasionne.

— Et émotionnellement ?

— Émotionnellement, vous noterez tout ce qui fait plaisir à votre corps en durée et en intensité.

— Comment vais-je avoir conscience de cela ?

— Nous n'avons que partiellement conscience de la nature et de la mesure de nos comportements. Mais écrivez vos stress, vos émotions en direct. De cette façon, ce qui fait ou ferait plaisir à votre corps va émerger de votre inconscient petit à petit.

— Que ferons-nous de ces notes ?

— Cette ligne de base va vous servir à prendre conscience de l'état des lieux au début de la thérapie. Ainsi, nous mesurerons vos progrès chaque mois.

— C'est comme quand vous louez un appartement, vous faites un état des lieux au début et à la fin.

Il résiste beaucoup à l'idée de faire un lien entre son esprit et sa peau. Il préfère pour l'instant une explication médicale, mécanique ou chimique à son psoriasis. Je vais prendre mon temps pour lui faire comprendre l'influence du mental sur le physique. Si je vais trop vite, il va arrêter la thérapie.

— C'est effectivement l'état des lieux que vous faites en entrant dans votre appartement. Cela permet de vous rappeler que vous avez enlevé la cloison du salon pour l'agrandir. Quand vous partirez, votre propriétaire se demandera si c'est mieux ou moins bien, et de la même façon vous rechercherez les améliorations liées à la thérapie. Chaque jour, vous allez organiser progressivement des exercices comportementaux pour provoquer votre changement. Vous noterez vos émotions pendant les exercices.

— Quel genre de tâches me donnerez-vous ?

— Vous trouverez petit à petit du plaisir à rester cinq minutes de plus dans la baignoire, à vous regarder cinq minutes de plus dans la glace en vous rasant, à aller chez le coiffeur plus souvent.

— Cela ne m'intéresse pas !

— Ce ne sont que des exemples. Vous choisirez ce qui vous convient à vous, à vous tout seul.

— Quoi par exemple ?

— Vous pourrez aussi nager à la piscine pour profiter des bonnes sensations de l'eau, ou reprendre progressivement la musculation, ou faire tout autre sport de votre choix.

— Ce n'est pas en changeant mon comportement que mon psoriasis va disparaître !

— Pascal, le philosophe, a écrit : « Si vous n'êtes pas chrétien, agenouillez-vous, ça viendra. »

— Qu'est-ce que cela veut dire ?

— Cela signifie que si vous changez vos comportements, vous modifierez votre pensée. De nouvelles manières positives de penser et d'agir amélioreront votre bien-être et votre psoriasis.

— Quelle fréquence est bonne pour venir à votre consultation ?

— Il faut au minimum se voir une fois par semaine. En période de crise d'angoisse ou suicidaire, nous travaillons avec nos patients deux fois par semaine.

— Mon généraliste peut-il m'aider ? Parce que j'habite loin. Je ne pourrai pas venir si souvent.

C'est vrai qu'il n'habite pas tout près. Mais je sais aussi qu'il exagère. Il ne faut pas faire perdre la face à Dari. Il est intimidé. Il n'a peut-être pas envie de revenir. Je dois le mettre en confiance.

— Nous allons collaborer avec votre dermatologue et votre généraliste. Voici une lettre pour chacun d'entre eux. Cela vous permettra de venir moins souvent.

— Comment coopérerez-vous avec mon médecin de famille pour m'économiser des voyages ?

— Voici un texte de relaxation que votre médecin de famille va vous lire une fois par semaine.

— Il sait faire de la relaxation ?

— Je l'ignore, mais je lui téléphonerai pour lui expliquer. Ce n'est pas compliqué. Des confrères généralistes viennent ici travailler avec nous par demi-journées pour apprendre à collaborer avec nous. Nous faisons aussi des formations professionnelles pour eux le soir.

— Il n'aura pas le temps de me faire cette relaxation. En consultation, les généralistes sont toujours très pressés. Leur salle d'attente est pleine tous les jours. Les gens se bousculent.

— Cela ne lui prendra pas plus de temps qu'une consultation habituelle à condition que vous ne veniez que pour cela et sur rendez-vous. Vous arrivez, vous vous allongez, dix minutes après c'est fini, vous ouvrez les yeux, vous commentez votre détente cinq minutes, puis vous repartez.

— Si j'ai le rhume, je ne vais pas revenir une deuxième fois pour une autre consultation ?

— Vous le consultez pour le rhume la veille, le lendemain matin pour la séance de relaxation.

— Pourquoi cette complication ?

— Si vous mélangez rhume et relaxation, votre médecin de famille n'aura pas le temps et il devra abandonner la relaxation.

Lorsqu'un patient suit un traitement médical comme Dari, nous passons un contrat avec lui : s'il arrête son traitement, nous interrompons notre thérapie. À la troisième séance, Dari a voulu abandonner son traitement médical. En lui rappelant ce contrat, il a repris les soins avec ses médecins.

Notre collaboration avec médecins de famille et spécialistes est indispensable. Avant de travailler psychologiquement face à un symptôme corporel, nous devons avoir l'avis du médecin de famille sur le diagnostic exact. Il ne faut pas que la thérapie masque un problème médical.

Il n'est pas question de commencer une thérapie à l'aveugle sans savoir si tout a été fait pour le diagnostic et le traitement. Si nous ne collaborions pas avec nos confrères, nous ne pourrions les cautionner auprès de nos patients. La psychiatrie fait partie de la médecine comme la cardiologie. Comme tous les spécialistes, ne l'oublions pas, nous avons fait huit ans de médecine générale, ce qui nous permet de suivre les traitements médicaux de nos patients.

*
* *

Donc, pour Dari, le problème le plus important, pendant ces six mois de thérapie, a été de travailler sur la timidité. « J'ai peur d'être ridicule » : cette pensée l'amenait soit à ne pas parler, soit à agresser l'autre.

J'ai appris à Dari à lutter contre son psoriasis et contre

sa timidité par l'affirmation de soi pendant les consultations. Il a ainsi progressé dans le fait d'adresser et de recevoir un compliment, d'adresser et de recevoir une critique.

Nous avons commencé par les situations de sa vie les moins difficiles, puis de plus en plus compliquées. Je joue son rôle avec trois séquences de trois minutes et trois variantes. Il reproduit celle qui lui plaît. Quand il sait bien le faire, il le refait quinzc minutes avec un autre patient. Puis Dari aide l'autre patient quinze minutes. Tout est noté sur son carnet de bord et coté en termes de difficulté de – 1 à – 10.

Dari s'est redressé, a regardé les gens dans les yeux, s'est mieux habillé, a parlé dans la salle d'attente. Il a pris de longs bains, a séduit plus facilement les femmes, et a parlé à ses collègues. Chemin faisant, ses boutons le gênaient moins, puis s'atténuaient. Il ne se coupait plus du monde en période de poussée de psoriasis. Il avait appris à parler de ses boutons, donc il n'était plus intimidé, donc il ne s'angoissait plus.

*

* *

CONSEILS PRATIQUES
Si vous avez des boutons disgracieux

Ne mettez pas n'importe quelle pommade.

Demandez à votre généraliste quel dermatologue il vous conseille.

La peau est un organe sensible à votre mal-être. Écoutez-la bien, soignez-la bien, aimez-la bien pour bien vous aimer vous-même.

Les lésions cutanées persistantes expriment dépression, timidité et manque de confiance en soi. Ces boutons augmentent honte et timidité en retour. La thérapie va couper ce cercle vicieux.

Toute disgrâce physique (cicatrice, bégaiement, laideur, petitesse et paralysie) objective ou subjective, se combat par l'affirmation de soi. La thérapie va renforcer l'affirmation de soi par des thérapies de groupe, des jeux de rôle pour expliquer à l'autre ce dont on a besoin.

Vous apprendrez à montrer et à parler de votre disgrâce. Vous éteindrez votre timidité et votre honte. Aimez-vous d'abord comme vous êtes, pour embellir dans un second temps.

La femme est avantagée car elle exprime plus facilement ses problèmes. L'homme, muet sur sa souffrance, va beaucoup plus s'isoler.

Le problème dermatologique peut être bénin, mais peut aussi entraîner une forte souffrance. C'est plus votre sensibilité et votre personnalité qui vont faire le lit de votre douleur morale. Le travail psychologique va compléter efficacement le traitement médical, surtout dans deux cas : quand les boutons persistent longtemps, et lorsque le retentissement dépressif est important.

Asthme
(« La médecine ne peut plus rien pour mon asthme »)

J'ai été généraliste une dizaine d'années à la campagne. C'est une jeune asthmatique, Éva, qui m'a convaincu de me spécialiser en psychiatrie. Une nuit, elle m'appelle pour une forte crise. Au bout de dix kilomètres, je m'aperçois que j'ai oublié ma trousse d'urgence. Dans ma boîte à gants, il n'y a qu'une seringue jetable. La veille, j'ai lu *L'Illusion psychosomatique* de Robert Dantzer, un livre sur l'effet placebo. Éva a un asthme grave et fait ce soir-là une crise sévère. Je décide pourtant de simuler une injection : « Éva, je vais te faire une injection d'un nouveau produit puissant. L'oxygène va surgir dans tes bronches qui vont se dilater violemment. Comme tu n'es pas habituée à tant d'oxygène pour ne pas être étourdie, pince tes narines. » La crise s'arrête aussitôt. Quelque temps plus tard, en regardant mes dossiers, un soir, je constate que douze de mes quinze clients de la journée n'avaient pas besoin de médicaments, mais seulement de parler et qu'on les écoute. Il ne m'en fallait pas plus pour débuter ma spécialité.

Aujourd'hui, mon patient s'appelle Bob. Il n'est pas d'un abord facile.

— Quel est le résultat de votre bilan médical ?

— Je ne souhaite pas vous en parler, car je suis fatigué de la médecine.

— Pourquoi ?

— Toutes mes analyses, désensibilisations et traitements, n'ont jamais servi à rien !

— Aucun traitement psychologique ne peut se faire sans la collaboration de votre médecin de famille et de votre pneumologue.

— Cette collaboration est-elle si importante ?

— L'origine de toute maladie n'est ni physique, ni psychologique, mais les deux en même temps. Aucun psy ne peut travailler seul pour soigner votre essoufflement. Décrivez-le moi.

— J'ai un essoufflement constant avec, en plus, des crises dans la nuit.

— Combien de crises avez-vous par semaine ?

— Une crise deux fois par semaine. J'ai lu que la relaxation pouvait faire respirer. Est-ce vrai ?

— C'est vrai. Par l'adrénaline, le stress, serre vos bronches un peu plus. La relaxation fait baisser le taux d'adrénaline.

— Alors, vous pouvez me guérir seul, sans ennuyer mon médecin de famille.

Beaucoup de patients refusent de trouver une origine psychologique à leur symptôme physique. Bob, lui, veut absolument que son asthme soit exclusivement mental. Cette « psychiatrisation » de son asthme est une forme de résistance tout aussi préoccupante. Je vais veiller à ce que Bob n'abandonne pas ses traitements médicaux, qui sont aussi importants que ma thérapie. Son rejet de ses médecins habituels est suicidaire parce qu'excessif. La toute-puissance magique qu'il m'accorde va le décevoir. Il ne faut pas qu'il oublie que c'est lui qui fait la thérapie et pas moi tout seul.

— Non, parce que le stress n'est peut-être qu'une cause parmi d'autres. C'est comme si la ventilation de votre voiture est à 5, qu'elle passe à 4 par l'allergie, et puis à 3 par le stress.

— Mais je vous ai expliqué que tous mes traitements ont été inefficaces ! C'est donc que l'origine de mes essoufflements n'est que nerveuse.

— C'est comme si vous me disiez qu'il n'y a pas de

panne à votre voiture puisque le garagiste ne trouve pas de réparation efficace.

— Vous voulez dire que parfois les comprimés ne sont pas efficaces, mais qu'il y a quand même réellement une allergie ?

— C'est exactement cela.

— Mais je n'ai plus besoin de voir mon pneumologue puisqu'il ne sait pas me soigner. C'est quoi, cette coalition entre ces deux médecins ? Je ne comprends pas que l'on ne puisse pas être libre de se faire soigner par le médecin que l'on veut.

— L'asthme est une maladie difficile à équilibrer et différente pour chaque patient. Il faut du temps pour la connaître.

— Je respecte votre opinion, mais c'est ma santé à moi. Je décide donc que vous allez me soigner tout seul, car vous avez bien soigné l'asthme de mon propre généraliste et que j'ai confiance en vous.

Je suis étonné par sa brusquerie. Il ne me faut pas rentrer dans sa colère. Je vais rechercher le positif pour le détendre.

— Je vous remercie pour votre confiance qui me touche beaucoup. Aucune maladie ne ressemble à une autre. Votre asthme ne peut pas se comparer à celui de votre médecin ni à celui d'aucun autre patient.

— Mais c'est lui qui m'adresse à vous !

— Oui, mais il sera d'accord avec ce contrat entre vous et moi. Je le lui explique dans cette lettre que vous allez lui remettre.

— Quel contrat ?

— Je fais le contrat avec vous que je ne vous soignerai qu'en collaboration avec votre généraliste et votre spécialiste.

— Pourquoi ?

— La psychologie fait partie de la médecine. Si un cardiologue ne transmettait pas votre électrocardiogramme à votre généraliste, que penseriez-vous ?

— Ce n'est pas pareil. C'est moins grave pour un psy de ne pas écrire à mon médecin de famille.

— Pourquoi ?

— Si le cardiologue fait la même chose, il peut y avoir une crise cardiaque mortelle. Vous ne pouvez pas, vous, me faire mourir.

— Détrompez-vous. Il est aussi important pour un psy que pour un cardiologue d'être en contact avec les autres médecins. Vous pouvez vous suicider ou déprimer si notre collaboration est inefficace.

— Bon, d'accord. Quel traitement allez-vous me donner ?

— C'est vous qui allez faire et moi qui vais vous apprendre.

— Vous allez me relaxer ?

— C'est exact, mais cela ne constitue que la première phase. Elle comprendra trois séances de détente passive. Nous allons débuter la semaine prochaine.

— Et après ?

— Ensuite vous imiterez mon discours relaxant. Pendant cette deuxième phase, vous allez refaire chez vous ces séances de relaxation active, à haute voix, pendant trente jours.

— La thérapie ne dure que trente jours ?

— Non, car ensuite nous allons aborder la troisième phase. Elle consistera à écrire vos pensées pendant vos crises d'asthme.

— Je ne sais pas très bien ce que je pense quand j'ai de l'asthme. L'inquiétude m'empêche de penser.

— Une inquiétude, ça parle, mais trop vite. Vous allez apprendre petit à petit à retrouver ce discours pessimiste. Vous écrirez immédiatement sur un papier, pendant votre émotion négative. Ensuite, nous analyserons à froid en consultation. C'est donc comme si vous photographiez quelques images d'une bande vidéo qui passe sur avance accélérée.

— À quoi cela va-t-il servir ?

— Pendant les deux premières phases, la relaxation va dilater vos bronches. Ensuite, durant la troisième phase, l'analyse de la pensée va vous permettre de changer vos pensées stressantes. Ces pensées aggravent votre crise en cercle vicieux négatif.

— C'est quoi, ce cercle vicieux de mon asthme ?

— C'est votre inconscient qui dit en vous : « Je suis

tendu, cela fabrique de l'adrénaline qui serre mes bronches, mon essoufflement me fait de plus en plus peur, j'angoisse encore plus. »

— Pouvez-vous me donner un exemple de changement de la pensée négative que je pourrais faire à partir des pensées négatives que j'aurai notées pendant mon asthme ?

— Je vous renvoie la question. Cherchez les pensées négatives que vous avez pendant vos crises.

— Je me dis quand j'ai mon asthme : « Il ne peut rien m'arriver de grave quand ma mère est avec moi. Je dois aller tout de suite réveiller ma mère quand je commence à être essoufflé. »

— Pourquoi cette pensée aggrave-t-elle votre asthme ?

— Ma mère accentue considérablement mon stress. Elle a plus peur que moi de la crise et elle me démoralise.

— Comment pouvez-vous changer votre pensée pendant vos crises ?

— On ne peut pas changer sa mère ! Alors, à quoi ça sert de changer ma pensée si elle ne fait pas d'effort ?

— Vous avez raison, c'est vous qui allez changer et non pas votre mère.

— Comment vais-je changer ? Je croyais que l'on gardait toujours sa personnalité profonde...

— Nous allons critiquer puis modifier votre pensée et vos émotions.

— Ce n'est pas cela qui fera partir mon étouffement.

— D'après vous Bob, à quoi cela sert-il de chercher des idées et des actions positives ?

— Il faut avoir une morale positive religieuse. Moi, je suis athée.

— Votre remarque est intelligente. J'ai oublié de vous dire que pour un psy, ce n'est ni la morale, ni la religion, ni la justice qui comptent.

— Qu'est ce qui compte pour un psy ?

— C'est de calmer les souffrances physiques et psychologiques liées à votre façon d'interpréter vos crises ! Chaque jour, écrivez vos sensations et vos pensées pendant vos crises. Pour la prochaine semaine, apportez ces écrits quotidiens.

*
*   *

Les trois consultations suivantes ont consisté à faire le bilan des exercices de Bob. Il était très motivé à noter ses pensées pendant les crises. Il augmentait chaque jour son autonomie pour gérer son asthme sans sa mère. Il expliquait à ses proches sa dépendance par rapport à elle. À partir de la cinquième consultation, Bob a bien compris l'analyse de la pensée.

— Voici ce que j'ai pu découvrir en tant qu'idées et actions positives, c'est-à-dire moins douloureuses, pour combattre mon asthme, me dit-il en me tendant son cahier.

— Jeudi, je lis que votre idée négative source d'asthme est : « Il ne peut rien m'arriver de grave quand ma mère est avec moi. Je dois donc aller tout de suite la réveiller quand je commence à être essoufflé. »

— Où est le problème dans l'amour d'un fils pour sa mère ?

Il ne faut pas que je lui donne une interprétation, d'autant qu'il est un peu en colère contre moi. C'est à lui de trouver.

— D'après vous, où est votre problème ?

— Le problème est celui de ma dépendance. Quand ma mère est présente, je fais des crises beaucoup plus fréquentes et beaucoup plus importantes.

— Quelle idée positive avez-vous mise à la place de cette pensée que vous dites « source de dépendance » ?

— J'ai trouvé une idée alternative efficace, positive et plaisante : « Je commence à être essoufflé. Je ne vais pas aller tout de suite réveiller ma mère. Je peux me débrouiller seul. Cela ne veut pas dire que je n'aime pas ma mère. J'ai beaucoup grandi, cette dépendance à ma mère qui était valable à cinq ans ne l'est plus à dix-huit ans. »

— Comment cela apaise-t-il l'asthme ?

— Mon action négative douloureuse, source d'asthme est : « J'appelle ma mère. Elle m'angoisse en prédisant l'aggravation. Elle s'agite. »

— Quelle action alternative avez-vous notée à la place de cette action douloureuse ?

— « Je me débrouille seul pendant cinq minutes avec mon aérosol. Je fais la relaxation respiratoire que le thérapeute m'a apprise. Après cinq minutes, s'il n'y a pas d'amélioration, j'appelle ma mère. Chaque jour, je prolonge le temps sans ma mère de deux minutes. »

— Vous êtes tenace, donc vous allez guérir. J'ai expliqué à votre généraliste et à votre pneumologue que vous alliez faire votre autorelaxation respiratoire en cas de crise. Vous allez attendre de plus en plus longtemps avant d'appeler votre mère.

— Que disent ces deux médecins ?

— Ils souhaitent que vous utilisiez votre aérosol dès le début de la crise.

— Quelle honte pour moi que ces deux médecins sachent que j'avais besoin de ma mère pendant mes crises !

Je suis content de l'entendre utiliser l'imparfait : « J'avais besoin de ma mère. » Cela prouve qu'il imagine son amélioration mentale. Il est important de l'aider à parler de cette dépendance avec sa mère pour qu'il puisse s'en détacher. Je dois le rassurer face à sa honte.

— Ce sont deux médecins, ils peuvent comprendre qu'une crise d'asthme fasse peur. L'important, c'est de progresser. Je vois qu'hier vous avez géré votre crise seul pendant dix minutes.

— Quel exercice à faire en attendant mon prochain rendez-vous à votre cabinet ?

— Continuez votre relaxation quand vous êtes détendu et quand vous sentez votre crise débuter. Attendez deux minutes de plus chaque jour avant d'appeler votre mère. Notez vos pensées négatives pendant la crise et positivez-les après. Expliquez votre travail de thérapie à votre entourage.

*
* *

Bob a fait une thérapie de six mois. Pour organiser son traitement avec ses trois médecins, le contrat entre lui et moi a bien fonctionné. Les soins pour son corps et la thérapie destinée à son esprit se sont parfaitement complétés.

L'autohypnose lui a été bénéfique. Bob a bien appris à ne pas se paniquer pendant ses crises. En relaxation, il visualisait la maîtrise de ses bronches à haute voix.

Bob a analysé ses pensées pendant ses crises et sa dépendance avec sa mère. Il s'est autonomisé en aimant celle-ci d'une façon différente : « Sans ma mère, je ne vaux rien. » Cela lui a permis de comprendre qu'il était déprimé : « Comme je pense être moins bon, je ne peux agir qu'avec l'accord de ma mère. »

Le changement de ses pensées et de ses actes pendant ses crises l'a beaucoup apaisé : « Progressivement, je vais vivre mes crises sans ma mère. » Cela lui a permis de vaincre sa dépression : « Petit à petit, je suis de plus en plus efficace en faisant les choses, seul, sans ma mère. »

Enfin, nous avons travaillé en jeu de rôle sur sa relation avec sa mère dépressive. Bob a appris à échapper au stress que sa mère lui provoquait au travers de son asthme. Elle craignait d'être abandonnée par son fils qui devait partir de la maison pour la fac. « Laisse, je vais te donner tous tes médicaments, sinon tu vas encore te tromper. »

Sa mère est venue plusieurs fois, en consultation, pour Bob. Avec moi, elle voulait faire une thérapie, pour elle-même. Je lui ai conseillé de voir un autre psy. Je ne voulais pas gêner mon aide à l'autonomie de son fils.

*

*   *

CONSEILS PRATIQUES
En cas d'essoufflement

La respiration est un élément important dans tout travail de relaxation, à plus forte raison dans le cas de l'asthme. Vous allez apprendre des exercices respiratoires.

Leur rythme est le suivant : quatre secondes d'inspiration ; puis, pendant deux secondes, vous gardez l'air ;

puis, pendant quatre secondes, vous expirez ; enfin, pendant deux secondes, vous gardez les poumons vides.

Lorsque vous êtes détendu, votre respiration devient beaucoup plus ample, plus lente, plus régulière. Lorsque que vous êtes angoissé c'est l'inverse, vous êtes essoufflé.

En cas d'essoufflement en rapport avec une maladie pulmonaire ou cardiaque, votre amélioration sera remarquable si vous apprenez consciencieusement une relaxation respiratoire. Dans ces cas d'essoufflement cardio-pulmonaire, vous ne pourrez peut-être pas atteindre ce rythme. Rapprochez-vous-en le plus possible.

En l'absence de maladie corporelle cette détente pulmonaire est plus efficace si l'essoufflement est nerveux. Dans ces cas, comme pour la tétanie ou l'attaque de panique, vous arriverez à ce rythme plus lentement. Vous visualisez vos poumons affolés et les imaginez se calmant petit à petit. Comme dans tout travail comportemental l'apprentissage sera progressif. Vous chronométrerez d'abord votre rythme naturel : 2-1-2-1 par exemple. Puis, petit à petit, seconde par seconde, vous vous rapprocherez de 4-2-4-2.

Peur de l'anesthésie
(« J'hésite entre l'anesthésie locale et l'anesthésie générale »)

Je viens de faire hospitaliser Rodolphe, un adolescent suicidaire. L'ambulance est sur le chemin. Rodolphe est en colère contre moi. Je l'entends au travers de la cloison. Il faut pourtant que je me concentre sur l'opération d'Angéla, ma patiente suivante.

— Connaissez-vous le nom de votre opération ?

Crispée, Angéla me donne la lettre de son généraliste.

— C'est une intervention sur le canal carpien de ma main. Elle est prévue dans quarante jours.

— Votre généraliste m'explique que ce choix vous panique au plus haut point. Savez-vous ce qui est préférable pour vous ? Anesthésie locale ou générale ?

— Le chirurgien affirme que l'anesthésie locale est mieux. Il dit qu'on injecte moins de produit et pas dans tout le corps. Il m'a aussi expliqué que ce type d'anesthésie présente moins de dangers opératoires. Et puis, on s'en remet plus vite.

Ce que lui a dit le chirurgien est important. Ce qui compte encore plus de faire passer à sa conscience, c'est ce qu'elle a retenu inconsciemment de son enfance. Je dois retrouver ses croyances archaïques à propos de la chirurgie. Qu'a-t-elle compris et retenu de ce que lui a dit sa maman pour l'opération de son grand-père par exemple ?

— Ça, c'est la parole du chirurgien, mais vous, que pensez-vous secrètement ?

— J'ai peur de mourir pendant l'anesthésie générale, mais l'anesthésie locale m'effraie autant.

Sans l'influencer, il faut que je comprenne ce qui lui fait peur. Je vais commencer par lui parler de l'anesthésie locale.

— Selon votre imaginaire, que peut-il se passer de pire pendant l'anesthésie locale ?

— Je ne veux pas voir les instruments couper ma chair.

Voyons si Angéla a une peur du sang.

— C'est la seule chose qui vous gênerait ?

— J'ai peur que l'effet de l'anesthésie locale s'arrête avant la fin de l'opération.

— Et alors ?

La encore je ne dois rien lui suggérer. Le thérapeute fait toujours abstraction de ce qui lui ferait peur à lui si l'anesthésie s'arrêtait. Pour ne pas troubler cette recherche, nous n'examinerons les stratégies positives antiphobiques qu'ensuite. Si l'inspecteur Colombo trouve trop tôt un coupable, la fin de l'enquête sera bâclée.

— Si l'anesthésie locale s'épuise, je vais avoir mal, je vais bouger. Le chirurgien coupera maladroitement le nerf. Ma main sera paralysée pour toujours.

— Vous craignez d'avoir mal et de saigner ?

— Pas du tout, je ne crains ni l'un ni l'autre. En fait, j'ai peur de ne plus jamais écrire si je tombe paralysée.

Donc, c'est surtout la paralysie qui lui fait peur. Comme le chirurgien lui laisse le choix, autant opter pour l'anesthésie locale. De plus, on ne peut guérir une phobie qu'en faisant face progressivement. On pourrait dire qu'il est rare d'avoir à se faire opérer, donc qu'Angéla subira une anesthésie générale et qu'on n'en parlera plus. Cela n'est malheureusement pas si simple. Si elle ne fait pas de thérapie, elle aura des complications psychologiques précoces ou tardives à son intervention en rapport (phobie des piqûres, d'avaler des comprimés, douleur du poignet) ou sans rapport (claustrophobie, dépression, douleur du ventre). Cependant, j'ai aussi besoin de savoir ce qu'elle craint dans l'anesthésie générale. Si elle a trop peur de l'anesthésie locale, il faudra bien se résigner à l'anesthésie générale. De toute façon, ses peurs de l'anesthésie générale peuvent m'aider à comprendre ses craintes de l'anesthésie locale. Je lui expliquerai tout cela plus tard pour ne pas la submerger lors de cette première consultation

— En ce qui concerne l'anesthésie générale, que craindriez-vous ?

— J'ai peur de mourir.

Il faut que je comprenne ce qu'elle entend par ce « j'ai peur de mourir » sans rien lui suggérer. Est-ce pendant l'opération ? Les personnes phobiques sont très influençables. Je ne vais pas prononcer de nouveau le mot « mort ».

— En finir de quelle façon ?

— J'ai peur de me réveiller pendant l'opération.

— Pourquoi ?

— J'ai peur de me réveiller par manque d'anesthésiant.

— Et alors ?

— Et alors, j'ai mal et je bouge.

— Et alors ?

— Et alors, le chirurgien fait un mauvais geste et je reste paralysée.

— Et alors ?

— Je ne vivrai pas avec une main paralysée.

J'ai bien fait de ne pas dire le mot « suicide ». Je pense qu'elle parle de cela. Je préfère qu'elle le dise elle-même.

— Que voulez-vous dire ?

— Je me suiciderais si je ne pouvais plus écrire.

Dans les deux sortes d'anesthésie, sa peur est la même. Ma patiente redoute une anesthésie trop courte qui la ferait bouger. Le chirurgien ferait un mauvais geste. Elle serait paralysée. Elle se suiciderait de tristesse puisqu'elle ne pourrait plus écrire.

J'ai remarqué qu'elle était très émue de me parler de suicide. Un scénario phobique est plus ou moins inconscient. Il faut être prudent pour faire monter, très progressivement, ces informations à la conscience.

— Savez-vous d'où vient cette peur des opérations ?

Un scénario phobique est souvent surprenant, car rarement rationnel. Il peut correspondre dans l'enfance à un choc émotionnel lors de la vision d'un film ou lors de la lecture d'un roman. Ce peut aussi être une banale histoire de famille. Cet événement peut avoir été mal compris par l'enfant et vécu comme un drame.

Ce point de départ de la phobie peut être amnésié, jamais retrouvé. Cela ne l'empêche pas d'enclencher la phobie une heure ou vingt ans après. Dans certains cas, la relaxation permet de retrouver l'émotion initiale. D'autres fois, c'est la confrontation progressive à la phobie qui réveille l'incident initial. Que l'émotion initiale soit retrouvée ou non, cela n'empêche pas une thérapie comportementale de combattre cette peur excessive.

— Quand j'étais petite, j'ai vu un film d'horreur où l'opéré se réveillait pendant l'opération.

Pour Angéla, c'est apparemment plus simple. Elle se souvient de l'événement à l'origine de sa phobie du chirurgien. Je vais lui expliquer la réalité médicale de ce que sera son intervention chirurgicale. Elle pourra progressivement en déduire, elle-même, toutes les invraisemblances de son scénario-catastrophe imaginaire. Ensuite, je vais peut-être faire remémorer à Angéla l'événement à l'origine de sa phobie jusqu'à ce que s'éteignent les émotions négatives qui y sont liées.

— Expliquez-moi la technique du chirurgien pendant votre intervention.

Il faut que je laisse parler Angéla. Si je lui avais d'abord expliqué la réalité de son opération, elle n'aurait plus osé me parler des pensées intimes qui entretiennent sa phobie. Elle m'aurait caché les peurs qui lui auraient semblé incohérentes par rapport à mes explications médicales.

— Je sais que le chirurgien va ouvrir la gaine de mon poignet qui serre trop les nerfs de mes doigts. S'il dévie son mouvement du geste idéal, je suis paralysée.

— Et pour l'anesthésie elle-même ?

— L'anesthésiste injecte toujours le minimum de produit.

— Pourquoi, d'après vous ?

Je suis attentif à dire « d'après vous ». Il est important qu'Angéla sache que je parle de son avis et non du mien.

— Pour l'anesthésie générale, s'ils m'injectent un peu trop d'anesthésiant, je mets aussi trop de temps pour me réveiller. Ils ne veulent pas nous rendre trop malades. Ils ne veulent pas non plus perdre trop de temps, car ils sont toujours débordés. Ils veulent aussi aider la Sécurité sociale à faire des économies.

Comme Angéla, nous avons tous des idées précises, mais erronées, sur nos maladies et sur leurs façons de guérir ou d'être incurables ou de nous faire mourir. Cela vient des explications de ses parents, lors de sa petite enfance. En fait, il vaut mieux dire que cela dépend de la manière qu'elle a eu de décrypter les explications médicales de sa famille. Ces mythes familiaux sont très forts. Face à ces croyances transmises verbalement, le discours de tous les médecins de la terre restera toujours bien impuissant s'il n'est pas attentif, patient, habile.

— Et pour l'anesthésie locale ?

— S'ils mettent trop d'anesthésiant, on peut faire une allergie. La paralysie peut aussi persister après le réveil. L'anesthésiant en excès détruit le nerf. Ils veulent aussi faire des économies de produits.

Maintenant, le détective que je suis peut désigner le coupable pour vérifier.

— Donc, vous croyez que si l'anesthésiste n'injecte pas assez de produit, vous bougez, le chirurgien fait un mauvais geste, vous êtes paralysée, vous ne pouvez plus écrire, vous vous suicidez. À l'inverse, si l'anesthésiste injecte trop d'anesthésiant, vous croyez que cela va aussi vous paralyser. Est-ce bien cela ?

— Exactement.

Bien plus que l'événement à l'origine de la phobie d'Angéla, c'est cette recherche des pensées qui nourrissent sa phobie qui est l'étape la plus importante de la thérapie. Enrichi de cette connaissance, je pourrai mieux la rassurer pour faire face à l'anesthésie locale. Je vais lui faire écrire ses peurs pour les maintenir à la conscience et les positiver.

— Comment s'appelle ma phobie ?

— Votre problème est courant, c'est une phobie des interventions chirurgicales.

— C'est quoi une phobie ?

— C'est une peur exagérée par rapport au risque réel.

— C'est comme une obsession ?

— Non, mais c'est de la même famille. Une phobie,

c'est une peur bien trop importante, dans une situation objective concrète, comme bénéficier d'une opération ou utiliser un ascenseur. Une obsession, c'est une peur face à une idée abstraite comme la crainte imaginaire de la mort sans y être confronté physiquement.

— Ça va être long pour guérir ?

— Cela vous prendra environ un an. Je vous trouve motivée. Vous venez déjà de franchir une étape importante. Je vous en félicite. Vous savez maintenant pourquoi vous avez peur de l'anesthésie locale. Notez tout cela sur un carnet pour notre prochaine consultation dans huit jours. Si vous retrouvez d'autres idées qui déclenchent votre peur du chirurgien, notez-les aussi.

*

*   *

Pour cette deuxième consultation, Angéla a bien apporté son carnet. Elle me lit ce qu'elle a écrit et qui correspond à ce que j'avais noté. Il faut maintenant que nous trouvions des stratégies mentales et comportementales pour contredire et remplacer les peurs de l'anesthésie locale.

— Je vais vous donner quelques précisions à propos de ce que vous venez de me lire. Vous craignez de recevoir trop ou pas assez d'anesthésiant. En fait, on ne peut pas mettre trop d'anesthésiant, car on peut prolonger une anesthésie en refaisant autant d'injections qu'il en faut, au fur et à mesure. Avant que vous ayez mal ou que vous bougiez, il y a beaucoup d'autres signes qui indiquent au chirurgien et à l'anesthésiste qu'il faut refaire une nouvelle injection anesthésiante.

— J'aurai mal ?

Angéla est tellement émue qu'elle semble ne pas comprendre mes explications. Je vais être plus simple, plus chaleureux, plus rassurant.

— Non, pas du tout. Vous aurez une sensation vague non douloureuse, comme si je vous mettais un bracelet lourd ou de plus en plus serré au poignet.

— Et alors ?

— L'anesthésiste vous explique qu'il va vous faire une autre injection.

— Et si je bouge quand même ?

— Votre poignet est attaché. L'anesthésiant inhibe aussi vos mouvements. De plus, on vous donnera un calmant une heure avant l'opération qui ralentira vos réactions.

Même si c'est exceptionnel, je dois lui expliquer ce qui se passe si elle bouge ou si le chirurgien fait un mauvais mouvement. Imaginer le pire est le seul moyen de faire face à une phobie ou à une obsession. Pour que ce travail s'intègre à un niveau émotionnel, je lui demande de fermer les yeux. De cette façon, je vais lui faire imaginer plus intimement son scénario chirurgical catastrophique. En répétant cela, les peurs de l'opération vont s'épuiser lentement.

— Allongez-vous bien sur ce fauteuil. Fermez les yeux quand vous voudrez. Imaginons que l'exceptionnel est possible. On a oublié de vous donner votre comprimé de calmant. On vous a injecté une dose insuffisante d'anesthésiant. Alors qu'on vous l'a demandé, vous n'avez pas signalé que les sensations reviennent dans votre poignet ou une autre idée encore pire. Imaginez que pour cette raison ou une autre le chirurgien fasse un faux mouvement. Il coupe votre nerf à cause de cette maladresse. Il doit donc suturer les deux bouts du nerf.

» Il se peut même que le chirurgien soit victime d'un malaise. Il peut mourir comme tout le monde. C'est peut-être un autre chirurgien venu en retard d'un autre hôpital qui fera la suture. Au lieu de quelques dizaines de minutes d'opération, vous patientez plusieurs heures.

» Ce ne sont pas quelques jours, mais plusieurs semaines qu'il vous faudra avant d'écrire à nouveau. Au lieu d'une récupération musculaire complète, il restera définitivement une diminution de la force de la main. Votre écriture sera lente et déformée.

» Peut-être que votre famille vous conseillera une plainte contre le chirurgien. Le procès pourrait être long et stressant. Finalement, vous pourriez n'obtenir aucun dédommagement pour cette erreur du chirurgien.

» Finissez ce scénario de manière la plus négative que

vous puissiez imaginer. Rajoutez une autre conséquence négative si elle vous vient sans chercher. Sinon, prenez tout votre temps pour ouvrir maintenant vos yeux et donnez-moi vos impressions si vous le voulez !

— Je suis surprise d'être aussi peu effrayée, après cet abominable scénario.

— Je vais vous rencontrer ici, une ou deux fois par semaine, jusqu'à votre intervention. Je vous redirai à haute voix ce scénario catastrophe. Redites-le vous-même, à haute voix, chez vous. Notez, à chaque fois, ce qui serait encore pire pour dramatiser encore plus nos consultations et vos propres récits-catastrophes quotidiens chez vous.

*

* *

Au cours de la troisième consultation, nous allons entreprendre la recherche de stratégies mentales et comportementales pour préparer l'intervention.

— Faisons aujourd'hui un jeu de rôle. Vous rencontrez votre chirurgien que je joue. Que lui demandez-vous ?

Je me souviens du premier jeu de rôle que j'ai fait moi-même pour apprendre ce métier. J'étais aussi intimidé qu'Angéla. Ce sont ces émotions qui en font son principal intérêt. Angéla apprendra progressivement à parler de ce qui lui fait peur (l'opération), à la personne qui lui fait le plus peur (le chirurgien). En s'adressant à moi, qui joue le rôle du chirurgien, cela ménage une marche intermédiaire pour lui faciliter la tâche. On ne peut jamais faire l'économie de parler progressivement de ce qui nous fait le plus peur à la personne qui nous intimide le plus.

— Je demanderai à la secrétaire du chirurgien combien de fois il a déjà réussi mon intervention sur d'autres patients.

Comme toute personne qui ne s'est jamais essayée au jeu de rôle, Angéla a fait plusieurs essais avant de s'adresser directement au chirurgien que je joue.

— Angéla, il vaut mieux avoir affaire au Bon Dieu qu'à ses saints. Dites-moi directement, à moi le chirurgien, ce qui vous fait peur. Pour bien imaginer le chirurgien en face de vous, commencez toutes vos phrases par « Monsieur le chirurgien » ou « Docteur ».

— Docteur, combien de fois avez-vous déjà réussi mon intervention sur d'autres patients ?

— Je pratique cette même opération deux à trois fois par semaine. Je l'ai donc déjà réussi six cents fois depuis le début de ma carrière.

Le visage d'Angéla est très inquiet. Je dois être prudent sans rien lui cacher.

— De quelles complications vos patients ont-ils été victimes dans les suites de cette opération du canal carpien ?

— C'est malheureusement arrivé trois fois. À chaque fois, on a déploré une récupération incomplète ou trop lente de la force de la main. Ces patients avaient attendu trop longtemps avant de se faire opérer. Heureusement, cela n'est pas votre cas.

Il m'est effectivement facile de répondre à Angéla, puisque j'ai déjà posé cette question à son chirurgien, que je connais bien. Je relance le jeu de rôle :

— Avez-vous quelque chose d'autre à demander au chirurgien ou à l'anesthésiste même si cela vous intimide beaucoup ?

Angéla se lance :

— Monsieur le chirurgien, cela me gêne de vous demander si vous êtes en pleine santé et si vous tremblez par exemple.

La candeur de sa question me fait rire. J'en profite pour me laisser aller à cette joie pour nous détendre tous les deux. Cependant, comme un jeu de rôle doit toujours aller jusqu'au bout, je reste dans le rôle du chirurgien :

— Je suis effectivement en pleine forme et je ne tremble pas. Rassurez-vous, quand je suis fatigué, je pars huit à quinze jours en vacances et mon associé me remplace.

— Monsieur le chirurgien, je vous remercie de ne pas vous vexer. C'est gentil de me faire toutes ces confidences. Cela me fait du bien.

À la fin du jeu de rôle, je complimente Angéla :

— C'est très bien, Angéla, vous vous êtes parfaitement

débrouillée. Je vous félicite. Vous allez savoir demander ce que vous voulez pour votre opération.

Je fais ensuite un jeu de rôle du même genre avec l'anesthésiste. Après quoi, je décroche mon téléphone et prends un rendez-vous pour elle avec le chirurgien, puis avec l'anesthésiste, pour qu'elle repose les mêmes questions. Dans ce travail comportemental, il n'est jamais question, la première fois, de dire : « Appelez le chirurgien en rentrant chez vous. » Pour leur première tâche, dans la majorité des cas, les patients retardent l'action émouvante ou ne la font jamais. Angéla pourrait aussi ne jamais revenir ici en trouvant un autre prétexte : « Il ne m'a pas redonné d'autre rendez-vous, il ne veut pas me revoir. ».

*

*   *

La thérapie d'Angéla a duré quarante jours, à raison de deux séances hebdomadaires, soit dix au total. Angéla a été rassurée de rencontrer le chirurgien et son anesthésiste. Les questions qu'elle leur a posées lui ont permis de développer avec ces deux médecins une relation chaleureuse et personnalisée. Son intervention s'est déroulée sans stress et sans complications.

Son chirurgien et son anesthésiste connaissent bien, tous les deux, mes thérapies comportementales et cognitives. Ils nous adressent des patients apeurés par le projet d'une opération chirurgicale. C'est toujours très enrichissant de travailler avec eux. Lorsque j'entre dans le bloc opératoire comme avec Angéla, je suis sûr de rendre service aux chirurgiens et aux anesthésistes des cliniques et des hôpitaux en leur expliquant cette façon d'éviter les complications psychologiques de leurs interventions chez des patients sensibles (phobies, dépressions).

Angéla a répété tous les jours, avec son conjoint, le scénario-catastrophe. Je lui ai appris la relaxation. Je lui ai enregistré une cassette de sophrologie pour les moments de tension.

Nous avons peaufiné de nombreuses stratégies mentales pour contrebalancer son imagination négative centrée sur son opération.

Je lui ai demandé de parler à tout le monde de sa phobie chirurgicale, chez elle, à ses amis, à son travail.

J'avais expliqué à Angéla que beaucoup de patients présentent un problème psychologique sérieux face à une circonstance exceptionnelle de leur vie. Nous remarquons que ce n'est pas cet événement qui est la cause principale du déséquilibre. La perte d'un être cher ou le chômage ne sont que les révélateurs d'une faiblesse et d'un conflit intérieur cachés.

De cette manière, Angéla s'est posé beaucoup de questions après son opération. Elle a compris que sa phobie était le signe d'un trouble de sa personnalité. Mes tests sur sa personnalité ont confirmé cette première impression. Après son opération, Angéla a donc voulu travailler sur sa difficulté à prendre des décisions pour ses enfants, pour son couple, pour son travail. Cette seconde phase de la thérapie a été la plus importante. Elle a duré un an. Angéla a appris à renforcer son affirmation de soi pour son bonheur et pour celui de son entourage.

*
* *

CONSEILS PRATIQUES
Si vous craignez l'anesthésie

Expliquez cela à votre généraliste et à votre spécialiste. Recherchez avec eux un thérapeute comportementaliste. N'attendez pas le dernier moment, car il faut six à dix séances avant l'intervention, deux fois par semaine, selon votre sensibilité.

Écrivez votre scénario négatif. Prévoyez votre stratégie positive si le pire arrive. Racontez-le-vous, à voix haute, chaque jour, pour éteindre l'émotion négative qui s'y attache.

Extrayez de votre scénario-catastrophe un interrogatoire précis et complet à destination de vos spécialistes.

Par exemple : « Est-il vrai qu'on peut avoir un arrêt du cœur pendant une opération ? »

Préparez des stratégies mentales et comportementales préventives à utiliser systématiquement le jour de l'intervention.

Après l'intervention, demandez-vous toujours si cette peur n'est pas liée à un problème plus général, plus profond qui pourrait se déclencher à nouveau à la suite d'autres circonstances troublantes (divorce, décès). Si oui, rencontrez un psy pour voir si votre problème est lié à votre caractère et déclenché par l'événement grâce à l'entretien et à des tests de personnalité.

À l'occasion de cette rencontre avec le psy, cherchez d'abord quels bénéfices quotidiens vous pourriez tirer de ce travail psychologique sur vous-même : devenir moins peureux ou savoir prendre des décisions comme Angéla, être plus gai, moins agressif.

Phobie de l'opération
(«J'ai peur que mon opération échoue»)

Antonio, l'ophtalmologue chirurgien qui m'a opéré, il y a deux ans, pour ma myopie et mes menaces de décollement de la rétine, m'adresse aujourd'hui l'une de ses patientes, Maria. Il me demande de la préparer à la même intervention. Maria désire cette opération, mais Antonio la trouve trop inquiète. C'est très émouvant pour moi. Je me souviens qu'à la clinique, en attendant ma propre opération, j'avais relaxé avec bonheur une patiente angoissée qui devait passer au bloc opératoire avant moi. Cela m'avait beaucoup détendu aussi. Antonio avait été très intéressé par mon travail et m'avait dit: «J'aurai sûrement l'occasion de t'adresser des patients, car les interventions sur l'œil sont toujours très impressionnantes, surtout sous anesthésie locale.» Quand les patients sont trop inquiets, il est obligé de procéder sous anesthésie générale, mais il préfère les anesthésies locales, car elles facilitent, selon lui, la chirurgie de l'œil.

Maria, assise en face de moi pendant que je lis la lettre qu'Antonio a écrite à mon attention, me demande:

— Comprenez-vous les mots «vitrectomie», «pose d'implants», etc.?

— Oui, je vais tout vous expliquer. Je lis que votre spécialiste, que je connais bien, veut que j'utilise l'hypnose pour votre anesthésie locale.

Maria ne semble pas très rassurée que je connaisse son

chirurgien. Circulent en effet, ces temps-ci, des histoires d'ententes illicites entre médecins. Elle veut savoir comment nous nous sommes rencontrés. Je lui réponds aussitôt qu'il m'a déjà opéré, ce qui a le don de calmer son angoisse naissante.

Je passe la fin de la consultation à lui donner quelques explications techniques sur l'opération prévue. Et je lui parle longuement du travail d'hypnose qui sera pratiqué lors des séances suivantes. Je compte raconter en langage de relaxation ma propre opération. Je me ferai expliquer par Antonio le déroulement de l'intervention prévue sur Maria pour connaître tous les détails du bloc opératoire. Les sensations, visions, odeurs, bruits angoissent s'ils ne sont pas décrits avant. Je parlerai comme si je racontais un conte à un enfant. Ma voix devra être grave, lente, avec de longs silences. Au début, pour atténuer son stress, c'est de ma propre opération que je parlerai, et non pas de la sienne.

*
* *

À la deuxième consultation, je lui demande :

— Maria, pourquoi voulez-vous vous faire opérer ?

— Il y a plusieurs raisons. D'abord, ma myopie évolue et ma rétine s'abîme. L'opération fixera ma rétine et évitera le décollement. Deuxième raison : je supporte mal les lentilles et je veux voir naturellement. Enfin, je suis gênée au basket.

— Allongez-vous à votre aise. Nous allons nous promener dans vos yeux. Prenez une bonne respiration en gonflant votre ventre et résistez un peu à l'idée de fermer les yeux comme après une bonne journée. Laissez votre inconscient écouter mon histoire qui peut différer plus ou moins de la vôtre. Prenez ce qui vous intéresse et oubliez le reste. Vous n'avez pas vraiment besoin d'écouter. En naissant, mes deux yeux étaient déjà fortement myopes. Au CP, mes verres de lunettes faisaient un centimètre et demi d'épaisseur. On ne voyait jamais mes yeux, douloureusement cachés derrière deux hublots. Sans lunettes, je ne traversais pas la route. Je ne montais pas dans un bus non plus. À l'école, on me surnommait « cul de bout », abréviation de « cul de bouteille ». En classe de troisième, l'invention des verres de contact révolutionne mon caractère qui s'ouvre sur les autres avec bonheur, tandis que ma vision s'affine considérablement. Je fais partie de ceux qui supportent le mieux sur l'œil ce bout de plastique. Pourtant, comme vous aujourd'hui, mes yeux sont souvent irrités.

Dans cette séance d'hypnose, je cherche le bien-être par la douceur de la voix. J'associe ce bien-être à la situation redoutée. Je passe de l'imparfait au présent pour permettre au patient d'agir la situation avec moi sans y échapper.

— Je crains le vent et le temps sec des plages. Ils dessèchent mes yeux et les font pleurer. Quand je conduis de nuit, je vois des auréoles lugubres autour des lampadaires. S'il pleut, c'est pire. Ces halos m'éblouissent comme des phares de voiture mal réglés.

» Les yeux myopes sont ovales comme des œufs, au lieu d'être ronds comme des prunes ! Les images ne se projettent pas sur la pellicule photo, sur le blanc de l'œuf au fond de l'œil qu'on appelle la rétine. Au contraire, les images floues se forment au milieu de l'œil. Au fond de l'œil, le liquide transparent, visqueux, s'appelle « vitré ». Comme une pieuvre diabolique, il tire sur ma rétine pour la décoller.

» Tous les six mois, je dois vérifier si ma rétine est déchirée. Après 1976, la merveilleuse découverte du laser répare quatre fois les débuts de décollement de ma rétine. La chaleur microscopique du rayon recolle la fine membrane rétinienne sur la coque externe de mon œil. Mais je sais bien que ce laser est à la fois miraculeux et illogique. En effet, il colle la rétine sans pouvoir éviter cette traction qui menace de la déchirer. Comme vous, je limite les sports, le cheval, la voiture, les jeux vifs avec mes enfants, mais il faut bien vivre sa vie !

» Un jour, j'apprends qu'un chirurgien ophtalmologue recolle la rétine et pose ensuite une lentille de contact à l'intérieur de l'œil pour soigner la myopie. Il étudie le meilleur réglage pour remplacer l'objectif photographique de l'œil. Ce système de mise au point « autofocus » s'appelle le cristallin.

» Du fait de la myopie, l'objectif naturel de mon œil est mal réglé. De plus, il est sale à cause d'une cataracte. Le chirurgien est habitué à cette intervention qui dure une heure et qu'il pratique cinq fois par jour. Il change le cristallin et le corps vitré. Si j'optais pour cette intervention, il n'y aurait aucune cicatrice visible, ni sur mon visage, ni sur mon œil. Je pourrais voir et travailler normalement le lendemain. L'autre œil serait opéré après trente jours. Tous les sports me seraient interdits pendant trois mois.

» Je me dis : « Il faut éviter de devenir aveugle en empêchant le décollement de ta rétine. Le chirurgien enlèvera au fond de ton œil, avec une petite pompe, ton corps vitré, ce liquide sale qui tire sur la rétine. On remplace ce corps vitré qui arrache ta rétine par de l'eau transparente qui, au contraire, maintiendra la rétine contre la paroi interne du blanc d'œuf. »

» Cette comparaison avec l'œuf n'est pas très jolie, mais c'est la plus simple qui me vienne à l'esprit. C'est comme si le jaune d'œuf se rétractait sur lui-même en tirant sur le blanc, comme pour diminuer le volume de l'œuf. En tirant sur le blanc, il peut détacher la rétine qui tapisse l'intérieur de cette maison ronde. Le chirurgien va remplacer le jaune d'œuf par de l'eau de mer pure du large, qui pousse le blanc, la rétine comme pour agrandir l'œuf. Cela évitera le décollement de ce précieux papier peint, la rétine.

Je profite de cette séance d'hypnose pour parler à Maria des complications possibles. Mon but est qu'elle annule l'opération si cela lui fait trop peur. Si elle maintient sa décision chirurgicale, je lui apprends à se rendre aussitôt à l'hôpital en cas de complication postopératoire. Imaginer en relaxation est plus efficace qu'un simple conseil.

— Cependant, dans les heures et jours qui suivent l'opération, il existe un faible risque de décollement de la rétine. Dans ce cas, je vois des éclairs. Même si les éclairs s'arrêtent, j'appelle une ambulance qui me conduira à l'hôpital. En attendant l'ambulance, je préviens l'ophtalmologue de garde qui va préparer le bloc opératoire. Il faut me réopérer en urgence, même la nuit, pour éviter que je devienne aveugle. Quand vous vous verrez arriver à l'hôpital, prenez deux bonnes inspirations. Prenez tout votre temps.

Maria prend deux bonnes inspirations. De cette manière, je sais qu'elle a imaginé sa venue rapide à l'hôpital. Elle est donc protégée. Si elle ne m'avait pas dit « oui » de cette façon, j'aurai recommencé cette étape avec d'autres mots plus simples et en lui demandant de me dire « oui » d'une autre manière, par exemple en levant l'index droit de quelques centimètres.

— En avril, je consulte mon chirurgien. Je verrai bientôt mieux les sourires de ses charmantes collaboratrices. J'apprécie le calme et la simplicité de ce chirurgien sympa. Je sais qu'il est aussi réputé en France qu'à l'étranger. Il prend son temps pour m'examiner, m'expliquer. Il me détaille tous les risques opératoires. Je suis émerveillé et apeuré par la sincérité de ce magicien. Cela me rassure sur sa sincérité quand il me raconte les deux plus graves complications de ses patients. Écoutez sa voix affirmée rassurante.

Je change ma voix pour la rendre plus grave.

— En France, une patiente diabétique avait fait un abcès rétinien postopératoire, qui a finalement guéri. En Italie, un anesthésiste inexpérimenté a percé l'œil de mon patient. Les antibiotiques l'ont guéri.

» En mai son anesthésiste répond à mes nombreuses questions avec humour et précision. Ce grand homme baraqué m'apaise. Il me parle de cette complicité qui dure depuis dix bonnes années avec notre chirurgien, qu'il décrit comme modestement génial, calmement talentueux. Écoutez mon anesthésiste.

Je change de nouveau ma voix pour la rendre plus grave.

— Vous avez raison de choisir l'anesthésie locale, qui est moins risquée. Le corps naturellement éveillé saigne moins que le corps endormi. L'anesthésie générale doit être profonde, donc plus risquée, pour éviter votre ronflement nasal qui pourrait faire trembler le chirurgien dans ses gestes si précis.

» Et puis, idée géniale, il m'explique qu'il m'endort trois minutes pour m'épargner le stress des quatre piqûres anesthésiantes autour de l'œil, avant l'opération.

» Ensuite, l'ophtalmologue, avec un ordinateur compliqué, prend de savantes mesures de mes yeux. Il calcule la puissance des minuscules lentilles de contact qui feront briller mes pupilles pour le reste de ma vie. Il répond avec beaucoup de patience à mes dernières questions.

» J'ai tout demandé à mes deux médecins, qui ont petit à petit renforcé mon admiration et ma confiance. Je me souviens que mon opticienne m'a toujours vanté sa propre intervention, identique à celle-ci. Je suis toujours rassuré par sa satisfaction, par son sourire quand elle m'en parle. À chacune de mes hésitations, je l'entends me dire : « Je regrette de ne pas m'être fait opérer avant. En sortant de la clinique, j'ai eu l'impression de voir le monde pour la première fois. »

» Parfois je me sens malgré tout effroyablement seul face à cette décision que j'ai prise de me faire opérer. Pourtant, je profite des gentillesses encourageantes de mes amis, de mes proches et de mes enfants. Mon épouse s'impatiente de mes nouvelles performances visuelles, comme si c'étaient ses propres yeux qui allaient être opérés.

» Le lendemain, mon opticienne m'explique qu'une de ses patientes a été victime d'un décollement de la rétine, entre les deux opérations, seulement du côté non opéré, non protégé. Ce détail fait pencher la balance et je décide, ce jour-là, d'être opéré. Je souhaite beaucoup plus éviter le décollement de la rétine, qui aveugle, que profiter du confort non indispensable d'une vision normale. Je considère que la guérison de ma myopie ne sera qu'une prime.

En tant que psychiatre, à la demande de généralistes, de chirurgiens ou d'anesthésistes, je prépare leurs patients aux opérations. La relaxation et la visualisation de l'intervention chirurgicale rassurent les patients cardiaques ou cancéreux, pour une chimiothérapie, un sondage cardiaque, une intervention. Parfois, c'est un banal accouchement que l'on fait imaginer sous hypnose. En relaxation, je peux utiliser la relaxation standard de Schultz, la sophrologie un peu personnalisée, ou enfin l'hypnose complètement personnalisée. Dans le cas de Maria, j'ai choisi l'hypnose du fait de son stress important, pour obtenir un calme parfait pendant cette anesthésie locale, et parce que l'intervention est proche. L'hypnose est la forme de relaxation la plus rapidement efficace.

— Quand vous saurez vous relaxer, Maria, vous ne craindrez plus l'anesthésie locale, moins dangereuse que l'anesthésie générale. Dans les deux cas, la relaxation réduit les complications postopératoires hémorragiques et infectieuses, et accélère la cicatrisation en augmentant les anticorps.

» Je décide de me relaxer moi-même dix minutes, tous les jours, pendant les deux semaines qui précèdent les deux opérations. Je me parle à haute voix pour me relaxer des pieds à la tête : « La légèreté de mes pieds remonte à mes jambes. » Puis j'arrive à la moitié de la relaxation de mon corps : « La légèreté de mon ventre se propage à mes fesses. »

» Je détaille poétiquement mon opération : « Comme un minutieux sculpteur de corail, le chirurgien avec son microscope découpe le corps vitré. » Ensuite, je me raconte la deuxième partie de l'opération : « Le chirurgien change l'objectif photographique de mon œil aussi facilement que mon opticienne remplace mes verres de lunettes. » Je termine avec la relaxation de la moitié supérieure de mon corps : « La légèreté de mes fesses remonte vers mon dos, celle de mon ventre diffuse à ma poitrine. » Après quoi, je relaxe mes épaules, mes membres supérieurs, le cou, le menton, les joues, les pommettes et le front : « Quand ma tête est légère, cette légèreté se propage à tout mon corps, j'étire mes bras, mes jambes, je bâille et j'ouvre mes yeux en prenant tout mon temps pour me lever. »

» En juin, c'est le jour de l'opération de mon premier œil. Je suis en pleine forme sur l'autoroute. Les dernières images floues défilent au travers des vitres de notre voiture. Comme un enfant, je suis content des petites choses de la vie. Je me dis : « Comme l'anesthésie n'est pas générale, je peux profiter d'un bon petit-déjeuner. » Pendant que ma femme conduit les trente derniers kilomètres, je fais ma séance quotidienne de relaxation sur le siège arrière de la voiture, en me parlant à voix haute.

» La clinique est paisible à midi quand j'arrive. Pour cette première opération de ma vie, je m'amuse à mettre mes chaussons verts en papier et ma toge blanche. Mon anesthésiste est toujours aussi sympa et rassurant. Il me badigeonne le tour de l'œil avec la bétadine, en chantant : « Bétadine, bonne mine. » Je n'ai même pas remarqué qu'il avait injecté le calmant dans le tuyau de ma perfusion de l'autre main. Je m'endors trois minutes. Je crois m'être naturellement assoupi quelques minutes et, à mon réveil, je lui demande : « C'est quand, l'anesthésie locale ? » Mon anesthésiste répond : « C'est fait. »

» Tandis qu'on pousse mon chariot vers le bloc opératoire, je perds la notion du temps. Pendant cette intervention, je suis tantôt indifférent, tantôt confiant. Peut-être du fait du calmant, j'imagine le drap stérile opératoire à deux mètres au-dessus de moi. Je n'ai même pas l'impression que le chirurgien me touche. Je ne localise pas bien l'endroit du drap où il travaille. Les drogues me rendent détaché de ce qui se joue. Je trouve cela superbe d'être spectateur de sa propre intervention, comme si j'assistais à une émission médicale à la télé.

» L'équipe chirurgicale m'a autorisé à me relaxer à voix haute. Pendant cette opération, j'en profite pour refaire ma relaxation, avec la légèreté des pieds qui monte vers ma tête. Je me raconte l'intervention à haute voix avec les images poétiques que j'ai préparées depuis huit jours, chez moi : « J'entends la pompe de l'aquarium qui change l'eau du bocal rond. J'admire les poissons multicolores de l'aquarium de Monaco que je viens de visiter à Pâques. Je retrouve toutes les couleurs du corail finement ciselé. »

» Puis je pense ne m'être assoupi que quelques minutes. Quand je m'éveille, l'infirmière est en train de faire mon pansement. Je lui demande : « Depuis combien de temps mon opération dure-t-elle ? » Elle me répond : « Elle a duré au moins quarante-cinq minutes. Tu nous as bien détendu avec ta relaxation. Comme toi, nous n'avons pas vu le temps passer, merci. »

» L'anesthésiste me permet de partir de la clinique une heure plus tard. Il me donne une ordonnance avec un antibiotique sous forme de deux comprimés à prendre maintenant pour éviter une infection. J'ai aussi un collyre à la cortisone à mettre trois fois par jour pendant un mois pour éviter l'inflammation de l'œil. Le chirurgien me demande de l'alerter, de jour comme de nuit, en cas d'infection ou d'hémorragie, en cas de douleur ou de rougeur, en cas de baisse de ma vision, ou si j'ai de la fièvre. Il me convoque à une consultation de routine, le lendemain.

» Je peux retirer mon pansement à dix-huit heures, le soir même. Cela me paraît surréaliste. Comment mon œil peut-il se réorganiser si vite ? La pompe qui a remplacé mon corps vitré, par de l'eau salée faisait tellement de bruit. Elle lavait mon œil de toutes ses particules qui voyageaient comme de minuscules serpents devant mes yeux gênés depuis tant d'années. Avec cette pompe, mon chirurgien changeait l'eau de mer de l'aquarium avec tant d'adresse. Mais comment mon œil peut-il s'éclaircir si vite après tout ce remue-ménage ?

» On me ramène en chariot à ma chambre. Mon œil droit, qui n'est pas caché, ne sera opéré que dans trente jours. Il découvre l'infirmière qui m'apporte un superbe plateau-repas. Elle me débarrasse de ma perfusion. Je sors de la clinique à quinze heures, en pleine vitalité. Je suis impatient d'essayer mon œil à dix-huit heures, ce soir. Je m'endors tout l'après-midi, rempli de ces émotions. Je ne m'éveille qu'à dix-neuf heures.

» À gauche, mes paupières, ma pommette, ma tempe se réveillent lentement. Je retire délicatement mon pansement et j'essuie la pommade avec précaution. Mes paupières bleuies sont presque plus engourdies du souvenir de l'écarteur chirurgical. Il me faut dix minutes pour oser ouvrir l'œil tellement j'ai peur de déranger quelque chose. Dans le miroir, il n'y a aucune cicatrice, ni sur l'œil, ni sur mes paupières. Je suis émerveillé.

» Ma première image, c'est le genou de mon épouse. Il est parfaitement net. Je n'ose pas relever la tête. Toute la soirée, l'image reste double, éloignée et sombre comme au travers de lunettes de soleil. Le chirurgien m'a prévenu de la possibilité de ce trouble visuel pendant douze heures. Je suis tout de même un peu inquiet. J'ai peine à croire que demain matin, tout sera rentré dans l'ordre.

» J'ai l'impression qu'il y a un téléviseur très proche, dans la maison à droite, et un autre, au loin, dans le jardin, à gauche. Je me remémore consciencieusement toutes les paroles du chirurgien pour me rassurer : « Tout sera normal quand votre cerveau sera habitué, demain matin, à cette nouvelle image nette, en relief, contrastée et colorée. Il faut quarante-huit heures pour vous accoutumer à synchroniser les images de chaque œil. »

» La nuit est pleine de rêves merveilleux, de paysages ensoleillés, entremêlés du cauchemar d'un œil de verre qui tombe à terre en éclatant sur le pavé de la cuisine. Au matin, c'est effectivement le miracle. Je vois loin, très loin, en relief, d'une manière parfaitement contrastée que je n'ai jamais connue. Je n'oublierai jamais ce premier panneau publicitaire multicolore, au travers de la fenêtre. Ma vie n'était qu'un film en noir et blanc ou vaguement coloré. Soudain, le monde est peint pour la première fois de couleurs chatoyantes. Cet artiste peintre chirurgien a été minutieux. Ces teintes éclatantes ne débordent plus les contours.

» Sur la route, en allant chez le chirurgien, je lis avec étonnement les plus petites publicités. Je déchiffre avec frénésie les plaques minéralogiques des voitures. Je découvre pour la première fois, avec toutes ces lumières colorées, une nouvelle saison que j'appelle « le super été ». Je chante la chanson de Joe Dassin.

» Pour cette consultation du premier jour de ma nouvelle vie, mon chirurgien est blasé. Je suis surpris qu'il ne soit pas aussi étonné que moi par l'incroyable qualité de ma vision que je lui décris. Sa lampe magique confirme qu'il n'y a ni hémorragie, ni signes infectieux. Je lui dis : « Dans mon œil, il n'y a pas eu de douleur, pas de rougeur, pas de baisse de vision. » Il me dit : « Continue de surveiller ton œil trente jours. Mets ton collyre trois fois par jour, pendant un mois, jusqu'à ta prochaine opération. Viens consulter en urgence au moindre doute. »

» Confirmer ma prochaine intervention pour l'œil droit auprès de sa secrétaire est une simple formalité vide d'appréhension. L'après-midi, mon opticienne renforce mon enthousiasme avec les mesures qu'elle dit parfaites. Les semaines suivantes, ma vision est si bonne avec mon œil gauche guéri, opéré, que je ne mets plus ma lentille à l'œil droit encore myope. Je veux profiter de ma nouvelle vue naturelle. Du côté opéré, à gauche, le clocher de la cathédrale est plus net chaque matin, pendant ce mois où j'attends avec impatience ma prochaine opération, de l'autre côté.

Maria est restée parfaitement relaxée, même lorsque j'ai évoqué les complications possibles comme la cécité. Je termine ma séance d'hypnose par cette phrase : « Étirez vos bras et vos jambes, et ouvrez vos yeux. » Je n'ai plus le temps de lui demander comment a « marché » cette séance d'hypnose. Comme Maria est souriante, je lui en parlerai la prochaine fois.

*
* *

Je commence donc la troisième consultation en lui posant la question :

— Comment avez-vous vécu la dernière séance d'hypnose ?

— C'était comme si j'y étais. Est-ce que vous m'accompagnerez au bloc opératoire ?

— Toute l'équipe chirurgicale est d'accord. Mais nous manquons beaucoup de psychiatres en France. Nous ne pouvons consulter les patients qui nous le demandent qu'avec de nombreuses semaines de retard. Il ne m'est donc pas possible d'assister à toutes les interventions chirurgicales de mes patients phobiques de chirurgie. Cela me prend beaucoup de temps. Il me faut au moins une demi-journée. De plus, je ne sais jamais quand je sors. Je ne peux donc prendre aucun rendez-vous ce jour-là, à mon cabinet. Je ne vais à l'hôpital, ou chez le dentiste, que lorsqu'il s'agit de phobies importantes. C'est dommage, car cette collaboration avec les collègues nous apprend beaucoup de choses et réciproquement.

— Cela doit énerver le chirurgien de vous entendre parler de relaxation pendant l'opération, non ?

— Au contraire ! Pendant ma propre opération, ma voix les a détendus. Cela ne nous m'empêche pas de négocier patiemment avec toute l'équipe chirurgicale. Je demande l'autorisation au chirurgien, à l'anesthésiste, à l'infirmière du bloc opératoire. Je ne dois rien imposer à l'équipe. Je leur explique que je serai à la tête du patient avec l'anesthésiste. Je dis que mon travail est complémentaire de l'anesthésie. Je forme d'ailleurs de plus en plus d'anesthésistes à l'hypnothérapie. Je leur donne la cassette d'un travail similaire. Je leur laisse assez de temps pour en parler entre eux.

— C'est quoi, cette cassette ?

— Nous enregistrons souvent le travail avec nos patients pour permettre à nos collègues chirurgiens, accoucheurs, généralistes, dentistes de comprendre, de collaborer ou de se former.

— Ces cassettes peuvent-elles servir à vos patients ?

— Oui, mes patients peuvent écouter ces cassettes dans le service de chirurgie, à la maternité, chez le dentiste quand nous ne pouvons pas aller chez notre collègue.

— Est-il possible que j'en écoute une chez moi pour apprendre la relaxation entre vos consultations ?

— C'est une très bonne idée, mais il est de loin préférable que vous refassiez toute seule, à voix haute, cet exercice d'autohypnose que nous venons de faire.

— Quand dois-je refaire cette relaxation ?

— Quand vous êtes naturellement détendue, relaxez-vous à voix haute, dix minutes par jour au moins jusqu'à l'opération. Je vous conseille même de continuer après l'opération.

— Pourquoi ne puis-je pas me relaxer quand je suis tendue ?

— Vous devez d'abord associer la détente naturelle à votre voix relaxante tous les jours trente fois. Dans un mois, vous pourrez le faire pour éviter un stress. Il faudra continuer à le faire pendant votre détente à un autre moment de la journée.

— Pourquoi ?

— Si vous ne faisiez votre exercice de relaxation que pendant le stress, vous intensifieriez votre stress.

— Alors, avant le trentième jour, quand je suis angoissée, qu'est-ce que je peux faire pour me détendre ?

— Vous pouvez écouter une cassette.

— Pouvez-vous me prêter celle que je vous ai vu enregistrer pendant la relaxation ?

— Oui, bien sûr. Il y a trois possibilités. Voici la cassette de votre séance, que je viens d'enregistrer. Celle-ci est un exercice de relaxation standard de type Schultz. Et celle-ci est la cassette que j'avais enregistrée pour moi-même, quand je me suis fait opéré des yeux.

— Puis-je emporter les trois cassettes ?

— La prochaine fois, apportez-moi trois cassettes vierges. Je vous ferai les enregistrements.

— Vous ne travaillez qu'avec les chirurgiens des yeux ?

— Non. Comme je vous l'ai dit tout à l'heure, nous allons aussi souvent au cabinet du dentiste pour les phobies de la roulette, à la maternité pour les phobies de l'accouchement, à l'hôpital pour les phobies à toutes les interventions locales, ou pour les examens ou sondages difficiles (cœur, estomac). Aucun dentiste, aucun chirurgien ne m'a jamais refusé « l'hospitalité » pour relaxer nos patients communs.

— Je viens seulement de me rendre compte que les deux opérations se font en deux temps. Cela fait deux fois plus de stress ! Pouvez-vous me raconter votre deuxième opération ?

— Allongez-vous et fermez les yeux. Je vais vous raconter la belle histoire du jour de ma deuxième opération, celle de l'œil droit. Je suis décontracté. C'est comme si je devais simplement revoir la bande vidéo de ma première opération. Cela me rappelle que le chirurgien a filmé mon opération au travers du microscope chirurgical. Cela prouve son sérieux, son perfectionnisme. Son désir de progresser me met en confiance. Il m'a dit que je pouvais revoir les bandes vidéo de mon opération.

» Trois choses sont différentes de la première opération. D'abord, je participe beaucoup plus, je demande si tout va bien, et je plaisante avec les soignants. Ensuite, l'opération me paraît encore plus courte, car mon œil droit, moins malade, est plus facile à opérer que mon œil gauche. Enfin, je suis moins anxieux de savoir si à dix-huit heures je vais bien voir. J'ai moins peur d'ouvrir l'œil le soir de l'opération. J'ai la même image nette, petite, double, sombre, comme au travers de lunettes de soleil. Tout est normal le lendemain matin. En allant à la consultation du chirurgien, je conduis ma voiture avec une acuité visuelle que je n'ai jamais eue puisque c'est la vision des deux yeux qui donne les reliefs et les distances. Mon chirurgien trouve mon œil droit parfait, sans hémorragie ni infection.

» Avant l'opération, je restais pendant vingt kilomètres derrière un camion sans oser le doubler. Aujourd'hui, je dépasse facilement, car je vois s'il y a une voiture en face et j'apprécie bien sa distance. Je suis enchanté par cette revanche nette et colorée sur mon passé flou et gris. Ma vie change. Je me tiens droit. Je ne demande plus où sont les toilettes. Je ne bute plus dans les trottoirs.

» Je conseille l'intervention à un ami plus myope que moi, à moins 25 dioptries. Il décide de se faire opérer. Je suis content pour lui. Moi-même sans l'expérience de mon opticienne, je n'aurais peut-être jamais osé bénéficier de cette intervention chirurgicale. Cela dit, même si vous ne décidiez pas cette intervention, même si vous restiez dans le flou, la porte resterait toujours ouverte sur cette possibilité chirurgicale !

» Ouvrez vos yeux en laissant toute l'énergie se diffuser dans votre corps. C'est bien, Maria, je vois que vous êtes détendue car votre respiration est régulière et votre visage sans rides, comme un lac paisible

— C'est vrai, j'ai failli m'endormir.

— C'est mieux d'avoir l'impression de dormir. Cela fait un travail d'hypnose plus utile. En réalité, vous ne dormez pas vraiment puisque vous vous réveillez quand je vous le suggère.

*
* *

J'ai vu Maria pendant plusieurs semaines, à raison d'une fois par semaine, pour refaire cet exercice de relaxation en imaginant l'intervention. Puis, à ma consultation, c'est elle qui parlait. Dans ses silences, je lui donnais des conseils qu'elle répétait. Nous avons téléphoné au chirurgien pour éclaircir certains points à propos du scénario de l'intervention, des risques opératoires et du temps d'adaptation à sa nouvelle vue.

Elle m'a finalement demandé de ne pas venir à son intervention. C'était un challenge positif pour elle que de se débrouiller toute seule. Elle s'est relaxée à haute voix pendant l'opération comme lors des séances. Voici un extrait de ce qu'elle disait à haute voix pour se relaxer quelques jours avant son intervention, puis pendant son intervention : « Mon œil est comme un appareil-photo en forme d'œuf, avec une vitre en avant qui s'appelle la cornée. Derrière ma vitre, il y a mon objectif, avec une mise au point automatique autofocus, cela s'appelle le cristallin. Au fond, il y a le papier peint. C'est ma rétine collée à l'intérieur du blanc de l'œuf. Cette pellicule photographique est baignée dans un liquide visqueux transparent : c'est mon corps vitré.

» Comme je suis myope, mon œil est comme une maison non pas ronde, mais ovale. De ce fait, mon corps vitré, qui est comme un rideau installé au centre de ma maison, tire sur ma rétine et menace de décoller ce précieux papier peint. Mon chirurgien retire ce corps vitré au profit d'un précieux liquide, puis remplace mon cristallin, cet objectif photographique mal réglé, par une lentille de contact de puissance adaptée, plus transparente que le cristallin d'un bébé. »

Aujourd'hui, sa vue est parfaite. Elle est revenue me voir trois mois après sa deuxième opération : « C'est comme si mes implants m'avaient toujours naturellement appartenu. »

*
* *

CONSEILS PRATIQUES
Si vous devez avoir une anesthésie locale

Certaines anesthésies locales, parce qu'elles sont impressionnantes, peuvent générer des angoisses chez les patients. Par exemple, s'il est question de vous anesthésier l'œil, vous allez craindre que l'aiguille ne transperce l'œil si proche. Ou bien, dans le cas d'une péridurale, vous allez redouter que l'anesthésiste ne blesse la moelle épinière. En fait, l'anesthésiste va d'abord vous injecter un produit destiné à vous endormir quelques minutes. Et c'est pendant ce bref sommeil qu'il vous fera les piqûres qui vous effraient tant.

La collaboration entre patient, psy et anesthésiste est capitale. Le psy s'informe de toutes les nouvelles techniques anesthésiantes pour vous aider à les demander.

Pendant l'intervention, si vous êtes bien préparé, vous n'avez besoin ni de psy ni de cassette pour vous relaxer. Votre relaxation est silencieuse si elle risque de gêner l'équipe, ou au contraire, ce qui est mieux, dite à haute voix. De même, après votre opération, vous gérez votre douleur par la relaxation. Des cassettes sont parfois préparées par précaution. On vous apprend à les enregistrer vous-même.

Donnez quelques semaines au psy pour qu'il ait le temps de vous apprendre à préparer votre opération. La relaxation répétée s'ancre définitivement en vous. Au-delà de votre opération, vous êtes préparé à tout futur acte médical stressant. Vous évitez ainsi un traumatisme psychologique postopératoire (phobies, dépression).

L'hypnose est efficace puisqu'on l'utilise pour des cas importants (césarienne, vésicule biliaire, grande brûlure). Après l'intervention, dans le cas d'une prothèse, un travail psychologique peut aussi être nécessaire pour éviter un rejet psychologique dépressif. Il s'agit alors pour le patient d'intégrer la prothèse comme faisant partie de son corps.

DEUXIÈME PARTIE

L'esprit qui stresse

Sentiment de culpabilité (« J'ai l'impression d'être une mauvaise mère »)

Il fait beau en ce début d'après-midi de printemps. Je viens de déjeuner avec un confrère, généraliste de mon quartier. Nous avons tous très peu de temps pour déjeuner. Pourtant, j'aime ces moments privilégiés. On parle de tout et de rien. On cherche des solutions pour nos patients communs. Mes patients me sont de plus en plus adressés par les médecins généralistes de la région.

Seuls les médecins de campagne acceptent de venir travailler avec leurs patients à notre cabinet. Les médecins de ville nous ont sous la main. J'ai toujours pensé que la relation entre eux et moi était essentielle. Nous soignons mieux un patient en collaboration avec le généraliste ou le spécialiste qui nous l'a adressé. C'est d'ailleurs pour cela que j'ai créé une association loi 1901. Le but de ce regroupement de médecins est précisément une meilleure formation des généralistes en psychiatrie. Nous voulons créer une meilleure coordination entre les psys et les médecins de ville.

Une femme élégante, assez jolie, entre dans mon bureau. Elle s'asseoit, me dit s'appeler Barbara. Elle est venue me consulter sur les conseils de son médecin de famille. Elle est persuadée, et cela est devenu une véritable obsession, d'être une mauvaise mère et de mal élever ses enfants.

— Qu'est-ce qui vous fait penser cela ?

— Voilà docteur, j'ai quarante et un ans, et je suis

mariée depuis dix ans. Mes enfants ont dix et douze ans et j'ai l'impression d'être de moins en moins à la hauteur. Bien qu'ils soient encore petits, je ne suis jamais certaine de leur dire les mots qu'il faut.

Il faut que j'en sache un peu plus pour bien cerner l'angoisse de Barbara.

— Pouvez-vous me donner un exemple précis ?

— Par exemple, cette semaine, avec mes enfants, on a vu un film violent à la télévision avec une histoire de drogue et de prostitution. Il y en a de plus en plus et à n'importe quelle heure. Eh bien, je n'ai pas su comment leur expliquer ces déviances. Est-ce que je devais banaliser le scénario ou empêcher mes enfants de voir ce film ? En fin de compte, je me suis pris la tête en pensant que je devrais peut-être leur expliquer. Mais quels mots devais-je utiliser ? Je ne savais plus, j'étais perdue.

— Pourquoi auriez-vous plus de doutes que les autres mères ?

— C'est à cause de tout ce que l'on voit à la télé et dans les magazines. On nous parle sans cesse de la bonne éducation qu'il faut donner à nos enfants. Moi, j'ai toujours l'impression que ma méthode ne correspond jamais à celle qui est préconisée dans les médias. Bref, j'ai toujours l'impression d'être à côté de la plaque !

L'angoisse de Barbara est malheureusement typique des mères d'aujourd'hui. C'est la culpabilité des parents de notre siècle qui se sentent dépassés par la société qui évolue si vite. L'important pour moi est de pouvoir expliquer à Barbara qu'il est bon de se permettre l'erreur avec ses enfants, mais de pouvoir le leur dire !

— Que ressentez-vous dans ces moments-là ?

— J'ai une sorte de torticolis douloureux, mes mâchoires sont serrées et j'ai mal à la tête.

Il est toujours intéressant que le patient fasse le lien entre une anxiété psychologique et un symptôme physique. De cette manière, notre patient va tolérer son symptôme. Si un problème physique vous obsède, il va s'aggraver en cercle vicieux.

— Et d'après vous, Barbara, y a-t-il un lien entre votre

nuque raide et votre complexe à propos de l'éducation de vos enfants ?

— Mon généraliste m'a dit que mes radios du cou et de la tête étaient normales. Il a essayé de me convaincre que je me provoquais moi-même mes douleurs !

— Votre médecin a vu juste et je vous propose un exercice de relaxation dit de Jacobson. Il est très simple, cet exercice. Vous le faites allongée, les yeux fermés. Il consiste, chaque jour, à décrire à voix haute la contraction volontaire des différentes parties du corps. Vous partez des pieds jusqu'à la tête.

— Je n'ai jamais su me relaxer. Qu'est-ce qui vous fait penser que je vais y arriver ?

— Nous verrons. Il vous suffira, après la contraction initiale, d'insister sur le relâchement musculaire. Par exemple, vous décrivez à voix haute la sensation de chaleur ou de lourdeur que vous imaginez dans les différentes parties de votre corps. Vous insistez sur votre nuque et votre tête.

Barbara s'allonge, les yeux fermés. Ensuite, à voix haute, elle décrit la contraction, puis la décontraction, enfin la lourdeur. Elle va des pieds vers la tête, c'est-à-dire des muscles de la plante des pieds aux muscles du front. Cet exercice permet de bien se concentrer sur son corps lorsque l'on est angoissé, agité et impatient comme Barbara.

— Effectivement, je me sens un peu mieux, mais comment pouvez-vous savoir si je suis relaxée ou pas ?

Voilà une question que les patients nous posent souvent. Je sors de mon tiroir un appareil de mesure.

— Nous avons à notre disposition plusieurs moyens. On peut mesurer le stress ou l'état de relaxation par exemple avec le pouls qui s'affole, les ondes cérébrales qui s'accélèrent. Il existe également un appareil qui mesure la quantité de sueur qui diminue quand on se relaxe et qui augmente quand on s'énerve. Regardez, Barbara, cet appareil gros comme un téléphone portable. Mettez ces deux velcros à deux doigts différents de votre main gauche. Voyez cette aiguille, elle indique le degré de relaxation. Si l'aiguille est à gauche, votre stress est au maximum. Si elle est à droite, c'est la détente maximale que l'on va essayer d'obtenir le plus longtemps possible. Enfin, au milieu, il s'agit d'une relaxation moyenne.

— À quoi cela sert-il de mesurer mon stress ? Ce n'est pas comme ça que je vais mieux élever mes enfants !

— Et pourtant si, car vous allez apprendre à savoir quand vous êtes angoissée et quand vous êtes détendue. C'est comme si vous rouliez vite en voiture confortable, sans vous rendre compte de sa vitesse. Heureusement qu'un compteur kilométrique vous permet alors de réguler votre allure. La thérapie va donc vous aider à gérer votre stress.

— J'ai bien compris, docteur, l'intérêt de la relaxation. Je veux bien admettre que mon torticolis ne soit que la conséquence de mon angoisse. Mais pourquoi ne pas travailler sur mon obsession même ? J'aimerais que vous m'aidiez à apprendre à mieux élever mon fils cadet et ma fille aînée. C'est facile pour vous. Vous connaissez tout de la bonne éducation que doivent donner les parents à leurs enfants. Quand vos enfants se battent, vous savez lequel il faut gronder. Vous savez toujours lequel de vos enfants a tort.

Cela me fait toujours sourire de constater à quel point les patients s'imaginent que nous, psys, sommes parfaits dans notre vie privée. Après tout, c'est peut-être une bonne chose qu'ils nous surestiment, car cela favorise leur guérison. Dans d'autres cas, nous leur expliquons que nous sommes plus compétents pour leurs enfants que pour nos propres enfants. Nous aimons trop nos progénitures pour être assez objectifs pour les aider avec efficacité quand ils sont déprimés par exemple.

— Curieusement, Barbara, en psychologie, séparer la cause de la conséquence n'a aucun intérêt. C'est comme un cercle vicieux. L'un retentit sur l'autre et vice versa. Par exemple, dans votre cas, votre impression de mal éduquer vos deux enfants entraîne une angoisse. Votre angoisse accentue votre torticolis. Angoisse et torticolis vous inquiètent et aggravent en retour votre impression d'être une mauvaise mère. Et ainsi de suite…

— Comment casser ce cercle vicieux ?

Passons maintenant à une vue d'ensemble de la thérapie que je vais mener avec Barbara.

— Le traitement que je vous propose va consister précisément à briser ce cercle vicieux en plusieurs points.

— Que voulez-vous dire par « briser » ?

Je veux dire par-là qu'il faudra agir sur les maillons de la chaîne qui sont les plus sensibles.

— Pouvez-vous me donner des exemples pour moi ? Quels maillons de mon cercle vicieux puis-je casser ?

— Je pense pour vous à trois maillons que vous pouvez briser : sur le maillon « angoisse », nous utiliserons, comme aujourd'hui, la relaxation ; sur le maillon « pensées négatives ou douloureuses », nous utiliserons la positivation de vos pensées ; sur le maillon « comportements angoissants par rapport aux enfants », nous essayerons de trouver de nouvelles stratégies à adopter avec votre fille et votre fils.

— C'est-à-dire ?

— Vous allez dire à votre fille aînée que vous avez été trop sévère avec elle pour ses sorties et vous lui en donnerez la cause. Par exemple, vous dites : « Je t'aime tellement que j'ai eu peur que tu fasses des bêtises avec les garçons », ou : « Certaines filles tombent enceintes à quinze ans et le cachent à leurs parents », ou encore : « Certaines filles peuvent attraper le sida avec un petit copain qui n'a pas voulu mettre de préservatif. »

— Votre idée me plaît bien et je suis curieuse de savoir quelle sera la réaction de ma fille.

— Eh bien, Barbara, à la semaine prochaine.

*

* *

Avec Barbara, nous avons associé plusieurs types de thérapie.

Nous avons d'abord débuté un travail individuel de six mois pour lui apprendre la relaxation, positiver ses pensées douloureuses en luttant contre la culpabilité, faire des jeux de rôle avec son conjoint, faire des jeux de rôle avec ses enfants.

Je leur ai demandé de ne pas rassurer Barbara quand elle demandait : « Est-ce que j'élève bien mes enfants ? » Au contraire, sa famille et ses amis devaient répondre : « Ton psychiatre m'a demandé de ne pas te répondre. »

La thérapie comportementale est interpersonnelle. C'est-à-dire que l'on travaille avec l'entourage. Ce peuvent être un conjoint, un ami ou un collègue qui vont se relayer. En général, je demande à un proche de venir chaque mois, avec mon patient, pour m'aider à évaluer l'amélioration et faire les exercices. C'est ce que nous avons fait avec Barbara.

Dans un deuxième temps, pendant une année, Barbara a suivi une thérapie familiale. Deux thérapeutes ont rencontré sa famille entière tous les mois. Il y avait un psy dans le cabinet et un psy observateur derrière un miroir sans tain. Le but était d'aider ses proches à secourir Barbara dans son désir d'être moins obsédée à l'idée de mal élever ses enfants.

Nous associons souvent favorablement plusieurs types de thérapie. En théorie, il est possible par exemple d'avoir un psy pour les médicaments, un autre pour la psychanalyse, pour travailler sur le passé, un autre pour la thérapie comportementale individuelle, pour gérer le symptôme, un autre pour la thérapie comportementale de groupe, pour gérer la timidité, un autre enfin pour la thérapie familiale, pour se faire aider par les siens.

*

* *

CONSEILS PRATIQUES
En cas d'obsession coupable

N'oubliez pas de vous confronter chaque jour à l'objet de votre obsession. Chaque jour, par exemple, exposez-vous à : « Je suis angoissé par l'idée de la mort. »

Plus je veux oublier mon obsession, plus elle est présente dans ma pensée. Au contraire, grâce à mon travail comportemental, je vais programmer chaque jour de me confronter à elle. C'est ce qu'on appelle une « exposition en imagination ou en réalité ». Mon conjoint me raconte mon obsession. J'enregistre mon obsession et j'écoute la cassette.

Je fais face volontairement à mon obsession tous les jours, à telle heure programmée :

— J'imagine mon obsession : « Je me vois critiqué par l'institutrice pour l'éducation de ma fille. »

— Je parle de mon obsession : « J'explique à ma belle-mère que j'ai donné un médicament périmé à ma fille. »

— J'agis mon obsession : « Je vais au cinéma sans emmener mes enfants. »

— Je mime mon obsession : « Je fais un jeu de rôle ou je dis à ma fille que j'ai exagéré hier pour sa punition. »

Si mes obsessions m'ont fait développer des rituels, contrôles, ruminations ou comptages, je vais les diminuer de quelques pour cent chaque jour. C'est ce qu'on appelle la « prévention de la réponse ». Par exemple, si j'ai peur de la saleté, chaque jour, pendant quarante-cinq minutes, je touche progressivement une poubelle de plus en plus sale. C'est ce qu'on appelle « l'exposition en réalité ». L'angoisse est une peur que j'ai refoulée. Il faut donc que je me confronte de nouveau à cette peur. En répétant tous les jours, pendant un certain temps, l'exposition à cette émotion, elle va finir par s'éteindre petit à petit.

Stress au travail
(« On me presse comme un citron »)

J'ai l'habitude de prendre deux minutes de repos entre chaque patient pour me régénérer. Je regarde les murs, mélange de bleu et de vert, de mon cabinet. J'aime cette couleur. Je l'ai choisie volontairement, car il s'agit d'une couleur froide qui a la vertu de calmer mes patients comme moi-même. Je suis certain que si j'avais peint les murs de mon cabinet en orangé ou en rouge, cela m'aurait moins détendu.

Il m'arrive souvent d'aller dans des bureaux comme les banques où les gens sont angoissés. Je remarque au mur presque toujours les mêmes couleurs, le plus souvent du blanc, du gris ou du noir. Nous savons l'action apaisante des couleurs. Le rouge vif augmente la tension artérielle. Pourquoi ceux qui ont le pouvoir de décision ne pensent-ils pas à une chose aussi simple que de mettre des couleurs ? Cette délicatesse permettrait à leurs employés et à leurs cadres d'être plus à l'aise dans leur travail quotidien. Il est appréciable, quand vous êtes enfermé une journée entière dans un bureau, d'être baigné de belles couleurs.

Mon nouveau patient s'appelle Marc. C'est un homme entre quarante et cinquante ans. Il entre d'un pied ferme et s'asseoit sans hésiter sur la chaise en face de mon bureau.

— Qu'y a-t-il de sympathique à faire pour vous aujourd'hui, Marc ?

— Voilà, docteur, un collège m'a dit que vous aviez eu, avec lui, une méthode efficace pour soigner le stress au boulot.

— Quel est votre métier ?

— Je suis cadre dans une société d'informatique. J'ai quarante-six ans et je sens de plus en plus fort la concurrence des jeunes qui arrivent sur le marché.

Je suis de plus en plus souvent confronté à ce problème de stress professionnel qui n'est pas toujours facile à gérer.

— Comment vivez-vous ce stress au quotidien ?

— On nous presse de plus en plus comme des citrons. On nous en demande chaque jour davantage et, bien sûr, on n'est pas augmenté d'un centime. Si ça continue, je sens que je vais craquer !

— De quelle manière cela retentit-il sur vous, sur votre corps, sur vos pensées, sur vos émotions, sur votre comportement ?

— Par exemple, j'ai du mal à m'endormir. Je pense aux erreurs que j'ai peut-être faites dans la journée. Le matin, je me réveille fatigué, avec l'impression de ne pas avoir dormi. J'ai souvent des nausées, des vertiges, des brûlures à l'estomac et souvent mal au ventre. Mon cœur aussi s'emballe par moments et ça me fait paniquer.

— Et qu'en est-il de votre vie privée et de votre sexualité ?

— C'est de pire en pire, je suis de plus en plus nerveux en rentrant le soir. Je ne parle que de mon boulot à ma femme, qui finit par en avoir assez. Vous imaginez bien, docteur, que dans cette ambiance nos rapports sexuels sont de plus en plus rares !

Le stress est normal, il a toujours existé, c'est un phénomène inévitable. Il existe un stress positif, c'est-à-dire qui améliore les performances. Quand c'est temporaire, une heure par jour, cela peut vous rendre heureux et bonifier vos projets. Mais pour Marc, il s'agit surtout d'un stress négatif, permanent. Il risque d'aboutir à une altération de ses capacités.

— Que vous dites-vous, Marc, au sujet de vos symptômes ? D'où viennent-ils ? Que peuvent-ils provoquer à court et à long terme ?

— Mon stress vient du harcèlement pour produire. Je me dis que j'ai peur de devenir fou, de ne plus faire correctement mon travail, d'être viré et de me retrouver au chômage.

Je suis confiant pour la thérapie de Marc, car il fera tout pour sauver son couple et ne pas vivre le chômage. La seule crainte, c'est que, par impatience, il ne se donne pas assez de temps pour venir régulièrement aux séances !

— Que voulez-vous dire par « devenir fou » ?

— Il n'y a pas si longtemps, j'ai failli taper sur ma femme et mes enfants. Je ne voudrai pas que cela recommence. C'est aussi pour cela que je viens. Je voudrais les protéger car je ne sais plus ce qui m'arrive. Comment faire pour m'en sortir ?

Il faut toujours rassurer, mais aussi protéger le patient qui pose ce genre de question.

— Nous ferons tout, vous et moi, pour cela. J'aide mes patients, mais je ne peux rien faire sans eux. Une thérapie, ça se fait au moins à deux. Pour vous expliquer un peu comment nous travaillerons, je vais vous donner un exemple. C'est comme si vous aviez des lunettes déformantes. On appelle cela des « distorsions cognitives ». C'est-à-dire que vous ne voyez, par exemple, que les grimaces sur le visage de votre patron sans remarquer ses autres attitudes positives à votre égard. Ainsi, vous déformez la réalité sans vous en rendre compte. Par exemple, vous vous attribuez toute la responsabilité sans vérifier les faits, sans enquêter avec les témoins. Vous pensez : « J'ai mal fait quelque chose, il m'en veut, il peut me virer à tout moment. » C'est ce qu'on appelle des « cognitions ».

— Mais alors, en quoi suis-je anormal ?

Rassurons immédiatement Marc, car ce mot peut être trop péjoratif pour lui.

— Le mot « anormal » me gêne, car il ne s'agit ni de morale ni de justice, mais de souffrance. Je ne suis ni juge ni policier, mais médecin, c'est-à-dire un soignant qui diminue la souffrance. Pour reprendre mon exemple précédent, un objectif sera de travailler sur vos lunettes déformantes. Ces verres ne filtrent pas toute la réalité. Les pensées négatives émergent plus facilement que les positives. Comprendre le mécanisme de ce filtrage plus facile du négatif. Ensuite il faudra laisser émerger le positif. C'est ce qu'on appelle une thérapie cognitive.

— Mais les lunettes dont vous parlez, que pourraient-elles voir de positif ?

— C'est comme si le champ visuel de vos lunettes était trop réduit. Vous ne voyez que les grimaces et les remarques du patron et vous les interprétez comme une menace contre vous seul.

— Mais c'est la réalité !

À moi de créer un doute dans l'affirmation dépressive et parano de Marc.

— Comment contrôlez-vous la pertinence de toutes vos pensées chargées de méfiance ?

— Comment voulez-vous que je contrôle ?

— Une fois par jour, notez une observation négative que vous faites sur votre patron. Notez ce que vous en pensez. Enquêtez auprès de trois collègues, témoins ou non. Notez leurs trois interprétations. Je vois sur votre visage que cela vous semble difficile. Soyez rassuré, nous allons commencer par les observations les plus simples. Je vais aussi vous apprendre à le demander à votre patron. C'est ce qu'on appelle un jeu de rôle. Cela consiste à jouer vous et moi la scène avec votre patron.

— Cela va être trop dur pour moi. J'étais nul au théâtre quand j'étais enfant.

Il faut que je sois le plus simple possible, sinon je vais affoler Marc et il ne continuera pas la thérapie. J'écris sur le carnet de bord en lisant :

— Voici comment on fait un jeu de rôle. Au début, on simplifiera en inversant les rôles. De plus, je vous apprendrai à vous relaxer chez vous chaque jour pendant dix minutes. Vous allez aussi faire d'autres exercices comportementaux à votre travail. Par exemple, vous allez parler de votre crainte du chômage. Vous commencerez peut-être d'abord par vos collègues. Vous poursuivrez ensuite avec votre patron pour atténuer le stress.

— Tout cela est intéressant, mais est-ce que cela va changer ma personnalité anxieuse ?

Marc m'est sympathique. Je suis sûr que la thérapie

comportementale et cognitive que j'utilise va l'aider, car il a l'esprit très pratique. Il a d'ailleurs beaucoup plus besoin pour l'instant de changer que de comprendre.

— La thérapie va davantage s'occuper de vos comportements anxieux et de vos pensées anxieuses. Le comportementalisme s'occupe moins de votre personnalité plus intime qui est du domaine de la psychanalyse.

— Quelle est la différence entre comportement et comportementalisme d'une part, et personnalité et psychanalyse d'autre part ?

J'ai une comparaison toute faite quand les patients me demandent cela, moi qui aime bien les voitures.

— La personnalité, c'est comme les caractéristiques de votre voiture, par exemple la puissance du moteur. C'est aussi le degré de stabilité du châssis sur la route. Vous comprenez donc que ce sont des paramètres qui varient peu.

— Quelle est la différence avec les comportements ?

— À l'inverse de la personnalité, les comportements sont la façon que vous avez de conduire votre automobile : avec souplesse ou nervosité. Vous comprenez aisément qu'il est plus facile d'apprendre à mieux conduire. Conduire, c'est le comportement, le comportementalisme, et le moniteur de l'auto-école, c'est le thérapeute comportementaliste. En revanche, il est bien plus difficile de transformer votre moteur pour le rendre plus puissant. Le moteur, c'est la personnalité, la psychanalyse, et le mécanicien, c'est le psychanalyste.

— Et quel est l'intérêt pratique de cette comparaison entre le moteur et la façon de conduire ?

— Cela signifie que nous allons travailler sur vos comportements et vos pensées afin que vous soyez le plus positif possible dans votre travail de chaque jour.

— Et de quelle façon puis-je être positif avec un profiteur de patron ?

— Eh bien, nous allons dès cette première séance faire un jeu de rôle. Vous jouerez le rôle de votre patron. Choisissez le scénario le plus stressant pour vous. Est-ce quand il vous angoisse en vous forçant à travailler plus vite, ou quand vous avez l'impression qu'il profite de vous ?

— Je préfère le premier scénario. C'est ce qui est le plus fréquent, le plus durable et le plus stressant.

— Quant à moi je vais essayer de parler positivement à votre place en cherchant une façon décontractée de passer une meilleure journée de travail. Je pense que nous pouvons prendre comme théorie que vous avez besoin de vous économiser plutôt que d'avoir raison. Le jeu de rôle va nous permettre de tester l'efficacité de cette stratégie.

Marc est intimidé, mais prêt à jouer le rôle de son patron. Il prend un ton coléreux, rapide et haché.

— Donnez-moi les prix de l'hôtel pour organiser la réunion du mois prochain !

— Monsieur, vous risquez de ne pas être content. Je n'ai pas réussi à les joindre au téléphone et pourtant je les ai appelés trois fois.

— Marc, cela devient pénible, il vous faut toujours deux jours pour arriver à faire la moindre petite chose que je vous demande !

— Vous avez raison. Peut-être auriez-vous préféré que j'envoie un fax et que je laisse de côté cette lettre urgente pour la préfecture, car l'hôtel est plus important ?

— Les deux sont aussi importants, et vous devez arriver à tout faire.

— J'en prends note, Monsieur, et je vous remercie pour vos conseils. Vous avez raison, je vais commencer par l'hôtel. Je ne m'occuperai de la préfecture qu'après.

Marc a pris plaisir à jouer ce petit jeu de rôle : c'est de bon augure pour la suite de la thérapie.

— Voici Marc, une première réponse. Il existe un outil efficace pour gérer votre angoisse : le jeu de rôle. Vous avez entendu, j'ai utilisé la question : « Il vaut mieux envoyer un fax » et j'ai fait le compliment : « Je vous remercie pour vos conseils. » Le jeu de rôle sera notre premier outil dans ce que l'on appelle la gestion du stress.

— Quels sont les autres outils ?

— Il y en aura au moins deux autres. D'une part la relaxation et, d'autre part la positivation de vos pensées. La relaxation se fera la veille ou quelques heures avant les moments difficiles au travail.

— Et la positivation, c'est quoi ?

— La positivation de la pensée consistera à noter sur un carnet vos pensées pendant votre stress au travail. Je vous apprendrai à positiver vos pensées négatives par la suite.

— Vous avez dit « au moins deux autres outils ». Il y en aurait un troisième ?

Marc est attentif et intéressé. C'est une qualité que je vais utiliser pour l'aider.

— Tout à fait. Imaginez un supérieur hiérarchique ou un collège agressif. D'une manière générale, face à une situation qui nous angoisse nous avons tendance à adopter un des deux comportements réflexes suivants : fuir ou agresser. Les Anglo-Saxons disent *fight or flight*. Ces mécanismes sont peu adaptés. Je vous apprendrais à adopter un troisième type de comportement à la fois pour exprimer vos besoins et pour agir sur ce qui vous angoisse. C'est le comportement affirmé ou assertif.

— Je comprends « affirmé », mais je ne comprends pas « assertif » !

— C'est un mot qui se définit par la capacité pour un individu d'exprimer clairement, directement, sans retard et sans agressivité. Il dit ce qu'il pense et ce qu'il ressent tout en étant à l'écoute de l'autre. Ce travail contre la timidité ne se fait qu'en groupe, bien sûr. On utilise des protocoles préparés d'avance que l'on adapte. Les groupes de quinze personnes sont de même niveau. Il faut un week-end par mois ou un jour par quinze jours ou un soir par semaine pendant six mois. En ce qui nous concerne, nous faisons des groupes de trois, après les consultations, une heure, deux fois par semaine ; nous nous adressons à un collègue pour des groupes de quinze ; et nous adressons les phobiques à l'association de timides Médiagora.

— Est-ce que cela me servira uniquement par rapport à mon chef ?

À moi d'expliquer clairement à Marc cette notion fondamentale, car elle pourra lui être utile toute sa vie.

— Oh ! Non ! Vous pourrez l'utiliser à tout moment dès que vous aurez besoin de vous affirmer. Cela vous donnera des droits, des avantages !

— Quels droits et avantages cela me donne-t-il d'être affirmé ?

— Si vous êtes affirmé, cela vous donne le droit d'exister par vous-même, de gérer votre temps, de vivre à votre rythme, d'être conscient de vos qualités, vigilant sur vos défauts, de profiter du temps présent, de vous donner le droit d'agir, de ne pas être d'accord et de le dire sans agressivité, de décrire vos besoins pour qu'on y réponde, de recueillir les besoins des autres pour y répondre, etc.

— D'accord, ça me plaît bien, à la semaine prochaine.

*

* *

Marc n'est venu régulièrement aux séances que pendant trois mois, mais son intelligence et sa personnalité équilibrée ont permis de gagner beaucoup de temps. C'était un grand plaisir de lui apprendre à ne jamais se mettre en conflit grâce aux jeux de rôle.

Ce fut plus difficile de lui apprendre à se relaxer parce qu'il était impatient.

À chaque fois que je voulais lui faire une séance de relaxation, il disait : « J'ai une chose importante à vous demander, on fera la relaxation la prochaine fois. » Je parlais d'abord quinze minutes avec Marc. Je lui disais : « Vous m'avez parlé de choses difficiles. Je vais maintenant me relaxer. Toi le thérapeute, tu vas laisser tes pieds s'alourdir et cette lourdeur monte dans tes jambes, etc. »

Il a appris à gérer son stress et à s'affirmer en toute situation ce qu'il ne faisait pratiquement jamais auparavant.

C'était aussi délicat de lui apprendre à gérer son temps. Nous prenions son agenda pour réfléchir à la semaine à venir. Nous notions chaque chose à faire en terme d'importance et d'urgence. Nous dessinions quatre colonnes. Au début Marc notait tous ses rendez-vous importants (10/10) et urgents (10/10). Ensuite il notait tous ses rendez-vous non urgents (1/10) et non importants (1/10). Puis il a su classer ses tâches (voir tableau page suivante).

RDV ? Tâche ?	Urgence : 10 = aujourd'hui, 1 = 10 jours ou +	Importance : 10 = vital, 1 = peu important	Total /20
Réunion avec le PDG, 11 h 30	10	5	15/20
Vérifier mon diabète	1	7	8/20
Payer mon tiers provisionnel	10	6	16/20

Il a fait des groupes d'affirmation de soi avec un collègue.

Je l'ai revu ensuite une fois par mois pendant trois autres mois et il ne m'a plus donné de ses nouvelles. Nos patients ne sont pas toujours reconnaissants. C'est ainsi, nous devons l'accepter !

*
* *

CONSEILS PRATIQUES
Si vous voulez éviter les conflits au travail

S'il s'agit d'un conflit dans lequel vous êtes impliqué. Notez les différentes situations dans lesquels vous vous mettez et qui déclenchent le conflit et demandez-vous : « Quels sont les personnes, les scénarios et les lieux déclenchants ? »

Faites des jeux de rôle de trois minutes avec un copain qui observe et un autre qui joue votre rôle, pour reproduire le même conflit. Demandez à vos amis : « Comment selon vous, j'ai déclenché et alimenté le conflit ? »

Après chaque jeu de rôle, voyez ce qui stimule le conflit, comme parler fort, et ce qui inhibe le conflit, comme :

— Parler avec douceur, avec des mots positifs tels que : « Je n'ai pas été bien astucieux pour te montrer mon amitié, toi qui es toujours prête à m'expliquer ce que je ne comprends pas. »

— Poser des questions sans affirmation avec « je », telles que : « Merci d'être sincère, peux-tu me dire quand je t'ai vexé ? »

— Reporter au lendemain les réponses : « Aujourd'hui je suis trop énervé pour être objectif. Puis-je te dire seulement demain, comment je pense réparer mon erreur d'aujourd'hui ? »

Chaque jour, testez une stratégie différente dans des situations d'abord sans importance puis de plus en plus difficiles. Notez de – 1 à – 10 l'efficacité.

S'il s'agit d'un conflit dans lequel vous n'êtes pas impliqué. Posez-vous toujours la question : « Est-ce que je veux avoir raison ou la paix si je me mêle d'arbitrer ce conflit ? »

Si votre réponse est : « avoir raison », vous êtes sur le mauvais chemin. Pour l'instant, ne soyez pas médiateur pour les autres, car vous ne résoudrez déjà pas bien vos conflits personnels.

Ayez toujours au contraire une attitude basse et modeste, telle que : « J'ai dû être maladroit avec vous. Je n'ai pas su vous aider à bien vous entendre tous les deux. »

Si vous étiez impliqué, vous prendriez un médiateur, tel que : « Qu'en penses-tu, que ferais-tu à ma place ? » Comme vous n'êtes pas impliqué, soyez le médiateur tel que : « Ça ne me regarde pas, mais voulez-vous un coup de main ? »

Essayez de trouver une raison dérisoire d'être impliqué, tel que : « D'habitude je fais le planning, si j'avais été moins paresseux j'aurais évité les problèmes et votre désaccord. »

Vous pouvez prendre un autre médiateur en plus de vous-même, tel que : « Je suis vraiment très embarrassé, j'aurais dû faire le planning des vacances et j'ai fait une grosse boulette. Que ferais-tu à ma place pour les aider tous les deux ? »

Le but est toujours de faire diversion à leur conflit en reportant sur vous une faute négligeable. « C'est de ma faute, je l'ai distrait en lui parlant. »

Obsession de la propreté
(« Je suis fatiguée à force de vérifier si ma maison est propre »)

Aujourd'hui, j'ai la migraine. Je sais qu'en relaxant un patient cela va passer. Pour faire passer ce mal de tête, je peux aussi me concentrer fortement sur le problème de Sophie. Nous expliquons souvent aux patients nos problèmes. C'est indispensable pour que ceux-ci ne diminuent pas notre efficacité dans la thérapie. Si ma migraine persiste, je dirai à Sophie : « Je ne suis pas au mieux de ma forme aujourd'hui à cause d'une migraine. Excusez-moi, cela ira mieux la prochaine fois. » Un jour, un patient suicidaire m'inquiétait. Je ne l'avais pas dit au patient suivant, qui était fortement déprimé. Quelques séances plus tard, il me confia avec difficulté qu'il avait ruminé pendant quinze jours : « Je n'intéresse personne, même pas un psy. Je suis foutu. »

Sophie est repliée sur elle-même comme un oiseau blessé. Elle souffre d'une obsession compulsive : la propreté. Elle est tellement angoissée que je vais essayer de lui faire prendre de la distance par rapport à sa souffrance. Comme elle a confié à ma secrétaire qu'elle était un professeur de français passionné de théâtre populaire, je lui dis :

— Vous me faites penser à Feydeau qui disait : « Comment voulez-vous que je comprenne ? Les gens me parlent à contre-jour, je ne vois pas ce qu'ils disent. »

— Cette citation me plaît bien. C'est ce que je pense des autres quand j'essaie d'expliquer ma maladie.

— Qu'attendez-vous de la thérapie ? Quel est votre objectif, Sophie ?

Pour une thérapie, un objectif ne peut pas dépendre des autres. Par exemple : « Je veux que mon mari m'aide à faire le ménage. » L'objectif ne doit dépendre que de soi. On ne change pas les autres. On change seulement sa façon de se voir, de voir les autres, de voir les événements.

— Je voudrais utiliser le temps que me fait perdre mon obsession pour faire du cheval, pour m'amuser.

— Notons ensemble comment vous nettoyez votre maison et comment vous vérifiez la propreté de votre maison.

Je donne à Sophie un papier pour noter.

— Je n'ai pas besoin de noter. J'ai tout dans la tête.

— Il est important de tout écrire, pour au moins trois raisons : nous pourrons voir l'évolution de vos pensées douloureuses ; vous pourrez me demander de critiquer vos écrits, ainsi qu'à vos proches, enfants, amis, collègues et mari ; cela vous permettra de vous remettre plus facilement en cause.

— Pourquoi un écrit me remettrait-il plus facilement en cause qu'une parole ?

— On peut tricher en contredisant sa parole. On ne peut pas revenir sur ses écrits. De plus, on oublie une parole qui nous fait honte, mais les notes restent.

— Mais je suis honnête, vous savez !

— Je n'en doute pas, mais quand vous oubliez vos paroles, ce n'est pas conscient. Vous n'y pouvez rien, si vous n'écrivez pas.

Je laisse Sophie noter, puis je lui demande de me lire ses notes.

— Je nettoie le sol de ma cuisine. Quelques minutes après, je me demande si je n'ai pas oublié un carreau du sol. Je retourne vérifier. Je me sens toujours obligée de tout renettoyer.

— Quand tout cela a-t-il commencé ?

— Lorsque ma mère est tombée malade. Elle est venue vivre chez nous. Mon père est mort depuis onze ans. Quand il y a un malade dans la maison, il faut astiquer encore plus que d'habitude !

J'essaie d'être chaleureux pour déculpabiliser Sophie :

— Pourquoi faut-il faire plus de ménage quand il y a un malade à la maison ?

— J'ai peur de la contagion.

Je voudrais lui faire prendre conscience du côté irrationnel et exagéré de sa peur de la contagion. Je veux aussi qu'elle comprenne elle-même que son ménage excessif ne lutte pas contre les microbes comme elle le croit.

— Avait-elle une maladie infectieuse ?

— Non, c'était le cœur.

Je commence à voir sur le visage de Sophie sa honte devant l'inutilité de son ménage excessif. J'essaie donc d'être de plus en plus réconfortant :

— Je connais votre symptôme. Je vous comprends très bien. Depuis vingt ans, Je rencontre deux nouveaux patients chaque jour qui ont le même problème obsessionnel que vous. Dans une journée, vos nettoyages et vérifications vous prennent combien de temps ?

Sophie est angoissée par le long calcul que je lui impose. Pour ne pas la gêner, je m'occupe à autre chose. Puis je lui demande de me lire ses notes.

— Je passe au moins une heure par jour à nettoyer ma maison et autant à vérifier si je n'ai rien oublié.

— Par exemple, pour la journée d'hier, qu'avez-vous nettoyé et vérifié ?

— Je nettoie ma maison tous les jours, toutes les pièces. Je vérifie tout, plusieurs fois. Je suis vraiment nulle ?

— Non, vous n'êtes pas nulle. Chaque personne a un symptôme. Certaines ont la chance, comme vous, de pouvoir le dire et iront mieux. D'autres, malheureusement, ne peuvent pas en parler et, jour après jour, leur souffrance augmente. Vous allez mesurer plus précisément, d'une part, le temps que vous avez passé à astiquer et, d'autre part, le temps que vous avez passé à contrôler votre ménage.

Sophie, en essayant de minimiser ses temps de ménage, se contredit plusieurs fois en calculant les durées.

— En général, j'y passe une petite heure le matin et une autre petite heure l'après-midi.

Je dois rester convivial mais précis dans mes recherches. Je note tout sur mon ordinateur. Comme nous allons réduire progressivement ses rituels, il faut connaître les chiffres de départ.

— Excusez-moi, mais pour mieux vous aider, je voudrais connaître plus précisément votre journée d'hier. Donnez-moi vos heures de début et de fin de ménage et de vérification de propreté. Commençons par la matinée !

— Hier, j'ai commencé mon ménage à 9 heures du matin, après le petit-déjeuner, et j'ai fini à 10 heures. J'ai commencé mes vérifications à 10 h 15 et j'ai terminé à 10 h 45.

Elle disait une petite heure le matin. Elle parle maintenant d'une heure quarante-cinq. Les patients obsessionnels comme Sophie sont toujours honteux de leurs manies. Ils les réduisent. Il faut donc que je mette Sophie en confiance pour encourager sa sincérité.

— Et l'après-midi ?

— L'après-midi, j'ai ressenti le besoin de vérifier de nouveau et de renettoyer, de 14 heures à 15 h 30.

Je veux aussi lui faire prendre conscience que l'importance de ses pertes de temps est supérieure à ce qu'elle croit intuitivement, afin d'augmenter sa motivation à la thérapie.

— Cela fait donc combien de temps pour l'ensemble de la journée ?

— Vous comprenez, j'ai une grande cuisine. Ma mère est si malade. Elle passe beaucoup de temps dans cette cuisine. Elle me regarde m'affairer et semble me dire que je n'en fais pas assez.

Plutôt que de se justifier, j'aide Sophie à compter en lisant son papier.

— Donc, hier, vos ménages et vérifications ont duré au moins trois heures quinze. Quelle est la mesure de votre souffrance ? Pouvez-vous me coter votre stress d'hier sur une échelle de – 1 (stress minimum) à – 10 (stress maximum) ? Nous allons noter tout cela ensemble sur ce tableau pour le matin d'abord, puis pour l'après-midi.

— Ce n'est pas facile, mais je dirais : entre – 3 et – 10 le matin, et entre – 5 et – 10 l'après-midi.

— De la même manière, jusqu'à votre prochaine consultation, qui aura lieu dans huit jours, je vous propose de noter, chaque jour, tous vos nettoyages et toutes vos vérifications en durées et en intensités de stress.

— Comment noter cela, car je travaille tout le temps ? Je ne sais pas me reposer.

Pendant toute la thérapie, il faudra négocier gentiment avec le désir d'en sortir, mais aussi il faudra affronter le stress du changement. Inconsciemment, Sophie invente des prétextes pour ne pas faire les exercices de la thérapie.

— Sur votre cahier à petits carreaux, vous utiliserez chaque jour une double page pour tracer une ligne horizontale. Elle commencera à votre réveil à gauche et se terminera à l'heure du coucher à droite. Vous inscrirez toutes vos petites manies de lavages, de vérifications, les durées et les stress associés. Une heure égale un petit carreau horizontal.

— Le stress, je le note comment ?

— À partir d'une ligne horizontale zéro, vous dessinerez un escalier qui descend. La hauteur verticale de la marche, c'est l'intensité du stress. Un carreau vertical correspond à un stress minimum – 1 et dix carreaux à un stress maximum de – 10.

— La profondeur de la marche, c'est la durée ?

On comprend toujours mal ce qui nous fait peur lorsqu'on est victime de troubles obsessionnels compulsifs. Il faut donc beaucoup répéter les consignes à Sophie, avec chaleur et patience.

— C'est cela. Une heure de stress correspond à un carreau de largeur de marche.

— Je note aussi l'importance du stress pour chaque heure de vérification ? Mais l'idée d'un escalier qui descend ne me plaît pas.

Nous devons nous montrer souples avec nos patients. Un escalier, c'est plus parlant, mais peu importe. Je vais utiliser un tableau. Je pourrai lui demander ce qui lui fait peur dans un escalier. En thérapie comportementale, nous faisons un contrat de durée avec nos patients. Nous ne perdons pas de temps avec des discussions qui nous paraissent éloignées de l'objectif. Et pour Sophie, l'objectif est: «Je veux utiliser mon temps perdu dans mes vérifications à faire du sport.»

— Abandonnons l'escalier et faisons ensemble un tableau pour la journée d'hier! Vous inscrirez aussi l'heure de début et de fin.

— Pourquoi noter mes ménages d'une part et mes vérifications d'autre part?

— Nous devons diminuer progressivement vos nettoyages et vérifications en durées. Nous devons donc connaître les chiffres de début de thérapie. Nous appelons cela la ligne de base.

— Pourquoi aussi noter le niveau de mes stress pendant mes ménages et vérifications?

— Nous devons connaître vos stress de départ de thérapie pour que vous soyez encouragée par vos progrès. D'autre part, vous passerez à l'étape suivante consistant à réduire les ménages et les vérifications quand votre stress diminuera.

Sophie me montre ses notes (voir tableau p. 43). Ce tableau me donne encore des durées différentes et supérieures.

— C'est bien! Après cette consultation, faites la même chose en vous remémorant mardi dernier. Un de mes patients va vous aider.

Après les consultations, je ferai faire à Sophie, des exercices pour reproduire les apprentissages faits en consultation. Sophie a insisté pour que cet autre patient guérissant des mêmes symptômes l'aide à se relaxer, à mesurer puis diminuer ses rituels. Sophie peut croire que je lui dis qu'elle va guérir pour la rassurer, par humanisme. Un autre patient n'a aucune raison de lui mentir.

*
* *

Comme tous les patients obsessionnels, Sophie avait un trop grand sens de la responsabilité: «Si je ne fais pas tout moi-même à la maison, cela ne sera pas bien fait.»

Si ce besoin exagéré n'était pas respecté, Sophie était culpabilisée. J'ai donc été très progressif pendant toute la thérapie pour lui apprendre à moduler, à déléguer : « Je vais tester le fait de me faire aider par mon conjoint, par mes enfants. »

Nous avons négocié avec son sens du travail et du devoir qui ne lui laissait que peu de répit. Elle n'acceptait pas le plaisir, qui la culpabilisait. Elle a appris à l'apprivoiser petit à petit en commençant par prendre quelques minutes pour boire un café à la terrasse d'un bar.

Par ailleurs, chaque jour, elle a fait de la relaxation quelques heures pour se préparer avant la diminution quotidienne de ses rituels de tant de pour cent.

Sophie a fait une thérapie de treize mois. Petit à petit, elle a diminué ses vérifications et lavages d'un certain pourcentage chaque jour. Elle notait quotidiennement ses pensées négatives obsédantes, du style : « Si je n'ai pas fait tout mon ménage complètement, les microbes se développent et c'est comme si je n'avais rien fait. » Je lui ai appris à les restructurer positivement avec l'aide de ses proches, conjoints, enfants, amis, collègues.

Nous retrouvions ainsi des pensées positives comme : « Mon ménage excessif ne diminue peut-être pas les microbes autant que je le pense », ou bien : « Il faut accepter de prendre des risques inévitables avec les microbes dans sa voiture, dans l'avion, dans sa maison. »

Sa famille avait pour mission de ne pas l'aider ni la rassurer dans ses obsessions. Quand elle demandait à un proche : « Trouves-tu ma maison assez propre pour que toi et moi ne tombions pas malades aujourd'hui ? », le proche devait répondre : « Le médecin m'a demandé de ne pas te répondre. »

À la fin des séances, le treizième mois, avant de continuer sa thérapie toute seule, Sophie a préféré venir une fois par mois pour faire le point pendant six mois.

*

* *

CONSEILS PRATIQUES
Si votre conjoint(e) souffre d'obsessions

Pour ne pas retarder le début de sa thérapie, n'adhérez pas aveuglément aux prétextes qu'il ou elle vous donne par honte : « Je n'aurai plus à vérifier les robinets quand nous aurons supprimé le gaz. » Il ou elle fera la même chose avec les boutons des plaques électriques.

Comme pour tout symptôme psy, le trouble vient de l'intérieur de soi et non pas de l'extérieur. Les robinets de gaz transformés, éliminés, l'obsession continuera à s'aggraver. Elle entraînera des vérifications et des souffrances de plus en plus fortes et de plus en plus durables (1 heure, puis 2, puis 3).

Aidez-le (ou la) à parler progressivement de son symptôme en jeu de rôle, puis en réalité avec ses proches d'abord, tel que : « Tu sais maman, je vais chez un psy parce que je me prends la tête avec la peur du sida. » Ne lâchez pas, car là encore votre conjoint cherchera tous les moyens pour ne pas en parler, tel que : « Mes enfants sont petits, je ne veux pas les embêter avec ma peur de mourir. »

Aidez-la à expliquer ses obsessions à vos enfants pour éviter qu'ils ne développent les mêmes symptômes, tels que : « Papa fait trop de ménages, ce n'est pas normal, il va voir un docteur pour se soigner de cette maladie. »

L'obsession entraîne une grande honte, de grandes tricheries, de constants mensonges pour la cacher.

Ne le rassurez jamais quand il vous questionne sur les thèmes de ses obsessions : « Suis-je moche ? » Dites : « Le médecin m'a demandé de ne pas te répondre. »

Allez voir son thérapeute tous les mois pour l'aider à faire ses exercices et à prendre son antidépresseur. Rencontrez une association de malades victimes de troubles obsessionnels compulsifs, même si votre conjoint intimidé ne vient pas, au début. Vous apprendrez la subtile façon de l'aider.

TABLEAU DES RITUELS DE SOPHIE

Durée des nettoyages
Durée des vérifications de la propreté
Intensité des souffrances

Lundi : durée des nettoyages + intensité des souffrances.			
Durée :	9 h-10 h 30	14 h-16 h	Total :
Intensité :	– 5/10 × 1 h 30 = – 7,5	– 6/10 × 2 h = – 12	3 h 30 – 19,5
Lundi : durée des vérifications + intensité des souffrances.			
Durée :	8 h-9 h	13 h 15-14 h	Total :
Intensité :	– 7/10 × 1 h = – 7	– 8/10 × 0 h 45 = – 6	1 h 45 – 13
Lundi : nettoyages + vérifications.			
Durée : 5 h 15 Stress : – 32,5			

Boulimie
(«J'ai trop honte de parler de ma boulimie»)

Mon assistante fait entrer Armelle et me donne un long résumé des entretiens téléphoniques qu'elle a eus avec elle lors de la prise de son rendez-vous. Je suis très attentif aux informations que ma collaboratrice donne aux nouveaux patients au téléphone. Je lui demande toujours de les inscrire avec précision. C'est dans cet esprit qu'elle s'est formée aux thérapies comportementales et cognitives. Cette formation lui permet aussi, après les consultations de superviser les exercices de mes patients (relaxation, jeux de rôle, écriture du stress).

Je lis les notes de mon assistante: «Armelle a appelé trois fois pour demander des renseignements avant de prendre son rendez-vous. Elle veut savoir si le secret professionnel est respecté. Elle est contente que cette thérapie ne lui coûte rien grâce à sa mutuelle, car elle se dit pauvre. Elle craint que sa venue chez un psy révèle sa maladie à son travail par les feuilles de maladie. J'ai expliqué que la Sécurité sociale est tenue au secret professionnel comme tous les soignants. Elle a peur du regard des autres dans la salle d'attente.»

Toutes ces appréhensions sont fréquentes chez nos patients lors de leur première consultation. Je décide de rassurer Armelle sur tous ces points, puis je lui dis:

— Un proverbe andorran dit: «Tu es le seul prisonnier de tes secrets.»

— Cela veut-il dire qu'il n'est pas bon pour moi de cacher ma boulimie ?

— C'est bien cela. Vous devez sortir de la honte qui alimente votre symptôme. Pour cela, vous devez en parler progressivement, en commençant par les gens que vous aimez le plus.

— Je ne le ferai jamais.

— Personne ne pourra vous aider si vous restez sur votre île déserte.

Il ne sert à rien de continuer de lui expliquer le besoin de parler de sa boulimie. Elle comprendra d'elle-même, plus tard, en côtoyant mes autres patients, si elle le souhaite, après les consultations, pendant les exercices. Elle comprendra aussi en faisant partie d'une association de boulimiques. Je vais changer de sujet :

— En psychologie, les mots comme « boulimie » sont toujours connus. En revanche, leur signification est souvent mal comprise. Savez-vous ce qu'est une boulimie ?

— Oui. C'est le fait de trop manger.

— Vous avez raison, mais c'est beaucoup plus précis que cela. Pour parler de boulimie, il faut plusieurs conditions : d'abord, l'absorption en moins de deux heures d'une quantité supérieure à un repas normal (plus de 150 %), avec un sentiment de perte de contrôle de la quantité ou de la qualité des aliments ; ensuite, de fréquents comportements inefficaces pour compenser les crises boulimiques avec des vomissements provoqués, avec la prise de diurétiques, de laxatifs, de lavements ou la pratique de jeûnes, d'exercices physiques excessifs.

— La fréquence de mes crises est-elle importante ?

— Pour parler de boulimie, il faut que les crises surviennent au minimum deux fois par semaine pendant au moins trois mois. L'estime de soi est influencée de manière excessive par le poids et la forme corporelle.

— Tout cela est vrai pour moi.

— Nous allons tout revoir en détail.

Armelle se met en colère :

— Pourquoi cache-t-on ces définitions au public ?

— Il est très difficile d'informer les gens sur la psychologie parce que c'est encore un sujet tabou. D'autre part, il y a trop peu de psys pour diffuser ces informations auprès des médecins de famille. Cependant, il y a deux bonnes nouvelles à ce sujet.

— Lesquelles ?

— D'une part, la télévision fait de plus en plus d'émissions psys, et d'autre part, votre thérapie comportementale et cognitive sera toujours simple, claire et transparente entre vous et moi.

— Cela veut dire quoi, « transparente » ?

— Cela signifie que le thérapeute vous explique tous ses outils. Vous devez tout connaître sur les méthodes comportementales, sur les buts raisonnables qu'il vous sera possible d'atteindre, sur les difficultés que vous pouvez rencontrer, sur la durée de votre thérapie.

— Avez-vous un exemple ?

— Voici le livre où nous trouvons les définitions internationales des problèmes psychologiques. C'est le DSM-IV. Il est publié chez Masson. Notez le titre, si vous voulez. Je vous le prêterai dans la salle d'attente.

— À quoi sert ce livre ?

— Tous les noms des problèmes psychologiques comme la boulimie y sont notés. En général, six à neuf critères y sont inscrits pour chaque maladie. Il faut, par exemple, satisfaire quatre critères sur huit pour que le diagnostic de boulimie soit retenu.

Armelle, comme toutes les patientes boulimiques, est extrêmement culpabilisée, honteuse de ses pulsions. Le plus difficile est d'en parler. Si elle me voit comme un juge, elle ne poursuivra pas une thérapie trop douloureuse. Il faut donc je m'efforce d'être chaleureux.

— Racontez-moi votre plus forte crise de boulimie. Je sais que cela vous inspire de la honte. Cependant, la parole est le meilleur médicament pour vous.

— En vacances, nous avions loué une villa à quatre. Nous mangions toujours ensemble, sauf un jour où j'ai eu mal à la tête. Je suis restée seule toute la journée à la villa.

— Vous avez souvent des migraines ?

— Non, jamais !

— Que pensiez-vous ? Que ressentiez-vous ?

— Nous venions de faire les courses. Je n'avais pas pu faire de boulimie depuis plusieurs jours, car je n'avais jamais été seule. J'ai senti une force en moi m'obligeant à avaler tous les fromages, les gâteaux et les chocolats en quelques minutes.

— À qui en avez-vous parlé ?

— À personne. Quand mon mari et nos amis sont revenus, j'ai raconté que j'avais invité tous les voisins. Je savais que c'était invraisemblable, mais je ne pouvais pas en parler.

— Votre mari ne s'est jamais rendu compte que vous étiez boulimique ?

— Je crois que mon mari le sait depuis longtemps, mais nous n'osons pas en parler.

— Avez-vous vomi ce soir-là ?

— En fait, je mange toujours jusqu'à l'envie de vomir et je me dis que si je vomis, je ne grossirai pas.

— Et lorsque vous n'êtes pas seule pour manger ?

— Lorsque je mange en public, j'ai peur de vomir devant tout le monde et je n'avale presque rien.

— Vos amis vous trouvent-ils grosse ?

— On ne me voit jamais manger. Donc, tout le monde prétend que je ne suis pas grosse. Moi, je grossis toujours d'un seul coup, en mangeant.

— Expliquez-moi plus précisément de quelle manière vous pensez grossir.

— Je suis certaine que si je mange trois cents grammes de gâteaux, je grossis de trois cents grammes !

— Que dit le pèse-personne ?

— Même si la balance ne le montre pas tout de suite, j'en suis sûre !

Ensemble, nous avons vérifié dans le DSM-IV que le diagnostic de boulimie était bien valable pour Armelle. Puis nous avons fait une analyse fonctionnelle, qui consiste à mesurer l'état du symptôme en début de thérapie. Tous les paramètres ont été mesurés : la fréquence des crises et des vomissements par huit jours ; la quantité de nourriture ingérée à chaque fois ; l'intensité et la durée de la souffrance avant et après les crises, avant et après les vomissements ; les circonstances et les pensées liées aux crises et aux vomissements. À la consultation suivante, nous avons terminé cette analyse fonctionnelle.

— Vous continuerez de noter tous les jours les situations qui entraînent vos crises, vos sensations corporelles, vos pensées négatives, votre façon de faire vos crises de boulimie.

— J'ai peur que la thérapie soit trop difficile.

— Non ce sera facile puisque nous travaillerons toujours progressivement. Vous noterez de – 1 à – 10 les situations de repas en public qui vous posent problème et nous commencerons par le plus facile : – 1.

— Et si je ne peux pas faire ce que vous me demandez ?

— Dans ce cas, tous les deux, vous et moi, nous allons manger ensemble entre midi et quatorze heures. Nous commencerons par les situations les plus faciles, c'est-à-dire – 1. La première étape consiste à ne pas vomir. Moins un, cela représentera donc les situations pour lesquelles l'idée de ne pas vomir vous angoisse le moins. Nous passerons toute la thérapie à – 1.

— Cela va m'exaspérer de me sentir retourner à l'école maternelle ! On ne va pas avancer !

— Pas du tout ! Nous réévaluerons toutes les situations. Quand la situation – 1 deviendra 0, la situation – 2 deviendra automatiquement – 1.

— C'est magique !

— Non, mais c'est presque mécanique. À la gare, si je prends une boîte de bonbons dans un distributeur automatique, la totalité des paquets descend d'un cran, et ainsi de suite.

— Concrètement, comment les séances se passeront-elles ?

— Imaginons le scénario que vous avez noté et coté – 1. Il consiste, par exemple, à manger ensemble un œuf mayonnaise comme entrée, puis une escalope avec des haricots et enfin un yaourt sans vomir.

— Que dois-je faire, dans ce cas, pour cet exercice ?

— Pendant tout le repas, parlez, écrivez sur la situation. Dites ce qui vous gêne dans la pièce, les objets, les personnes. Dites également si vous êtes en position assise.

— Lors de ce repas avec vous, dois-je être boulimique comme d'habitude ou faire un effort pour me contenir ?

— Vous noterez ce que vous pensez de ma proposition de reposer votre couvert jusqu'à ce que vous ayez fini de mâcher et d'avaler votre bouchée. Vous me parlerez également de vos sensations corporelles de plaisir et de déplaisir.

— Et pour mes vomissements ?

— Vous noterez également votre éventuelle impression d'avoir besoin de vomir ou votre réel vomissement avec les sensations que vous avez eues avant et après les vomissements.

— Ce dont j'ai le plus peur, c'est de vomir devant vous !

— Vous pourrez vomir au début. Le fait que cela se passe en consultation est un progrès puisque nous en parlerons et nous trouverons des solutions. Si je me donne le droit d'échouer à un examen, je vais réussir.

— Mais vous ne me parlez que de mes vomissements. Comment traiterez-vous la boulimie elle-même ?

— Effectivement, dans un premier temps nous ne traiterons que les vomissements.

— Il ne faut pas soigner la boulimie ?

— Nous traiterons la boulimie seulement dans un deuxième temps. Et nous la traiterons de la même manière que les vomissements. Nous mangerons ensemble en reproduisant la situation – 1, donc la moins angoissante à l'idée d'avoir une crise de boulimie.

— J'en serai alors débarrassée ?

— Pas tout à fait. En dernier, nous verrons s'il est nécessaire de travailler ensemble à votre amincissement avec l'aide d'un régime.

— C'est la seule chose qui m'intéresse : mincir. Je souffre de boulimie depuis si longtemps que je ne crois plus à ma guérison.

— La prochaine fois, nous parlerons aussi du travail que vous pourrez faire à l'association de boulimiques que je connais bien. Cela vous aidera à en parler. Vous serez rassurée de rencontrer ici et là-bas des femmes qui ont le même problème que vous. Il est possible que la thérapie sur les vomissements et sur la boulimie suffise à équilibrer votre poids. Ce qui vous fait grossir, c'est plus l'irrégularité des repas en quantité et en espacement que la quantité d'alimentation globale que vous absorbez en huit jours.

Lors de la consultation suivante, Armelle et moi travaillons minutieusement sur les notes qu'elle a prises.

— Comme vous me l'avez demandé, j'ai revu les notes que j'ai prises pendant mes boulimies.

— Qu'avez-vous trouvé de commun à toutes vos prises de notes pendant ces souffrances boulimiques ?

— J'ai cherché « le plus petit dénominateur commun », comme vous dites, c'est-à-dire la règle douloureuse que je m'imposais et qui active tous mes comportements alimentaires.

— Qu'avez-vous trouvé comme règle à laquelle vous obéissez en vous faisant souffrir ?

— J'ai trouvé : « J'ai peur de séduire, car je ne sais pas si j'ai du charme et si je suis belle. » Je fais ainsi diversion à cette question inconsciente, que je crois sans réponse positive : « Je fais mal à mon corps en le gonflant de nourriture non diététique par accès brutaux. » De plus, je repousse la question : « Suis-je moche ? », ou je la cache en me disant : « Mon corps sera plus beau quand je mangerai correctement. »

*

*   *

Armelle a compris que la boulimie n'est pas une personne, ni une maladie, mais seulement un symptôme qui cache bien souvent un état dépressif.

À la lumière de tous les écrits qu'elle a faits pendant ses accès boulimiques, j'ai compris qu'elle était sur la bonne voie, et ce, dès le début de la thérapie, parce qu'elle témoignait de son courage et de sa motivation.

À la fin du troisième mois, elle vomissait toujours avec un stress moindre. Elle m'a finalement demandé une hospitalisation. Elle souhaitait que les médecins et les infirmières la soutiennent dans sa répression des vomissements.

Elle y a séjourné un mois. Je l'ai rencontrée à l'hôpital chaque semaine pour y faire notre consultation. Au total, il a fallu quatre mois pour qu'Armelle ne vomisse plus.

Dans la deuxième phase, après le quatrième mois, Armelle a diminué ses pulsions alimentaires pas à pas. Elle a commencé par combattre les accès boulimiques du matin qui étaient les moins ancrés. Au sixième mois, on est passé aux crises alimentaires de l'après-midi qui étaient un peu plus difficiles à maîtriser.

En fin de première année, ce sont les accès du soir qui lui ont demandé le plus d'énergie. Lorsque tout le monde était couché, ses faces à faces avec le frigo étaient les plus longs à éteindre.

En fin de deuxième année, Armelle a eu une phase d'anorexie qui l'a effrayée. J'ai dédramatisé cet épisode qui n'a duré que deux mois.

Armelle a donc suivi une longue thérapie de deux ans avec des pauses de plusieurs semaines, car elle souhaitait se débrouiller seule. Elle pensait : « Ma guérison aura plus de valeur si je me soigne toute seule. » Finalement, par le travail cognitif elle est arrivée à penser : « Je ne suis ni dépendante des médicaments puisque je n'en prends pas, ni de mon psy puisque je le paye. »

*

*   *

CONSEILS PRATIQUES
Si vous pensez que votre enfant est boulimique

La boulimie peut être un début de guérison de l'anorexie. L'anorexique risque sa vie à partir d'un poids de 15 % inférieur à la normale. La boulimique a de modestes fluctuations de poids sans aucun risque physique.

Votre fille boulimique consomme secrètement, rapidement, beaucoup d'aliments pendant trois mois (minimum), avec un sentiment de perte de contrôle. Pour maigrir, elle se fait vomir, ou utilise des laxatifs, des diurétiques, ou un régime strict, des jeûnes, ou trop d'exercices physiques.

Sa souffrance est secrète et invalidante pour sa vie sociale et privée.

Plutôt que de l'espionner ou de la culpabiliser inutilement, dites-lui que vous l'aimez beaucoup. Laissez traîner un livre sur la boulimie.

N'attendez pas, aidez votre fille à consulter votre généraliste.

La boulimie guérit peu sans psychothérapie. Vous-même, vous pouvez consulter afin qu'un psychiatre vous apprenne à l'aider.

Son traitement sera toujours très progressif. Comme d'habitude, on donne des antidépresseurs si besoin, mais jamais de calmants pour éviter une toxicomanie aux tranquillisants. Tout excès par la bouche (addiction) en appelle un autre. On préfère donc apprendre à votre fille à se relaxer pour se détendre et pour positiver son corps qu'elle n'aime pas.

Ensuite, elle notera ses pensées et ses comportements avant, pendant et après les boulimies. Elle s'entraînera à parler de son symptôme en association, puis ailleurs. Elle apprendra à ne plus vomir, puis à ne plus avoir de crises de boulimie.

Timidité
(« J'ai tout le temps peur de rougir pour un rien »)

C'est la première fois que je vois Franck, un bel adolescent de vingt ans. Pourtant, j'ai la nette impression de le connaître par cœur. C'est que, depuis trois mois, je rencontre chaque semaine sa mère, Judith, qui vient à la place de Franck. En effet, son fils développait une grande agressivité quand elle lui demandait de venir me voir. Elle m'a expliqué le calvaire de son fils, qui ne sortait de sa chambre que pour aller à l'école ou pour manger à la table familiale.

L'évolution a été lente pour Franck. Petit à petit, il a accepté que sa mère lui parle de nos consultations pour lui. Au bout de deux semaines, il a écouté une cassette de relaxation que j'avais enregistrée pour lui, avec sa mère, en consultation. La troisième semaine, sa mère lui a fait une séance de relaxation dans sa chambre. La quatrième semaine, elle lui a appris à analyser ses pensées négatives à froid après les avoir notées à chaud. Mais depuis deux mois, elle essaie de l'initier aux exercices sans succès.

J'ai su qu'il était sur le chemin de mon cabinet quand Franck lui a dit : « Tu expliques mal. J'aurais mieux fait de voir le docteur avant. » Aujourd'hui, il est enfin là.

Il me fait penser à mon adolescence, période qui fut timide comme la sienne. Il est tellement désemparé qu'il faut que je le rassure en lui parlant de ma propre expérience. Je vais lui expliquer comment j'ai abandonné mon masque de timide.

Les femmes s'imaginent que le psy est un surhomme et les hommes pensent qu'il est plus fou que ses patients. La vérité est plus simple. Il est comme tout le monde. Comme le pilote d'avion, il a appris des techniques qu'il doit adapter à chaque modèle d'avion. Cela ne l'empêche pas de faire lui-même des erreurs de pilotage pour ses passagers et pour lui-même. L'important, c'est de toujours vérifier avec notre patient si l'on est dans la bonne direction.

— Quand j'étais adolescent, dis-je à Frank, j'étais timide comme vous. C'est le théâtre qui m'a guéri. Cherchez une occasion de plaisir que vous avez ratée par timidité. Voyons comment vous rougissez dans ce cas-là.

Ce que je demande à Frank, c'est de rougir volontairement. Bien sûr, il ne peut pas, mais ainsi, il va inverser son obsession de rougir. Au lieu de penser : « Je ne dois pas rougir », il va penser : « Il faut absolument que je rougisse. »

— Avant-hier, dans la société où je travaille, il y avait une réunion avec l'ensemble du personnel. Je voulais absolument m'y rendre, car j'avais préparé de bonnes idées à transmettre à mes collègues.

— Comment cela s'est-il terminé ?

— J'ai trouvé un prétexte, au dernier moment, pour ne pas y aller, surtout que Nadia, la secrétaire, était présente.

Il me fait un appel du pied pour parler de l'amour. Je ne vais pas me faire prier. Avec un timide, quand on travaille sur le couple, on est au cœur du problème.

— Et au niveau sentiments, avez-vous des problèmes ?

— Je suis célibataire. Quand une fille me plaît, je n'ose pas faire le premier pas. Si c'est elle qui me drague, je fuis ou je suis agressif.

Nous entamons l'analyse fonctionnelle de la timidité de Franck, notant les circonstances et l'intensité de sa timidité. Cette peur du ridicule touchait plusieurs domaines de sa vie : amicale, dans ses activités et même dans sa vie familiale. Quand la timidité est intense, on parle de phobie sociale. C'est ce que je vais expliquer prudemment à Franck.

— Votre problème s'appelle phobie sociale. Cela se guérit par la relaxation et par des exercices progressifs de mise en situation de la timidité, en commençant par le moins difficile.

— Quel genre d'exercice aurai-je à faire ?

— Donnez-moi deux exemples extrêmes d'intimidation : la situation la moins difficile (nous l'appellerons – 1) et la plus difficile que vous puissiez affronter (nous l'appellerons – 10).

— Je peux donner la situation la plus difficile. Moins 10, c'est le plus effrayant pour moi. Ce serait de faire des avances amoureuses à ma collègue de bureau, Nadia. Je suis fou d'elle depuis le premier jour. Je n'ai jamais osé la séduire.

— Quelle est l'intimidation le plus facile, la plus petite unité de difficulté que vous puissiez affronter ?

— Le plus petit effort pour moi, c'est beaucoup moins clair dans ma tête. Moins 1, si j'ai bien compris, est donc le plus facile : ce serait peut-être de dire bonjour à la marchande de journaux, chaque matin.

— En la regardant dans les yeux ?

— Sûrement pas. Je regarde toujours les pieds des gens.

Dans ce cas, nous allons travailler ensemble à des exercices progressifs pour préparer cela. La prochaine fois, nous ferons d'abord un exercice d'imagination de la situation la moins difficile, c'est-à-dire avec la marchande de journaux.

— De quelle manière ?

— Vous serez allongé, les yeux fermés, et je vous raconterai l'exercice de chaque jour en détail : « J'arrive au magasin de presse, etc. »

— Vous ne serez pas toute ma vie à mes côtés !

— Heureusement que non ! Mais ensuite, à haute voix, vous vous raconterez à vous-même l'exercice avant de le faire en réalité.

— Et si c'est trop difficile ?

— Si c'est trop difficile, nous le ferons en jeu de rôle avant que vous le fassiez en réalité. Nous jouerons ensemble la situation. Je serai la marchande de journaux et vous jouerez votre propre rôle.

— Et si cela aussi est trop difficile ?

— Il suffit que vous me le disiez. Dans ce cas, je joue votre rôle. Vous jouez le rôle de la marchande. Cela s'appelle le copiage, vous copiez sur moi.

— Vous allez me trouver vraiment nul, mais je pense que je n'y arriverai pas.

— Alors, je vais vous montrer comment faire avec la marchande en parlant à ce fauteuil vide.

Je fais de suite ce jeu de rôle que j'avais prévu de faire plus tard. En effet, il ne faut pas faire attendre l'anxieux. Pendant son attente de quelques semaines, il aurait dramatisé ce jeu de rôle. À un examen oral, l'anxieux doit apprendre à passer en premier.

Franck a parfaitement réalisé toutes les phases du jeu de rôle. Il est alors fondamental de le complimenter sincèrement et lui apprendre à se positiver lui-même.

— C'est superbe Franck. Vous êtes très courageux pour une première séance.

Cela n'a pas empêché Franck de dévaloriser son effort. En effet, la cause de la timidité, c'est la dépression c'est-à-dire la dépréciation de soi-même : « Je ne vaux jamais rien, donc je vais encore être ridicule comme toujours, donc il ne faut jamais que je parle. »

— Ce n'est pas ça qui me conduira à parler à la commerçante. C'est plus facile avec vous et en plus, vous êtes un homme. Cela ne m'avancera jamais à rien de faire ces jeux de rôle avec vous. En plus, la marchande de journaux est vraiment très désagréable.

— Vos remarques sont intelligentes. Tous mes patients pensent, au début que les jeux de rôle vont servir à rien. Nous chercherons ensemble si cette idée est associée à la peur de le faire. La seule façon de sortir de la timidité, c'est l'action progressive. Ces scènes de théâtre se feront d'abord avec moi ; puis, après la consultation, avec mon assistante ; ensuite, vous jouerez avec mes patients ; enfin vous irez à Médiagora, association d'agoraphobes et de timides.

Frank se met en colère :

— Et si je ne veux pas ? Je ne suis pas là pour raconter ma vie à votre client que je ne connais pas et qui va raconter cela à toute la ville. Et vous, comment vous arrangez-vous avec votre secret professionnel, pour moi ?

— D'une part, en ce qui concerne le secret, c'est vous qui racontez, pas moi. D'autre part, au début, je vous conseille de ne pas raconter votre vie dans les jeux de rôle. Dites seulement bonjour à la marchande. On peut ensuite travailler avec un scénario fictif : « Demander à un voyageur du train d'aller dans la partie fumeur pour protéger son bébé. » Après, vous pouvez venir jouer avec un membre de votre famille. Quand votre timidité s'estompe, raconter votre vie est moins préoccupant que de sortir de votre prison. Vous travaillez avec un patient qui garde vos secrets et qui vous dit les siens aussi.

— Et si, en fin de compte, je dis non aux jeux de rôle ?

— Je continuerai à vous aider, mais vous pourrez faire partie des 20 % de nos patients qui ne sont pas suffisamment satisfaits de leur amélioration. Pour ceux-là, tout se détermine au début. Si vous restez dans ce schéma inconscient (« Comme je suis intimidé et que j'ai peur d'avoir l'air stupide en avouant ma timidité, je dis que les jeux de rôle sont ridicules ou qu'on ne dit pas ses secrets »), vous arrêtez cette thérapie avant la troisième séance.

— Suis-je dans les 20 % ?

— Je ne pense pas.

— C'est qui, Monsieur 20 % ?

— Je vois une patiente déprimée par le repli agressif et timide de son mari. Je lui écris. Madame me demande de le soigner. Après un long temps, il finit par venir. Il a une position socioprofessionnelle importante. Il ne sait pas qu'il est timide. Souvent, il ne reviendra pas : « Moi, timide ? Je dirige vingt personnes depuis quinze ans sans problèmes. »

— Sur quels points suis-je différant de Monsieur 20 % ?

— Vous ne semblez pas agressif. Vous savez que vous êtes timide, vous venez pour cela.

— Vos patients seront sympa avec moi. Ils comprendront. Ils sont malades comme moi. La marchande n'est pas malade, elle.

— Nous calculerons la progression pour que mes patients vous paraissent de moins en moins sympathiques.

Vous n'êtes pas malade. La timidité n'est pas une maladie. Vous n'avez pas appris à parler aux autres dans certaines circonstances, c'est tout.

— Comment passe-t-on ensuite à la réalité de ma marchande ?

— Tous les jours, vous direz bonjour à votre marchande, en situation réelle. C'est ce que l'on appelle des exercices dans la réalité.

— Que dois-je faire exactement chez moi, cette semaine, d'ici la prochaine consultation ?

— Faites comme dans le jeu de rôle tout à l'heure. Tous les jours de cette semaine, vous direz bonjour à la marchande de journaux en achetant votre quotidien. Vous effectuerez cet exercice progressivement. Comptez jusqu'à trois la première fois en fixant au-dessus de ses yeux, puis augmentez le temps de trois secondes tous les jours.

— Tout cela me stresse, j'ai peur d'échouer, de vous décevoir.

Comme Franck est stressé. Il faut que je lui fasse une séance de relaxation. Il va vivre la détente dans son corps. Il reviendra par curiosité et par nécessité. D'autre part, il est sûrement inquiet à l'idée de se relaxer, de se laisser aller, car il me dit : « Les gens bien ne se laissent pas aller, mais maîtrisent tout. »

Plus nous attendrons pour faire la relaxation, plus il développera des prétextes pour ne pas la faire. Il me dit ensuite : « Je préfère qu'on parle comme la dernière fois, plutôt que de se relaxer. »

Et puis moi, en tant que thérapeute, j'ai aussi plus de mal à relaxer des personnes tendues comme lui. Plus j'attendrai, plus cela me coûtera. Donc, je redis une seconde fois plus fermement :

— C'est bien, car maintenant je vais vous apprendre la relaxation de Jacobson. C'est un exercice standard pour débuter l'apprentissage de la détente.

Franck essaie de me couper la parole pour m'empêcher de faire la relaxation, par timidité. Je n'arrête pas de parler, j'occupe le terrain parce que je n'ai plus beaucoup de temps et surtout parce qu'il en a besoin.

— Cela va diminuer votre niveau de stress. De cette

façon, tout vous paraîtra plus facile. Chez vous, vous allez lire puis vous remémorer cet imprimé, tous les jours, à voix haute. Je vais vous dire ce texte. Allongez-vous, résistez un peu à l'idée de fermer vos yeux !

« Résistez un peu à l'idée de fermer vos yeux » est une formule permissive importante. Franck était crispé à l'idée de s'allonger. Ces mots l'ont soulagé par rapport à la peur de se laisser aller. Franck s'allonge, les yeux fermés. Il se relaxe progressivement pendant ces dix minutes. À son réveil, il est détendu comme un bébé qui aurait passé une bonne nuit.

— Vous pouvez ouvrir vos yeux maintenant, quand vous voulez !

Chaque jour, pendant trois jours, Franck a relu ce texte de relaxation de Jacobson. Ce texte indique à haute voix de contracter puis décontracter les muscles des pieds à la tête. Ensuite, il demande tout fort de ressentir la lourdeur dans ce muscle. C'est tout à fait efficace pour les personnes qui ont du mal à se laisser aller ou pour les enfants turbulents.

Après quelques jours, il a abandonné cet écrit pour se le remémorer à voix haute, les yeux fermés. Peu importe s'il utilise un mot ou un autre. L'important est seulement de faire voyager en imagination des pieds à la tête la contraction, puis la lourdeur.

Au troisième mois, j'ai adressé Franck à une collègue comportementaliste pour participer à des groupes d'affirmation de soi.

— Franck, je vous félicite pour ce travail que vous avez fait en consultation, en petits groupes de trois après la consultation et pour ce que vous avez fait chez vous. Votre analyse fonctionnelle montre que vous avez atteint votre objectif à 50 %.

— Comment calculez-vous ces 50 % ?

— Regardez ce diagramme. Vous arrivez à faire les actes les plus difficiles que vous aviez projetés. Vous les aviez cotés à – 4 sur – 10.

— Cela fait donc 40 % et non 50 % ?

— Non, cela fait bien 50 %, car votre désir était de

savoir faire face à des intimidations précises. Vous les aviez cotées – 8 au maximum.

Cette mesure l'a rassuré et de ce fait il a accepté les groupes. Il nous a fallu tout de même simuler ces grands groupes, un jour où il y avait cinq personnes au cabinet.

Les exercices consistaient à faire une critique, faire un compliment, recevoir une critique recevoir un compliment. Un opérant, un interlocuteur et un observateur étaient nécessaires. Chaque exercice de trois minutes était réalisé par les trois deux fois ce qui faisait trente minutes.

La première fois l'observateur et l'interlocuteur indiquaient à Franck comment il pouvait progresser et lui notait sur un papier. Au cours du deuxième jeu de rôle, Franck mettait à profit les écrits de l'observateur et de l'interlocuteur. Franck se perfectionnait petit à petit en profitant des conseils des deux autres. Je continuais à le rencontrer en consultation tous les quinze jours : les semaines où il n'avait pas de groupe.

*

* *

Franck ne m'a jamais parlé des nombreux exercices qu'il avait faits avec sa mère à la maison avant son début de thérapie ici. Curieusement, je ne lui en ai jamais parlé non plus. Comme il s'acharnait sur la thérapie, nous avions d'autres chats à fouetter.

Cela n'empêche pas que sa mère lui avait rendu un service inestimable en le préparant discrètement à la thérapie. Comme Franck de son côté avait besoin de s'autonomiser par rapport à sa mère, il niait l'utilité de son aide.

Frank a toujours été très motivé au cours de ses huit mois de thérapie.

Il avait beaucoup souffert de cette maudite timidité. Il s'était promis d'être très sincère et très courageux dans ses exercices progressifs et quotidiens pour parler devant les autres.

En écrivant ce qu'il pensait dans ces moments de timidité, il a compris le mécanisme de sa timidité. En corrigeant ses erreurs de pensée, il guérissait lentement.

La relaxation, avant les exercices, lui a permis de les faciliter.

Les jeux de rôle qu'il faisait avec ses frères et avec moi préparaient chaque exercice en le simulant. Il connut d'autres patients à mon cabinet et sortit de la solitude, de l'ennui, de la dépression au bout de deux mois.

C'est donc à ce moment, au début du troisième mois, qu'il a pu intégrer des groupes thérapeutiques d'affirmation de soi. Je l'ai adressé à ma collègue comportementaliste. J'ai pu le décider en lui prouvant l'importance de ses progrès avec les jeux de rôle. Ces groupes ont accéléré son amélioration de manière considérable.

*

* *

CONSEILS PRATIQUES
Si l'un de vos proches est timide

L'obsession de rougir s'accroît en cercle vicieux : « J'ai honte de rougir, je guette ce rougissement, je crois qu'il arrive, mon stress le fait venir, cela augmente mon angoisse. »

La thérapie comportementale confronte le patient aux situations qui le font rougir. Il va les affronter progressivement, de la moins stressante (par exemple, parler au boulanger en acceptant de rougir) à la plus stressante (par exemple, inviter une collègue au cinéma).

Votre proche ne veut pas voir un psy par crainte du ridicule ? C'est très fréquent. Il faut y aller à sa place. On vous y apprendra les outils comportementaux : relaxation, prévisualisation, jeux de rôle, exercice en réalité. Ne faites pas le forcing pour le faire venir de suite. Retravaillez ces outils à la maison avec lui. Quand il commencera à aller mieux, il viendra tout seul.

Nous noterons avec lui ses idées négatives pendant l'angoisse (« Je bafouille toujours ») et nous les restructurerons positivement (« J'ai déjà bafouillé quelquefois ») à l'aide d'idées et d'actions différentes à penser et à agir pour combattre la timidité (« Je respire profondément »). Dès qu'il le pourra, votre proche sera intégré dans un groupe d'affirmation de soi.

Vingt pour cent des timides mentent pour ne pas dire qu'ils sont timides ou qu'ils n'ont pas fait les exercices. Ils souhaiteraient que les exercices soient allégés, en début de thérapie, sans pouvoir en parler au thérapeute. La moitié d'entre eux (10 %) guérissent en se confiant au thérapeute plus tard, les autres (10 %) échouent définitivement. Comme le dit un proverbe basque, la prison la plus redoutable est celle que l'on se construit soi-même.

Phobie des transports
(« Je panique dès qu'il y a du monde dans les transports en commun »)

Mon assistante a noté sur sa fiche que Jeanne m'est adressée par Médiagora, une association qui existe à Paris, Lille et Rouen, et qui regroupe des personnes timides et phobiques. On y pratique un travail merveilleux. Les patients s'entraident par binômes en ville pour faire les exercices. Le président a donné à Jeanne la liste des comportementalistes les plus proches de son domicile. En effet, les études semblent montrer que le comportementalisme est la méthode qui soigne le mieux les troubles obsessionnels compulsifs et les phobies. En général, avec cette association les thérapies sont faciles, car le groupe a déjà donné toutes les informations. De plus, l'association emploie une sophrologue expérimentée en matière de phobie. Elle leur apprend remarquablement bien la relaxation pour combattre leur phobie.

Quel est donc le problème de Jeanne ? Elle panique quand elle est dans un bus.

— Pouvez-vous me préciser ce que vous avez ressenti dans le bus cette semaine ?

— Ça va à peu près si le bus est peu rempli. Dès que je vois monter plein de monde à un arrêt, je sens la sueur perler sur mon front, mon cœur bat vite et j'ai peur d'étouffer. Il m'est même arrivé de descendre avant mon arrêt, car j'allais trop mal. J'ai dû finir une grande partie de mon trajet à pied.

Toute thérapie commence par une analyse fonctionnelle qui confirme le diagnostic, repère le fonctionnement du symptôme et décide du traitement. Après cette analyse fonctionnelle approfondie, j'explique à Jeanne qu'elle souffre d'une phobie des moyens de transport.

— C'est quoi, une phobie ?

— Une phobie, c'est une peur exagérée. Elle est disproportionnée face à une situation banale : peur des oiseaux, du vide, du sang, des araignées, des transports, etc.

— Est-ce important de soigner une phobie ?

— Il est important de la soigner au plus vite pour éviter qu'elle s'étende à d'autres domaines.

— Quel est le principe de la thérapie pour mon cas ?

— Nous utiliserons d'abord la relaxation. Vous aurez à dire des textes à voix haute, allongée, les yeux fermés. Et puis vous vous mettrez en situation imaginaire d'être dans le bus en décrivant votre trajet à voix haute, sous relaxation. Enfin, nous aborderons progressivement les situations réelles dans le bus en commençant par un petit trajet.

— Je ne pourrai pas, dit-elle en grimaçant.

— Au début, votre conjoint ou des patients de Médiagora vous accompagneront. Tout sera lentement progressif. Chaque difficulté sera la plus petite possible. Vous passerez aux étapes suivantes lorsque vous serez blasée, indifférente à la phase précédente.

— Je ne veux pas qu'on me dévisage dans le bus en train de faire ces singeries.

— Ce ne sont pas des singeries. Beaucoup de personnes souffrent comme vous de phobie. Sachez qu'une partie de votre angoisse est liée à la honte d'avoir peur dans le bus. Vous allez donc apprendre progressivement à en parler à vos proches.

— Cela n'arrive qu'à moi. Les gens ont l'air tellement à l'aise autour de moi. Est-ce que vous en voyez souvent des cas comme le mien ?

— Oui, c'est fréquent chaque jour, mais les gens n'osent pas en parler et ne consultent pas facilement un médecin pour cela.

— Cela va m'être difficile de venir régulièrement, parce que je ne veux pas que mon mari le sache.

— Une partie de votre traitement va consister justement à parler de votre problème à votre conjoint et à votre entourage. Vous constaterez qu'ils sont à votre égard plus bienveillants que vous ne l'êtes vous-même.

— À qui écrivez-vous ?

— À votre mari.

Je lui tends la lettre. Jeanne la lit : « Votre épouse présente une phobie des transports. Elle souhaite guérir. Pouvez-vous venir avec elle une prochaine fois ? Je vous expliquerai la thérapie. Vous pourrez aussi l'aider à faire ses exercices. De toute façon, ne venez que si cela vous fait plaisir. »

— Il va être très en colère. Il est furieux contre les psys. Ils ont fait une erreur qui a entraîné, d'après lui, le suicide de sa mère.

Si je dis à son conjoint : « De toute façon, ne venez que si cela vous fait plaisir », il ne peut pas dire par timidité : « Je n'ai pas le temps », ou : « Il peut toujours courir ! » Donc, en ne pouvant pas être agressif, il économise de l'énergie. Cette force épargnée pourra lui servir à lutter contre sa timidité, en aidant son épouse à faire ses exercices dans le bus ou en venant à ma consultation avec elle.

Jeanne insiste :

— Comment lui présenter cette lettre pour ne pas l'agacer ?

— Je propose que vous la lui lisiez et que vous lui disiez : « Cela me ferait plaisir si tu venais avec moi une fois par mois chez le psy pour m'aider. » Et puis vous écrirez tout ce que vous avez pensé de ses réactions.

*
* *

La thérapie de Jeanne a duré deux ans, là où une phobie des transports se guérit habituellement en six mois. Son problème de couple a en effet pris du temps à se régler. J'ai aidé son mari à s'équilibrer par rapport à sa jalousie en le voyant tous les mois. Entre deux, je l'aidais par l'intermédiaire des lettres que je lui écrivais et grâce aux conseils donnés à Jeanne.

Quand le mari a retrouvé son équilibre, la thérapie de Jeanne est devenue véritablement efficace. Elle se confrontait progressivement au bus, en compagnie puis seule, sur des trajets de plus en plus longs. Elle notait son stress dans le bus et nous l'encouragions, son conjoint et moi. Elle parlait de sa phobie à tous ses amis. Elle se relaxait deux fois par jour, une fois quand elle était détendue, une autre fois vingt minutes avant le trajet en bus.

Curieusement, le plus difficile pour Jeanne n'a pas été sa phobie, mais la résistance de son conjoint au changement. Cette difficulté de l'époux à voir guérir sa femme n'est pas si rare. La phobie de Jeanne était gratifiante pour lui. Elle avait besoin de lui pour se déplacer. Il prenait cela pour de l'amour alors que c'était de la dépendance.

De plus, Jacques avait une jalousie maladive. Il était rassuré par le fait que Jeanne avait besoin de lui pour sortir, car il avait peur d'être trompé. Pour éviter les conflits, Jeanne avait arrêté son travail. Cela arrangeait à la fois son agoraphobie et la jalousie de son mari.

Jeanne admirait la générosité de celui-ci, qui lui avait permis d'élever ses enfants. Ainsi cachait-elle sa phobie à tout le monde, y compris à son conjoint. Celui-ci était ambivalent, comme beaucoup d'hommes dont la femme est au foyer. Il voulait sa femme à la maison, mais lui reprochait en même temps de ne plus se maquiller, de ne plus s'habiller sexy, de n'avoir plus rien à dire.

Jeanne a décidé aussi de faire la thérapie pour retravailler. Son mari l'a très mal pris. Les deux années de thérapie se sont passées à négocier sa liberté avec son conjoint. Après six mois et une dizaine de lettres de ma part, il est venu au cabinet. Jeanne a guéri de sa phobie quand son mari a pu consulter un autre thérapeute pour soigner sa jalousie dépressive. Chacun a compris que la phobie de Jeanne et la jalousie du mari étaient deux peurs d'abandon qui n'avaient rien à voir avec l'amour. Notre symptôme peut inconsciemment arranger nos proches, qui peuvent quand même nous reprocher notre maladie consciemment.

*
* *

CONSEILS PRATIQUES
Si vous avez peur des transports en commun

Comme pour toutes les autres phobies, si vous attendez trop longtemps avant de soigner votre peur des transports, votre thérapie sera plus longue. Chaque jour qui passe sans exercice pour affronter le bus vous éloigne du moment où vous pourrez le reprendre.

Jeanne se disait : « Comme j'ai peur de monter dans un bus, il me suffit de me débrouiller sans le bus et ma vie sera la même que les autres. » Elle avait tort. Ce n'est pas du bus qu'elle avait peur. Non, elle avait créé un réflexe conditionné qui associait l'image du bus à une angoisse apparue par hasard dans le bus. Si elle éliminait le bus, elle n'éliminait pas la cause de sa peur, de sa phobie, qui était une personnalité peureuse et évitante lorsqu'elle avait une émotion. Ce faisant, courait le risque de développer d'autres peurs plus invalidantes, par exemple l'agoraphobie.

Nous travaillons sur la situation, mais elle n'est pas la seule responsable de la phobie.

Phobie d'impulsion (« J'adore mon bébé, mais j'ai parfois peur de lui faire du mal »)

Ce matin, un ami, médecin généraliste, m'a demandé un rendez-vous en urgence pour Annick. Elle faisait une attaque panique à son domicile en présence du médecin. Je lui ai conseillé de faire une injection pour calmer son agitation. Ensuite, je lui ai proposé d'allonger Annick, les yeux fermés. « Demande-lui à haute voix de contracter et de décontracter les muscles des pieds, puis des mollets, puis des cuisses, puis du ventre, lentement, muscle par muscle, jusqu'en haut de la tête. » À la fin de la relaxation, Gaétan me rappelait : « Elle est calmée, c'est impeccable. » Il est facile de faire la différence. Dans la folie, on tue son bébé et dans la phobie, on ne passe jamais à l'acte.

— Comment cela a-t-il commencé Annick ?

— J'ai accouché, il y a trois mois. Tout s'est bien passé. Cependant, à la maternité, j'ai eu un petit malaise avec le bébé dans mes bras.

— Qu'avez-vous pensé ?

— J'ai cru l'avoir fait tomber par terre volontairement. Je ne sais pas si cela a un rapport avec ma peur, qui a débuté juste après.

— Pouvez-vous me décrire précisément la situation et les émotions auxquelles vous êtes confrontée quand vous avez un stress avec votre bébé ?

— En présence de mon bébé, je dois lutter sans cesse contre cette image où je me vois le poignarder.

— Décrivez-moi cette image pour commencer à l'éteindre.

Annick s'effondre en larmes :

— Oui ! Je me vois en train de saisir brutalement un couteau dans la cuisine et, incontrôlable, je poignarde mon fils. Pourtant, je l'aime plus que tout.

Je questionne longuement Annick pour établir le diagnostic, puis je lui dis :

— Ce dont vous souffrez s'appelle une phobie d'impulsion.

— Qu'est-ce que c'est ?

— C'est la peur exagérée et répétée de dire ou de faire une chose grave.

— D'après vous, je peux tuer mon bébé ?

Il est indispensable que je ne rassure cette mère qu'une seule fois. Après, je ne la rassurerais plus pour ne pas aggraver son cas.

— Dans toute la littérature médicale, on n'a jamais décrit une seule maman ayant fait du mal à son bébé dans cette maladie qu'on appelle la phobie d'impulsion. Au contraire, ces femmes sont plus attentives.

— Ça me rassure un peu, mais je pourrais bien être la première. Ou bien vous dites que je ne peux pas tuer mon bébé pour me rassurer ?

— Non ! Si vous étiez dangereuse pour vous ou votre enfant, je vous ferais hospitaliser et je préviendrais le procureur de la République.

— Et si je ne voulais pas ?

— Je demanderais à votre mari, à un membre de votre famille, à une assistante sociale de signer pour vous faire hospitaliser, de manière obligatoire et judiciaire.

— Vous me semblez dur, pour un médecin.

— Ce n'est pas le médecin ni le psy, mais c'est l'homme qui parle. Si vous saviez que votre voisine allait tuer son enfant, que feriez-vous ?

— La même chose que vous. J'écrirais au procureur.

— Pourquoi est-ce que je vous parle de cela, puisque vous n'êtes pas concernée ?

— Pour me convaincre que je ne vais pas tuer mon bébé.

— Exactement, car si j'avais peur, je téléphonerais maintenant à votre conjoint et à une ambulance.

Annick se remet à pleurer.

— Merci ! Mais si vous vous trompiez ?

— Continuez à pleurer ! C'est comme la vapeur qui sort de la cocotte-minute, il faut laisser faire. Vous pouvez consultez un autre psy pour confirmation de mes dires.

— Je sens les larmes qui coulent sur mes joues. J'ai l'air ridicule.

— Si on pleure, c'est qu'on est gravement déprimé.

— Il ne faut donc pas que je pleure.

— C'est le contraire. Quand on ouvre la soupape, la pression diminue dans l'autocuiseur. On déprime quand on garde tout à l'intérieur sans pleurer. Quand on bloque la soupape, on fait exploser la cocotte-minute.

— Ma sœur n'a pas pleuré à la mort de notre père. Est-ce pour cela qu'elle a fait une grave dépression six mois après ?

— Oui. Nous devons toujours affronter nos émotions sans faire l'autruche.

— Il faut donc que je ne chasse pas ma peur de tuer mon bébé ?

— Vous avez parfaitement compris. Nous devons travailler sur votre angoisse et votre culpabilité, qui vous font souffrir tous les jours. Comme je vous l'ai dit, cette phobie d'impulsion ne survient que chez les meilleures mères.

Annick sourit.

— Meilleures mères... Comment allez-vous vous y prendre pour m'aider ? Cette phobie semble tellement enracinée en moi...

— Cela va être un travail progressif. Vous apprendrez à vous détendre par la relaxation. Vous ferez un travail d'analyse de votre pensée. Chaque jour, écrivez d'une manière précise, pendant dix minutes, les pensées et les images qui s'associent à vos stress.

— Et pour ma phobie d'impulsion, comment faire ? Un jour, toutes mes mauvaises pensées vont-elles me porter malheur ?

— En ce qui concerne vos superstitions, nous verrons

cela plus tard. Nous allons faire, maintenant, un exercice de relaxation que l'on appelle « action imagination ». Ce travail, qui associe des images et des contractions musculaires, prouvera que vous faites bien la différence entre une image : « Je me vois poignarder mon bébé » et une action : « Je bouge ma main vers le couteau pour tuer mon enfant. »

Annick est superstitieuse. Elle croit que le fait de voir l'image d'un couteau transperçant son bébé va le lui faire tuer. Elle pense que la pensée amène toujours l'action. Pour qu'elle comprenne le contraire avec ses « tripes », nous allons pratiquer un exercice sous relaxation. Je vais lui faire agir un mouvement contraire de ce que je vais lui faire imaginer.

— Je m'allonge ?

— Oui. Fermez les yeux et prenez de bonnes respirations. C'est bien ! Maintenant, tout en continuant de fermer les yeux, imaginez que vous fermez la main pour prendre un couteau. Pendant ce temps, vous allez ouvrir la main le plus possible. C'est bien ! Comme toute personne, vous faites la différence entre une image dans votre tête (« prendre un couteau ») et l'action d'ouvrir la main. Vous avez même pu ouvrir la main en réalité, en action, ce qui est complètement le contraire de ce que vous avez imaginé, c'est-à-dire fermer la main sur un couteau !

La séance dure vingt minutes, au cours desquelles on recommence plusieurs fois cette expérience.

— Étirez-vous, ouvrez vos yeux ! Comment vous sentez-vous maintenant ?

— Détendue.

Il faut que je fasse rire Annick de son obsession. Je vais lui raconter une obsession qui habituellement déclenche le rire. Je veux lui faire comprendre que les obsessions des uns peuvent faire rire les autres. Elle va aussi comprendre que, comme toujours, ce qui stresse, ce n'est pas le problème en lui-même, mais ce qu'on se dit en négatif sur le problème. Par exemple : « Si les gens savaient, ils se moqueraient de moi. »

— Je me souviens avoir rencontré une patiente, très bigote, qui avait rêvé qu'elle faisait l'amour avec son curé.

Elle était allée se confesser, car elle avait peur de se jeter sur son curé pendant la messe. Nous avons travaillé la différence entre rêve et réalité. Refaites ce même exercice de relaxation action-imagination, seule ou avec votre conjoint, chaque jour, jusqu'à notre prochaine consultation dans huit jours.

Comme à tous mes patients, je lui ai appris à parler de sa phobie. Elle a voulu commencer avec un de mes patients présentant une phobie ressemblante. Je lui ai appris la relaxation. Je lui ai fait imaginer des scènes d'accidents d'enfants avec un couteau à partir de la cinquième séance.

— Annick, aujourd'hui, pour votre cinquième séance, nous allons imaginer un scénario fictif de film d'horreur à propos de bébés.

— Je ne vais pas pouvoir supporter !

— Pour les histoires imaginaires de crimes de bébés, vous êtes restée enfant. Vous ne faites pas bien la différence entre l'imagination et la réalité. Cela va être émouvant pour vous, mais ce sera plus facile que vos obsessions spontanées. Ensuite, ce sera de plus en plus facile. Petit à petit, vous allez « grandir » et votre esprit saura faire la différence.

Annick se lève et tente de partir. « On fera ça la prochaine fois », me dit-elle. Je vais donc lui proposer de résister à la relaxation. Cela lui permettra de se sentir libre.

— Installez-vous confortablement en allongeant ce fauteuil. Laissez la légèreté détendre vos pieds, en résistant quelques minutes à l'idée de fermer vos yeux.

Annick pleure paisiblement. Il est fréquent que les patients pleurent pendant la relaxation. Paisible comme ici, c'est positif.

— Laissez la source couler librement. Rien ne peut empêcher la nature de suivre son cours.

Cela correspond à de l'hypnose eriksonienne. J'ai utilisé la métaphore de la source pour dire : c'est bien de pleurer, continuez pour évacuer vos émotions négatives. C'est plus poétique. Cela fait de belles images, de beaux souvenirs que l'on mémorise donc mieux. De plus, on contredit moins facilement une belle métaphore, un joli proverbe, qu'une froide affirmation. Ensuite, vient la première moitié d'un exercice de Schultz. Puis je parle de faire mal à un enfant.

— Allumez maintenant, dans votre tête, un poste de télévision imaginaire, pour retrouver vos sensations négatives habituelles qui vont vous libérer petit à petit. Observez ce dessin animé de Walt Disney où le grand méchant loup tue les petits cochons. Regardez tous les détails.

La première approche doit être ludique. C'est pour cela que je fais référence à un dessin animé. Ce scénario a été répété vingt fois jusqu'à extinction de la peur. J'ai raconté l'exercice dans les premières séances, puis Annick l'a fait elle-même. Pour apprendre à raconter ces exercices, son conjoint et sa sœur sont également venus en consultation avec elle. S'ils semblent sadiques, ils sont indispensables pour éteindre la peur. Le patient en prend conscience dès la deuxième fois puisque son stress a déjà diminué à ce stade. Ensuite, vient la deuxième moitié de l'exercice de Schultz qui finit l'exercice d'exposition en imagination.

*

* *

Annick a toujours été très sincère d'un bout à l'autre des six mois de sa thérapie. Cette franchise, indispensable à toute thérapie, lui a permis d'exprimer clairement, dès le début, son doute par rapport à l'utilité de l'exposition en imagination (raconter à haute voix le scénario obsessionnel le plus effrayant). Sa perplexité, pendant le début de la thérapie, m'a donné l'idée d'organiser des rencontres entre elle et d'autres patients phobiques, plus avancés qu'elle dans la thérapie et bénéficiant de cette méthode d'exposition en imagination.

De la même manière, dès le début, je lui ai conseillé de continuer à adhérer à Médiagora. Comme chaque membre de cette association de phobiques, elle a fait une équipe avec un autre membre plus ancien pour s'encourager réciproquement à pratiquer les exercices. Quand elle a vu ses amis de l'association aller mieux grâce aux expositions en imagination, elle s'est motivée pour faire plus régulièrement ses propres exercices.

Bien sûr, la difficulté de la phobie d'impulsion d'Annick résidait dans le fait que je ne pouvais pas lui organiser des expositions en réalité en la confrontant à un crime d'enfant. Dans d'autres phobies comme la peur des oiseaux, après avoir raconté de multiples expositions en imagination (détailler un envol de pigeons dans la rue), on peut faire des expositions en réalité (toucher une plume, puis un pigeon). Dans le cas d'Annick, je ne lui ai pas fait simuler le meurtre de son bébé. En revanche, il me fallait lui permettre d'expérimenter qu'elle pouvait imaginer de saisir le couteau sans bouger sa main.

D'autre part, l'aide de son conjoint et de sa famille a été un appoint extrêmement important pour Annick. Comme le font beaucoup d'épouses, elle m'a dit au début : « Mon mari ne voudra pas venir ici avec moi, ce n'est pas la peine que je lui donne votre lettre. » Je lui ai expliqué que la meilleure façon pour qu'il ne vienne pas consistait à ce qu'elle en soit intimement persuadée. Nous avons fait des jeux de rôle pour qu'elle apprenne à lui demander gentiment de venir.

*

*   *

CONSEILS PRATIQUES
En cas de phobie d'impulsion

La peur d'accomplir un acte dangereux ne vous amène jamais à accomplir cet acte. Vous êtes dans l'inhibition phobique ou obsessionnelle. Vous pensez trop longtemps, donc vous agissez de moins en moins. Comme je l'ai expliqué à Annick : « Votre phobie d'impulsion n'a rien à voir avec les pathologies agressives impulsives. »

En effet, à l'inverse de vous-même, les impulsifs accomplissent des actes dangereux sans y penser avant (violeurs, criminels). Contrairement à vos propres habitudes, ils agissent de plus en plus vite, donc ils ont de moins en moins de temps pour y penser avant.

Comme pour toute phobie, vous apprenez d'abord la relaxation. Puis vous notez sur le papier les images, les pensées qui vous font peur. Vous cherchez vos erreurs de pensée et d'actions que vous remplacez par d'autres pensées adaptées.

Vous expliquez à tous vos proches votre phobie, vos peurs, votre culpabilité de vous croire une mauvaise mère et vous leur demandez de vous aider à faire les exercices.

La thérapie comportementale traite toujours les phobies d'impulsion par la confrontation à l'obsession. En imagination, vous affrontez progressivement la peur du meurtre jusqu'à extinction de l'angoisse associée.

Le thérapeute vous fait ouvrir la main droite en réalité et vous suggère d'imaginer que vous saisissez le couteau. Il vous aide ainsi émotionnellement à prendre conscience qu'imaginer une action n'a rien à voir avec agir cette même action.

Agoraphobie
(« Je panique pendant mes courses si le magasin est loin de chez moi »)

L'agoraphobie est une maladie qui me touche beaucoup, puisque ma propre épouse en est atteinte. L'été dernier, nous sommes allés ensemble aux États-Unis suivre le travail d'un hôpital, au nord de New York, le White Plains Hospital. Là, d'ex-patientes équilibrées dans leur agoraphobie sont salariées des psychiatres. Pendant quinze jours, elles ont aidé mon épouse à faire les exercices en ville. Elle a rapporté cette expérience en France à l'association Médiagora. Elle a donné l'idée de former des groupes de deux patients bénévoles. Dans ces binômes, chacun aide l'autre pour ses exercices. Cela renforce les thérapies comportementales et cognitives.

Comme ma femme, Solange est agoraphobe.

— Solange, pouvez-vous me raconter la panique la plus forte que vous ayez eue en faisant vos courses cette semaine ?

— C'était il y a deux ans, au supermarché. Les caisses étaient bloquées par de longues files d'attente. J'ai senti une grande chaleur dans mon corps, des tremblements. Je manquais d'air.

— Qu'avez-vous pensé ?

— Je me suis vu en train d'étouffer, piétinée par les autres. Je me sentais mourir dans l'indifférence totale. Je suis persuadée que je vais tomber folle.

— Que peut-il se passer de pire ?

— Au pire je me dis que, puisque je deviens folle, je ne sais plus ce que je fais. Je passe par la fenêtre.

— Avez-vous continué à faire la queue ou avez-vous été obligée de vous arrêter sur place ?

— Je ne pouvais plus avancer, j'étais persuadée que j'allais mourir. J'ai dû m'asseoir sur une marche. J'étouffais, je ne pouvais plus reprendre ma respiration.

Je la questionne en détail pour être sûr du diagnostic. Puis :

— Ce malaise s'appelle une attaque de panique. C'est un symptôme qui fait partie de votre agoraphobie.

— Cela se guérit ?

— Oui. Cela s'améliore par la relaxation, par un travail de positivation des pensées liées à l'émotion, par des exercices progressifs dans les magasins et ailleurs.

— Comment vont se passer les séances ? La thérapie va-t-elle durer longtemps ?

— Votre attaque de panique est liée à une façon fortement péjorative d'interpréter les petites sensations anodines de votre corps. C'est comme si le système d'alarme de votre voiture était déréglé. Si la sensibilité est trop grande, le signal va sonner pour rien.

— Comment s'en sortir ?

— Nous allons travailler ensemble pour positiver vos émotions par la relaxation et par une réflexion critique à propos de ce que vous ressentez et de ce que vous écrivez au moment de vos attaques de panique.

— Je n'ai plus de mémoire pour retenir tout cela !

— Vos pertes de mémoire sont dues à votre stress qui est un dialogue intérieur. Cette rumination parasite votre activité mentale normale. Le traitement de l'agoraphobie vous permettra donc d'améliorer votre mémoire.

— C'est trop difficile, trop compliqué, trop intimidant, ce que vous me proposez. Je pense qu'il vaut mieux que je reste chez moi. Cela va guérir tout seul, sans ennuyer personne.

— Vous avez trois bonnes raisons de soigner votre phobie. Premièrement, vous ne m'ennuyez pas, au contraire. J'aime beaucoup mon métier. Vous m'êtes sympathique.

Vous allez me payer et donc vous n'aurez pas de dettes vis-à-vis de moi.

— Vous voulez me rassurer.

— Non, c'est sincère ! Deuxièmement, moins vous affronterez le sujet de votre phobie, le monde extérieur, plus votre panique va monter quand vous serez obligée d'affronter la foule et plus vous aurez peur d'avoir peur sans sortir de chez vous.

— Quelle technique utilisez-vous ?

— C'est la troisième raison. La thérapie comportementale et cognitive est un bon moyen pour soigner les phobies et les obsessions.

— Pourquoi ?

— Ce sont les études statistiques aux États-Unis qui l'ont montré. Dans ce pays, les équivalents de la Sécurité sociale, les assurances privées, ne remboursent souvent que les thérapies comportementales qui traitent les phobies.

— Que dois-je faire pour la prochaine fois ?

— Dressez chez vous la liste de toutes les situations qui peuvent déclencher votre agoraphobie. Cotez du plus faible au plus stressant, de – 1 à – 10 (– 1 est la plus petite situation stressante, – 5 correspond à un stress moyen, – 10 à la situation la plus stressante).

— Pourquoi mesurer tout cela ?

— Nous commencerons par vous confronter au plus facile, par exemple aller au bout de votre rue et revenir.

Je sais que Solange, comme beaucoup d'agoraphobes, veut aller trop vite pour faire les exercices, en commençant par – 9 au lieu de – 1. C'est comme si elle voulait mettre la barre trop haut pour se donner une justification de ne plus essayer tellement les tentatives seront douloureuses. Je dois la protéger contre ce mécanisme inconscient de découragement rapide.

— Je vous aiderai à ne travailler que les situations – 1 jusqu'à l'extinction de l'émotion. Si vous voulez en faire plus (– 8 par exemple), je vous le déconseille formellement, car si vous échouez, vous aurez tendance à abandonner. Tout pédagogie doit être progressive. Pour vous décourager de le faire, nous ne parlerons que de vos exercices – 1 ou – 2.

— Pourquoi ?

— Je veux vous convaincre qu'il faut travailler progressivement pour ne pas vous décourager d'emblée. C'est comme si à un élève de CP, le jour de la rentrée, je demandais d'écrire la dictée de Pivot.

— Puis-je guérir de mon agoraphobie et de mes attaques de panique ?

— Vous n'allez pas guérir de votre agoraphobie. Vous allez vous adapter et combattre votre personnalité phobique chaque jour pour avoir le moins d'inconvénients possible. Vous allez apprendre à ne plus réagir à une peur par l'inaction.

— J'ai tendance à devenir dépendante de mon entourage, vais-je devenir dépendante de vous ?

— Au cours de votre vie, êtes-vous devenue dépendante des gens qui vous ont appris à marcher, à lire, à écrire et qui étaient payés pour cela ?

— Non.

L'agoraphobie, c'est-à-dire la peur d'agoniser ou de tomber fou en dehors de chez soi, est une maladie difficile à vivre au quotidien. Le traitement comportemental doit être prolongé parce que progressif.

Comme pour Solange, tous les patients agoraphobes consultent tardivement, après plusieurs années de cachotteries envers eux-mêmes et envers les autres, et c'est une raison supplémentaire pour ne pas aller trop vite.

À la consultation suivante, Solange m'a redemandé :

— Ai-je quelques chances de guérir complètement ?

— Nous pensons que nous ne guérissons pas complètement de nos symptômes phobiques. Nous assurons notre équilibre en trouvant des stratégies pour marcher prudemment avec une cheville fragile.

— J'ai essayé de faire du footing, comme mon généraliste me l'a conseillé. Je n'ai pas pu continuer. J'étais très essoufflée dès le début.

— Je vais vous aider à respirer plus calmement. Nous allons faire des exercices de respiration centrés sur la relaxation. Lors d'une attaque panique, il existe en effet une accélération respiratoire. L'excès d'oxygène augmente vos sensations corporelles négatives telles que fourmillements, vertiges, moiteur des mains. En ralentissant votre respiration, vous pouvez gérer votre crise.

*
* *

Pour Solange, la thérapie a duré trois ans, à raison d'une consultation par semaine. Pour éviter la rechute des attaques de panique, je lui ai prescrit un antidépresseur adapté. L'essentiel était qu'elle fasse un exercice chaque jour en étant confrontée à une émotion – 1 ou – 2 pendant quarante-cinq minutes. De cette façon, l'émotion se réduit de plus de la moitié.

En fin de thérapie, Solange pouvait sortir de chez elle, et presque tout faire seule. Elle ne restait en difficulté que pour sortir des immenses supermarchés quand il y avait plus de dix personnes à la caisse, mais elle continuait à combattre cette situation.

Solange a profité de l'association Médiagora. Elle a formé un binôme avec Béatrice, une autre jeune femme phobique sociale qui, elle, avait peur du ridicule. Elles sont parfois venues ensembles en consultation. Béatrice apprenait à aider Solange par des exercices progressifs. Elles partaient d'un point dans un supermarché par exemple. Chacune partait dans une direction inconnue de l'autre. Elles se donnaient rendez-vous au même endroit, une heure après.

C'est à la deuxième année que Solange a trouvé le courage de me parler de son alcoolisme. Elle buvait pour se donner le « courage » de sortir, ce qui est très fréquent chez les agoraphobes. Elle a réussi à se sevrer sans hospitalisation, en remplaçant l'alcool par la relaxation.

*
* *

CONSEILS PRATIQUES
Si vous avez peur d'avoir un malaise en ville

C'est une phobie généralisée face à de multiples situations. Elle s'oppose aux phobies simples qui ne concernent qu'une seule situation : oiseaux, ponts, sang.

L'agoraphobie est plus résistante si elle est plus ancienne.

La gravité se mesure à la distance de chez soi, la grandeur des magasins visités et la fréquence des attaques de panique.

Ce qui facilite la guérison, c'est la régularité des exercices et la sincérité avec le psy. Bien entendu, il est beaucoup plus difficile de soigner une phobie généralisée qu'une phobie simple. L'agoraphobie peut s'associer à un état dépressif qu'il faudra traiter en premier.

Malheureusement, l'alcoolisme permet souvent de calmer l'angoisse pour essayer de sortir de chez soi. La cure de sevrage et la postcure devront se dérouler dans des lieux doublement spécialisés en alcoologie et en psychiatrie.

Pour traiter l'agoraphobie elle-même, on note les situations phobiques et le stress qui les accompagne (– 1 à – 10). Après des séances de relaxation prévisualisantes, l'agoraphobe va progressivement affronter la rue en réalité, en parlant de ses phobies, en régularisant sa respiration. Le travail durera de six mois à plusieurs années.

Déprime
(« Tout me fatigue »)

Ce matin, avant de recevoir mon premier patient, je prends cinq minutes pour faire un peu d'autorelaxation. C'est une technique simple, facile à apprendre et qui peut se pratiquer partout. À force de relaxer les autres, j'ai forcement une bonne maîtrise de cet outil pour moi-même. Quand je suis en vacances, j'ai besoin de continuer à me relaxer comme vous. Si je ne m'occupais pas de moi-même, je serais tendu.

Tout psy fait d'abord ce métier sur lui-même. Vous ne pouvez pas donner ce que vous n'avez pas. Le travail que j'accomplis sur moi-même n'empêche pas mes tensions de survenir, mais il me permet de gérer, d'arrêter le processus négatif. Ceux qui ont un problème ne sont pas ceux qui sont en difficulté, mais ceux qui ne travaillent pas cette difficulté. Je n'ai pas honte d'expliquer à mes patients mes faiblesses que je combats. Je suis comme un parent qui doit dire ses difficultés et les prouesses qu'il a accomplies pour les vaincre.

Milton Erickson nous a montré l'exemple. En 1975, un de ses patients lui dit : « Votre thérapie ne m'apporte rien, je ne reviendrai pas. » Il a répondu : « Vous m'avez, vous, apporté beaucoup. J'utilise avec mes enfants l'idée que vous m'avez donnée pour la télévision. Comme vous, je leur demande de ne regarder que des émissions enregistrées. Comme vos enfants, les miens sélectionnent plus et regardent moins. Je vous remercie. » En 1991, au journal télévisé, on demande à un célèbre psychiatre : « Comment faites-vous pour soigner les déprimés ? Cela doit être compliqué. » Que répond-il ? « Je suis moi-même assez déprimé. Donc, je sais comment faire. »

Le premier patient est une femme. Elle a l'air intimidée.

— Si vous voulez bien vous asseoir. Mon assistante m'a dit que votre prénom est Monique. Est-ce bien cela ?

— Oui docteur, c'est bien cela. Je viens vous voir sur la demande de mon médecin généraliste. Il me connaît depuis des années. Il pense que je suis en train de faire une dépression. Ce mot me fait tellement peur !

La dépression a toujours existé, elle n'est pas le propre de notre époque. Il faut cependant que j'essaie de donner une définition simple à Monique. Je lui fournirai plus de détails quand nous aurons mieux fait connaissance.

— Vous trouvez-vous triste actuellement ?

Monique a les larmes aux yeux.

— Oui, il m'arrive de pleurer pour rien.

— Dans ces moments-là que vous dites-vous ?

— Je me dis que les gens et la vie ne valent rien et moi, encore moins que les autres.

Continuons à explorer ce que ressent Monique pour aboutir ou non au diagnostic de dépression, qui est très précis.

— Et que ressentez-vous ?

— Vous voyez docteur, je suis encore jeune et pourtant j'ai envie de ne rien faire à part dormir tout le temps. Et même si je dors, je suis fatiguée dès le réveil. D'ailleurs, je dors mal et je n'ai ni faim ni envie de m'amuser.

Après quelques autres questions, le diagnostic de dépression ne fait plus aucun doute pour moi.

— Y a-t-il eu un changement récent dans votre vie personnelle, affective ou sexuelle ?

— Le sexe, ce n'est pas le plus important. J'ai toujours préféré la tendresse.

— Vous avez raison, Monique, mais ne croyez-vous pas que la sexualité soit un mode naturel de communication. C'est un peu comme votre parole. Si vos relations sexuelles s'appauvrissent, c'est comme si votre voix devenait moins audible.

— Peut-être, mais confirmerez-vous à mon médecin généraliste que je fais de la dépression ?

— Je crois que oui. Je vais vous faire remplir deux tests. Je répondrai à cette question dans huit jours.

À la deuxième consultation, je me dois de révéler la vérité à Monique pour qu'elle se soigne bien.

— Monique, je constate que tous les symptômes que vous présentez sont bien en faveur d'une dépression. J'ai étudié de manière plus approfondie les tests[1] de Beck et de Hamilton que vous avez remplis la dernière fois. Ils montrent tous les deux une dépression moyenne sans idées de suicide. Tenez, lisez ce tableau (voir p. 195).

— C'est quoi, ce tableau ?

— Il provient du DSM-IV, un manuel international reconnu par les médecins du monde entier. Vous pouvez en acheter une version simplifiée en librairie.

— C'est votre bréviaire ?

Je suis content qu'elle plaisante. Je vais renchérir.

— C'est exact. Je suis votre curé, je vous ai confessée sur ce tableau, sans culpabilisation, sans jugement, sans morale. Je vous aide à vous adresser à Dieu, ce sont les ressources de votre inconscient.

— Ce tableau montre que j'ai huit points de dépression sur neuf. Il en faut combien ?

— Effectivement, sur les neuf définitions de la dépression (A1 à A9), vous en avez huit. Vous pouvez constater que vous avez la majorité des symptômes. Pour nous, psychiatres, cinq suffisent sur neuf pour parler de dépression.

— C'est bien ma veine !

— Ce n'est pas proportionnel aux points. Chaque point n'a pas la même valeur. Le point le plus grave sur le suicide vous manque (A9).

— Il faut vraiment avoir tout cela pour être déprimé ?

1. J. Cottraux, M. Bouvard, P. Legeron, *Méthodes et échelles d'évaluation des comportements*, Paris, Éditions EAP, 1985 ; M. Bouvard, J. Cottraux, *Protocoles et échelles d'évaluation de la personnalité*, Paris, Masson, 2000.

Essayons de recadrer les choses.

— L'important, Monique, pour aller mieux, ce n'est pas d'avoir peu de symptômes. Ce qui compte, c'est votre degré de motivation en thérapie. L'essentiel, c'est aussi la sincérité avec laquelle vous me direz ce qui vous gêne dans le travail que nous ferons ensemble.

— Oui, mais tout cela ne servira pas à grand-chose!

Quand les patients déprimés disent cela, c'est qu'ils se sentent responsables de ce qui leur arrive. Il faut que j'explore cet aspect davantage.

— Selon vous, votre dépression, vient de vous-même, des autres, de la vie?

— Il n'y a aucun doute pour moi, je suis déprimée uniquement par ma faute.

Cette auto-accusation est malheureusement tout à fait fréquente dans la dépression. Essayons de pousser Monique encore plus loin dans son explication.

— De quel événement précis vous sentez-vous responsable?

— Je suis toujours mécontente de moi. Par exemple, je ne fais rien à la maison, alors que je ne travaille pas et pourtant je suis toujours fatiguée à cause de mon ménage. Je n'ai pas de bonne méthode pour m'occuper de mon intérieur.

— Combien avez-vous d'enfants?

— Trois, mais je me trouve incompétente pour leur éducation.

— Donnez-moi un exemple précis de ce qui s'est passé chez vous.

— Hier, j'étais de mauvaise humeur. Mon mari m'a reproché de ne pas avoir mis le couvert. Il dit que je ne sais rien faire de la journée. Il dit aussi que je n'ai rien d'autre à penser qu'à la maison et à nos enfants.

Il est clair pour moi que je vais travailler avec Monique sur un mode cognitif. C'est-à-dire que je vais l'aider petit à petit à restructurer positivement ses pensées. Pour être progressif, je vais lui poser des questions précises.

— Que pensez-vous de ce que vous reproche votre mari?

— Évidemment qu'il a raison!

— Je vous proposerai dans cette thérapie d'envisager

d'autres façons de voir les choses. Nous allons en parler dès aujourd'hui. Pour le moment, je vais jouer votre rôle. Vous jouerez celui de votre conjoint au sujet de la soirée d'hier.

— À quoi va me servir votre jeu de rôle ?

— Les jeux de rôle que nous ferons vont vous permettre d'être moins timide. Vous apprendrez des comportements positifs nouveaux, audacieux. Cette nouvelle confiance en vous modérera vos jugements inconsciemment négatifs. On appelle cela l'internalité, c'est-à-dire le fait d'exagérer sa culpabilité ou sa responsabilité : « Mes problèmes sont entièrement de ma faute. »

— Ces jeux de rôle luttent contre la timidité. Mais c'est la dépression qui me fait le plus de mal, pas les reproches de mon mari.

— La dépression et la timidité, en un sens, c'est pareil. Votre dépression qui dit : « Je suis nulle » entraîne la timidité qui dit : « Donc, je vais être ridicule. » De plus, au cours des jeux de rôle, vous verrez si votre conjoint n'a pas le problème contraire, c'est-à-dire l'externalité. C'est une exagération de la culpabilisation négative des autres : « Les autres sont responsables de tous mes problèmes. » Comme si votre culpabilité se disait à tort : « Je suis responsable, je ne pourrai jamais réparer ma faute. Je dois être punie, mais aucun acte ne me permettra de réparer ma faute. »

— Comment s'en sortir, si ce n'est pas réparable ?

C'est le moment d'être clair, afin de pouvoir faire un jeu de rôle efficace.

— Vous avez l'impression que ce n'est pas réparable. Vous allez découvrir le contraire en notant vos culpabilisations stressantes. Vous censurerez votre pensée lorsque l'émotion sera calmée. À la prochaine consultation, nous critiquerons à froid vos écrits et nous reproduirons en jeux de rôle les dialogues qui vous angoissent et qui vous culpabilisent.

Nous commençons le jeu de rôle. Monique joue le rôle de son mari et moi, celui de Monique.

— C'est le bazar ici, la table n'est même pas mise ! Que fais-tu donc de tes journées ?

— Quand je m'occupe de l'appartement avec plus

d'amour possible pour toi, qu'est-ce qui te plaît le plus : que tout soit propre ? que cela soit bien rangé ? ou que tout soit à sa place quand tu rentres le soir ?

— Tout à la fois, évidemment. Il est normal que la maison soit propre puisque tu ne travailles pas.

— Dis-moi, le plus sincèrement possible : est-ce que cela te ferait vraiment plaisir que je retravaille ?

Un peu plus tard, le jeu de rôle terminé, je demande à Monique :

— Qu'avez-vous ressenti pendant ce petit jeu de rôle ?

— J'ai trouvé cela intéressant, mais si je le disais comme ça à mon mari, ça l'énerverait encore plus !

— Peut-être avez-vous raison… mais peut-être non. Je vous propose de tester cette façon de communiquer avec lui. Faites-le cinq minutes chaque soir à son retour du travail. Notez ensuite vos pensées pour en reparler à la prochaine consultation.

— C'est trop compliqué pour moi.

— Je suis sûr que vous y arriverez. Chaque exercice que nous organiserons ensemble sera précis, progressif et surtout quotidien.

— Comment être progressif quand il s'agit de brutalité ?

— Je vous propose un exercice, chaque soir, à 19 h 30, pendant huit jours. Vous abordez le sujet de la maison et des tâches que vous n'avez pas faites dans la journée. Faites-le uniquement les jours où aucune personne sous votre toit n'est de mauvaise humeur avant ou pendant, sinon vous ne débutez pas ou vous arrêtez l'exercice. Vous allez petit à petit développer de nouveaux comportements. Pendant cinq minutes, vous ne lui poserez que des questions sans aucune affirmation.

— Que voulez-vous dire par « aucune affirmation » ?

— Je vais être clair, car c'est un point important. Je veux dire par-là, Monique, que personne ne se met en colère si on le questionne calmement, dans le souci de lui rendre service sincèrement.

— Alors, pourquoi des questions ?

— Les questions sincères calment. En revanche, les affirmations angoissent en apportant la contestation.

— Mais alors je ne sais plus de quoi lui parler !

— Vous lui demanderez par exemple ce qui lui ferait plaisir pour la maison. Inspirez-vous du jeu de rôle que nous avons fait tout à l'heure. Notez les dialogues ensuite sur votre carnet.

— Est ce que l'on fera autre chose dans les prochaines séances ?

— Oui, je pratique la thérapie comportementale et cognitive. Comportementale veut dire que si vous avez appris un comportement négatif ou douloureux, vous pouvez apprendre un autre comportement à la place plus positif et plus plaisant. Sur un plan pratique, vous ferez des exercices progressifs et quotidiens. Ils seront préparés par la relaxation qui visualisera le bon comportement. Cette action sera ensuite testée en jeu de rôle.

— Vous avez dit un autre mot après « comportementale » que j'ai oublié.

— Vous êtes très attentive et c'est une belle qualité. Il s'agit du terme cognitif, si important dans le domaine du traitement de la dépression. C'est vrai qu'à la télévision ou dans les magazines, on parle de plus en plus de thérapie comportementale. En fait, on devrait utiliser l'expression thérapie cognitivo-comportementale. C'est « thérapie cognitive » que vous avez oublié.

— Qu'est-ce que ça veut dire ?

— C'est une thérapie qui vise à vous donner une image plus positive de vous-même par une transformation rapide et marquée de votre façon de penser, de vous comporter, de ressentir les événements. Je ne vous cache pas, Monique, que vous devrez consacrer un peu de temps à la pratique des exercices que je vous prescrirai. On ne peut pas changer sans avoir des émotions.

— Ce sera difficile docteur, j'ai déjà du mal à mettre un pied devant l'autre...

Il faut que j'explique simplement à Monique que c'est possible et que je crois en elle.

— Je sais, mais je vous aiderai pas à pas à remettre systématiquement en question l'image négative que vous avez de vous-même. Pour vous donner un exemple, c'est comme si vous aviez des difficultés actuellement à voir les choses comme elles sont vraiment. Vous créez un véritable enfer, vous êtes enfermée dans une prison morale dont les barreaux sont invisibles et vous croyez que c'est réel sans jamais contrôler. Ainsi nous chercherons à comprendre quel type d'erreurs vous commettez quand vous vous dévalorisez et selon quel schéma vous vous faites souffrir.

— Pouvez-vous me donner un exemple ?

C'est bon signe, Monique s'intéresse à ce qui est cognitif. Cela me fait plaisir, car je considère que c'est un traitement révolutionnaire de la dépression. D'ailleurs, j'aime apprendre à mes patients à se servir de cet outil qu'ils pourront utiliser toute leur vie. On a tous des idées dépressives une fois par semaine. Ce qui fait la dépression, c'est d'avoir des idées dépressives tous les jours.

— Vous pouvez faire erreur dans le fait de tout dramatiser. Vous ne voyez que le mauvais côté des choses, sans jamais vous intéresser à ce qui est positif. Vous pouvez aussi voir la vie selon la loi du tout ou rien. On dit cela de certaines personnes qui ne portent que des jugements catégoriques. Le tout ou rien, c'est par exemple le fait de penser que ce qu'on fait dans la vie est soit tout bon, soit tout mauvais. Vous pensez qu'il n'y a pas de juste milieu. Cela s'appelle aussi la dichotomie.

— C'est vrai, moi je suis médiocre dans tout !

— Nous envisagerons, si vous le voulez bien, d'autres manières de penser que celle-là.

— Je ne suis pas certaine d'y arriver. J'ai si peu de volonté !

— On se retrouve dans huit jours.

— Bien, docteur.

*

* *

Monique a fait une thérapie de cinq mois pour se guérir de son auto-accusation permanente.

Ce qui a été bénéfique pour elle, ce furent ses contrôles dans la réalité. Chaque fois qu'elle était angoissée, elle écrivait. Elle se demandait si cela ressemblait à une auto-accusation. Si oui, elle trouvait quelqu'un pour contrôler son interprétation négative d'elle-même. Ainsi, elle a réussi à se corriger petit à petit.

À cause de sa dépression, elle s'était tournée sur elle-même. Comme elle se noyait tous les jours, elle essayait de se sortir de l'eau, sans jamais avoir le temps de s'occuper des autres.

Nous l'encouragions à aller vers autrui, pour s'échanger et s'entraider. Elle venait manger un casse-croûte au cabinet le midi avec d'autres patients qui faisaient de même pour échanger des services (aller à l'ANPE), des exercices de thérapie (jeux de rôle).

Nous aimions beaucoup les associations de sport, qui équilibraient ses problèmes psychologiques. C'était par diversion, par amour pour son corps, par relaxation, par endormissement avec une bonne fatigue.

Nous l'aidions à s'inscrire par exemple dans des associations d'échanges de savoir. Nous l'incitions aussi à rejoindre les associations de patients.

Le but en fin de thérapie comportementale pour sa dépression fut de repérer ses erreurs de jugement. Chez elle, nous avons retrouvé des minimalisations (« J'ai réussi à nouer des contacts, mais c'était facile parce qu'on m'a aidé »), des maximalisations (« Une association n'a pas acceptée. Ce sera pareil pour toutes les autres ») et des abstractions sélectives (« J'ai eu une amende de stationnement, ma journée est fichue »).

*
* *

CONSEILS PRATIQUES
Si vous êtes dépressif

Consultez un psy pour sortir de vos idées dépressives que la solitude entretient.

Vous noterez vos moments dépressifs pour les contredire avec le psy puis vos proches.

Vous apprendrez à vous relaxer pour retrouver une bonne humeur quotidienne.

Vous ferez des jeux de rôle pour régler les communications difficiles qui vous éloignent de vos proches ou de vos collègues quand vous êtes agressif ou pleurnichard. Vous irez vers les autres par le biais des associations d'échanges, de sport ou de patients.

Le cœur de la thérapie comportementale et cognitive consiste pour vous à trouver les règles secrètes. Elles sont rigides. Vous leur obéissez avec souffrance. Elles disent par exemple : « S'il se passe quelque chose de négatif autour de moi, comme je suis moins bon que les autres, j'en suis responsable. Comme je suis trop timide, je ne contrôle pas. »

Vous apprendrez à trahir ces règles douloureusement inadaptées telles que : « Si ma mère ne m'invite pas pour mon anniversaire, c'est qu'elle ne m'aime pas. » Puis, comme vous l'auront appris les jeux de rôle, vous contrôlerez : « Maman, tu vas me trouver susceptible, mais comme tu ne m'invites pas pour mon anniversaire, je crois que tu ne m'aimes pas. » Ce à quoi on pourra vous répondre, par exemple : « Tu te trompes, c'est parce que je n'ai plus d'argent, car j'ai acheté une voiture. »

TABLEAU DE LA DÉPRESSION : L'EXEMPLE DE MONIQUE

A1 Humeur dépressive presque toute la journée remarquée par le sujet qui se dit triste ou par l'entourage qui le voit pleurer.	Oui
A2 Intérêt ou plaisir très diminué toute la journée remarqué par le sujet ou l'entourage.	Oui
A3 Perte ou gain de poids de plus de 5 % en un mois sans régime, ou diminution d'appétit.	Oui
A4 Insomnie ou somnolence tous les jours.	Oui
A5 Agitation ou ralentissement du corps et de l'esprit presque tous les jours, constaté par les autres.	Oui
A6 Fatigue ou perte d'énergie presque tous les jours.	Oui
A7 Dévalorisation ou culpabilité excessive ou inappropriée ou délirante presque tous les jours.	Oui
A8 Indécision ou déconcentration presque tous les jours remarquée par le sujet ou l'entourage.	Oui
A9 Pensées de mort ou suicidaires fréquentes sans plan précis ou tentatives suicidaires.	Non

On parle de dépression s'il y a cinq critères positifs sur neuf. Monique en a huit sur neuf.

Suicide
(« Je pense souvent à la mort »)

La mort est un thème qui revient souvent au cours de nos séances de psychothérapie. Il peut s'agir d'angoisse de mort. Dans d'autres cas, ce sont des obsessions de la mort ou des maladies graves comme le cancer ou le sida. Si j'y pense maintenant, c'est qu'un patient que je ne connais pas encore entre dans mon cabinet. J'ai été prévenu par téléphone par son médecin généraliste que ce monsieur, qui s'appelle Pierre, avait des idées de suicide qui inquiétaient tout le monde.

— Bonjour, monsieur, asseyez-vous. Je ne vous cache pas que votre médecin de famille m'a appelé ce matin. Il m'a demandé une consultation en urgence, car il s'inquiétait pour vous.

— Oui, docteur, je suis au courant.

— Pouvez-vous m'en dire un peu plus sur vos idées noires ?

— Est-ce vraiment utile d'en parler ?

— Oui, Pierre, c'est fondamental ! Plus vous parlerez d'un événement, plus les émotions qui s'y attachent vont s'éteindre. La parole épuise les émotions, mais pas le temps qui passe. Les années vont camoufler les événements choquants en les transformant en angoisse.

— Oui, mais j'y pense déjà un peu moins depuis un certain temps. Je ne veux pas que cela revienne.

Il faut que j'insiste, sinon Pierre ne m'en dira pas davantage. Je n'ai jamais aggravé l'état d'un patient en détaillant son suicide, au contraire.

— Racontez-moi tout de même le moment où vous avez le plus pensé à vous suicider. Nous allons voir si le fait d'en parler sincèrement tous les deux va éteindre ou non vos idées morbides.

— Le pire, c'est quand j'ai été licencié pour raison économique. Vous comprenez, à cinquante-trois ans, il est pratiquement impossible de retrouver du travail. J'ai cru que le ciel me tombait sur la tête.

Quand un patient a des idées de suicide, j'essaie d'abord d'évaluer le risque réel. Si le risque est majeur, je le fais hospitaliser en urgence. Pour Pierre, ce n'est pas le cas. Je vais donc pouvoir lui poser des questions précises sur sa façon fantasmée de se suicider. Cela démystifie une pensée meurtrière telle que, par exemple : « Je n'ai pas été aimé vivant, le monde entier va se bouger après ma mort. » Ainsi, connaissant mieux les détails de son plan de suicide, il pourra m'appeler avant son passage à l'acte. Une partie de la confidence est faite. Une partie du chemin de lui vers moi est faite.

— Qu'avez-vous pensé à ce moment précis ?

— Je me suis senti bafoué, humilié. Je me disais que je ne serais plus capable de nourrir ma famille. Dans ces conditions, ce n'était plus la peine de continuer à vivre. Mort, j'avais plus de valeur avec mon assurance-vie.

— Comment pensiez-vous vous tuer ?

— Avec la carabine qui se trouve au-dessus de l'armoire de ma chambre.

— Pensez à ce moment suicidaire précis et imaginez que vous appelez un ami ou que vous allez voir un proche.

— Non, j'avais trop peur du ridicule. D'ailleurs, mon entourage n'aurait pas compris. J'ai toujours montré l'image d'un homme costaud et sûr de lui.

— Tenez Pierre, voici une liste de numéros de téléphone d'urgence que vous pourriez appeler si cela se reproduisait. Qui appelleriez-vous en priorité ? Penseriez-vous à un parent, à un ami, à un voisin, à un médecin généraliste, à un psychiatre, au SAMU, à SOS Médecins, à SOS Psychiatrie ou à SOS Amitié ?

Pierre semble un peu embarrassé par cette longue énumération.

— La famille, ça me gêne. Les amis ne sont jamais là quand on a besoin d'eux. Je pense que c'est peut-être vous que j'appellerais parce que vous êtes le seul maintenant à qui j'ai confié mes idées de suicide. De plus, j'apprécie que vous soyez tenu au secret professionnel.

— Il ne faut non plus que vous soyez trop dépendant de moi. Et si je suis absent, vous appelez qui ?

— Si vous n'êtes pas là, je préférerais SOS Amitié parce que c'est une association plus anonyme que SOS Médecins.

L'honnêteté dont Pierre fait preuve sera un atout important pour la thérapie. Je retiens aussi, pour débuter, que la valeur « secret » lui est fondamentale.

— Je vous remercie de votre franchise. Pouvez-vous évoquer le fait de parler de suicide ? Ce que nous faisons depuis le début de notre première séance a-t-il accentué votre désir de mort ?

— Non, au contraire, et c'est tout à fait étrange. Je me sens comme soulagé.

— Pourquoi soulagé ?

— Parce que c'est la première fois que j'en parle si librement. Je me dis aussi que si mes idées de suicide revenaient, je pourrais vous en parler. C'est si agréable et important pour moi de pouvoir parler de ce qui me fait souffrir. Vous êtes quelqu'un qui ne se moque pas et qui ne me juge pas.

— Si vous le voulez bien, faisons un petit exercice. Fermez les yeux et imaginez que vous téléphonez à SOS Amitié. Essayez de voir et d'entendre cet appel téléphonique dans votre tête.

Pierre se concentre. Puis, une fois l'exercice terminé :

— Oui, c'est curieux, j'ai bien vu et entendu mon appel dans ma tête. Là encore, je me sens un peu mieux.

— C'est bien et je vous en félicite. Pouvez-vous me dire maintenant ce que vous craigniez en appelant ces bénévoles ? Écrivez cela sur ce carnet.

Tout en écrivant, Pierre lit à haute voix :

— J'ai peur qu'on n'ait pas le temps de m'écouter, qu'on me juge, qu'une personne plus importante que moi soit déjà au bout du fil, qu'on ne croit pas mon désir de me suicider et qu'on pense que c'est du cinéma.

Je compose le numéro de SOS Amitié. Je mets le haut-parleur. J'explique à l'écoutant une réticence à appeler. Je laisse Pierre dire les autres.

— Bien, je vous suggère maintenant de continuer.

— C'est ridicule, je n'en ai pas besoin. Je vais avoir l'air de quoi? Je ne peux appeler personne quand j'ai réellement envie de me supprimer.

Réfléchissons un peu. Pierre se dit: «Je vais déranger SOS Amitié, il y a des gens plus importants que moi et qui souffrent plus que moi.» J'ai donc appelé moi-même le bénévole de SOS Amitié. Je lui ai fait dire sincèrement le contraire au bout du fil en mettant le haut-parleur pour que Pierre entende bien. J'ai fait cela pour qu'une partie du chemin soit faite si Pierre hésite à appeler dans le cas d'une nouvelle pulsion suicidaire. Le bénévole explique longuement à Pierre comment fonctionne SOS Amitié. Pierre ébauche un léger sourire. Il a l'air rassuré.

D'habitude, je laisse passer huit jours entre la première et la deuxième séance de la thérapie. Dans le cas présent, ce délai est, bien entendu, trop long.

— Pierre, je vous propose de nous revoir demain matin. Si vous alliez moins bien entre temps, appelez un des numéros de téléphone que je vous ai donnés. Par exemple, appelez SOS Amitié. Appelez aussi, si cela s'avère nécessaire, le SAMU, ou les pompiers, ou les urgences de l'hôpital ou de la police. À demain.

Le lendemain, Pierre a appelé seul SOS Amitié.

*

* *

La thérapie de Pierre a duré un an. Il a fallu près de deux mois de thérapie pour l'aider à lutter contre ses idées de suicide. Nous avons utilisé l'échelle H [1] de déses-

1. Voir J. Cottraux, M. Bouvard, P. Legeron, *Échelles d'évaluation des comportements, op. cit.*; et M. Bouvard, J. Cottraux, *Protocoles et échelles d'évaluation de la personnalité, op. cit.*

poir qui s'améliorait tous les huit jours. Nous discutions des items et de leurs changements.

Les dix mois suivants ont servi à lutter, grâce à une thérapie cognitive, contre ses idées dépressives. Chaque mois, nous faisions les tests de dépression de Beck et de Hamilton. Nous examinions là aussi chaque item et ses changements.

Le travail a consisté à restructurer la pensée de Pierre. Il a été bâti sur le fait que tous les dysfonctionnements de sa pensée étaient liés à son impression d'incurabilité. Petit à petit, il a expérimenté son influence sur le monde extérieur. Il est devenu de plus en plus convaincu qu'il pouvait changer le cours de son histoire. Il a appris qu'en changeant son humeur, cela modifiait celle des autres. Pierre a retrouvé la maîtrise du cours de sa vie. Il n'a donc plus eu envie de mourir !

Au douzième mois, il a eu peur de l'arrêt de sa thérapie. Je lui ai proposé de le revoir une fois par mois pendant une année supplémentaire, ce qu'il a accepté sans aucune hésitation.

*

* *

CONSEILS PRATIQUES
Si vous avez un proche suicidaire

Ne vous dites jamais : « Je ne vais pas lui en parler s'il n'amorce pas de lui-même la conversation. Je ne veux pas l'ennuyer. »

Prenez rendez-vous chez un psy. Ne lui demandez pas la permission et dites-lui une heure avant : « Comme je t'aime beaucoup, je t'ai pris un rendez-vous chez un psy. Je vais t'accompagner. »

Réorganisez autour de lui le réseau de ses amis qu'il a négligés depuis qu'il est dépressif et faites un pique-nique.

Invitez-le à des week-ends sportifs (randonnées, par exemple), car l'exercice physique calme la fatigue nerveuse.

Inscrivez-vous ensemble dans deux associations (mairie) pour avoir deux soirées de plaisir par semaine.

Parlez avec lui, même s'il n'engage pas la conversation : « Tu me fais peur en voulant te suicider, j'ai beaucoup d'affection pour toi. Que dois-je faire pour te faire rire ? »

Mesurez sommairement le risque suicidaire en lui disant : « Imaginons que l'idée de mourir se mesure de – 1 à – 10. À – 1, je commence à y penser. À – 5, je suis à mi-chemin et j'entame les préparatifs matériels de mon suicide. À – 10, je suis mort par suicide. Où te situes-tu sur ce thermomètre morbide ? »

Pour vérifier, faites-lui remplir l'échelle H de désespoir :

— De – 0,5 à – 2, appelez son médecin de famille : « J'ai appelé ton généraliste. Je sais que tu refuses, mais c'est moi qui paye. C'est pour moi. C'est pour me rassurer moi-même. »

— De – 2,5 à – 3, conduisez-le vous-même en clinique psychiatrique. Il peut ressortir facilement sans soins.

— De – 3,5 à – 4, conduisez-le vous-même à l'hôpital psychiatrique. Dites qu'on vous appelle s'il veut ressortir et faites une hospitalisation à la demande d'un tiers.

— De – 4,5 à – 10, appelez le 15, le 18 ou le 17 (sinon les pompiers). Soyez présent sans l'avoir prévenu quand il arrive et faites une hospitalisation à la demande d'un tiers. Vous signez un certificat et le généraliste un autre que vous êtes allé chercher à l'hôpital psychiatrique.

Bouffées délirantes
(« Je vais devenir fou »)

Josselin est mon patient depuis deux ans. Il m'avait été adressé par son généraliste qui pensait avoir affaire à une personnalité schizoïde. Il est très introverti, avec un grand repli sur lui-même. On pouvait redouter le début d'une schizophrénie, d'autant que ses comportements étaient bizarres.

Il y a deux mois, Josselin a fait une bouffée délirante. J'ai dû le faire hospitaliser dans une clinique psychiatrique. Aujourd'hui, il en sort et je le reçois au cabinet.

— Je suis en train de lire le rapport d'hospitalisation qui explique votre bouffée délirante.

Je vois que sa bouffée délirante n'était pas franche. Elle a traîné et sa famille n'est pas beaucoup venue à l'hôpital. Tout cela est de moins bon pronostic. Je vais rencontrer ses proches pour augmenter leur cohésion. Comme souvent, le délire a dû effrayer. On ne fait pas peur si on est sincère et le patient se soigne mieux s'il connaît tout de sa maladie.

— Quel est le danger d'une bouffée délirante ?

La question de Josselin est pour moi une bonne occasion d'être sincère avec lui à propos du diagnostic et du pronostic qui figurent sur son rapport d'hospitalisation. Il pourra mieux se soigner s'il connaît tout à propos des risques de recherche de son délire.

— Il y a trois possibilités. Dans un tiers des cas, cela

peut ne jamais se reproduire. Dans un deuxième tiers, vous refaites une bouffée délirante. Et dans un troisième tiers, cela peut évoluer vers une maladie chronique, un délire chronique.

— Ce n'est pas très réjouissant, dites donc !

— En effet, il y a deux éventualités défavorables : d'une part, le risque de rechute de bouffée délirante, et d'autre part, le risque de passage à une maladie chronique, c'est-à-dire durable.

— Quel intérêt de savoir cela ? Pourquoi faire peur aux gens ?

— Dans ces deux cas défavorables, on peut prévenir, diminuer le risque de survenue de complications de différentes façons.

— Comment diminuer le risque de rechute ?

— On peut améliorer le pronostic en vous prescrivant les bons médicaments et la bonne psychothérapie.

— Qu'est-ce qu'une bouffée délirante ?

— C'est un délire. Cela veut dire que vous avez pensé, dit, fait des choses en désaccord avec la réalité et qu'à aucun moment vous n'avez douté de cette réalité.

— Pourquoi dit-on « aiguë » ?

— On le dit quand la crise est courte et se mesure en semaines, par opposition à « chronique » qui se mesure en mois ou en années.

— Donc, on dit qu'il y a un « délire » lorsqu'il y a danger ?

— Pas du tout. Un désir de suicide est plus grave qu'un délire. On dit « délire » quand on se trompe gravement dans ses idées, dans ses paroles, dans ses actions, avec la certitude d'être dans le vrai.

— Quel était mon délire ?

— Tenez, lisez le rapport de la clinique. Vous pensiez que l'on voulait vous empoisonner. Vous étiez persuadé que les psychiatres disaient du mal de vous. Vous croyiez entendre à la télé des complots contre vous.

— Et qu'est-ce que je peux faire pour que ma maladie ait moins de chance d'évoluer négativement ?

— Comme je vous le disais, il existe deux traitements que l'on peut associer : des médicaments bien dosés ; une psychothérapie au cours de laquelle on vous expliquera quels sont les voyants rouges qui préviennent de la rechute.

— Est-ce que cela veut dire que je devrais prendre des médicaments pour le restant de mes jours ?

— Non, pas du tout. Mais on estime qu'après une bouffée délirante, il est préférable de continuer les médicaments neuroleptiques qui ont calmé la crise pendant un an, quelquefois plus. En outre, avant votre bouffée délirante, votre personnalité était introvertie. Cela peut faire craindre une rechute.

— À quoi servent ces médicaments ?

— Ce sont des neuroleptiques qui, dans un premier temps, à l'hôpital, permettent à votre délire de régresser, puis, dans un deuxième temps, vous protègent contre une rechute.

— Ce sont des comprimés à avaler ?

— Au début, oui. Mais il vaut mieux faire ensuite des injections.

— Pourquoi le faire en piqûres et non pas en comprimés ?

— Ce sont des injections à base de produits gras que l'on fait en intramusculaire, c'est-à-dire dans la fesse, pour distiller tous les jours une petite dose.

— J'ai peur des piqûres ! Je préfère les comprimés.

— Ce médicament en solution huileuse est absorbé très progressivement dans votre sang.

— On peut faire la même chose par la bouche ?

— Cela permet de maintenir dans votre cerveau une quantité de neuroleptique plus constante et plus faible. On éteint mieux un feu en l'arrosant constamment.

— Plus faible de combien ?

— La dose que vous recevez en un mois de piqûre correspond à la dose que vous prendriez en huit jours de cachets.

— C'est le seul avantage des piqûres ?

— Non il y a d'autres bénéfices pour vous : cela évite aussi les oublis, source de rechutes ; c'est en général votre médecin traitant qui fait la piqûre, donc il peut évaluer la bonne dose, tout comme moi-même ; le taux dans le sang est plus régulier.

Josselin semble ne pas m'avoir entendu. Il continue sur ce qui l'obsède :

— Faut-il aller à l'hôpital pour faire la piqûre ?

— Non, c'est votre généraliste qui fait la piqûre tous les mois.

— Pourquoi en parler à mon généraliste ? Il ne sait même pas que je suis tombé fou.

— Ça lui permet de s'assurer que le traitement est bien toléré. De plus, lorsqu'on va moins bien, on peut être découragé. On est alors tenté d'arrêter son traitement neuroleptique, risquant ainsi une nouvelle poussée délirante.

— Mon généraliste va parler de ma folie à toute ma famille.

— Non, car il est tenu au secret professionnel.

— Le secret médical n'existe pas à l'intérieur d'une famille ?

— Comme moi, il garde le secret même dans votre famille et même à l'intérieur d'un couple. Un spécialiste ne communiquera pas avec votre généraliste sans votre accord.

— Vous venez de me dire que c'est mon généraliste qui ferait les piqûres. Il faudra bien que vous lui parliez de moi. Je n'ai jamais parlé à personne de ces voix que j'entends dans ma tête. Elles me lancent des injures sur mes comportements, sur mes pensées, sur ma famille. Quand j'ai essayé d'en parler, cela a gêné les gens. Ils doivent être jaloux de mon pouvoir.

— Seulement si vous êtes d'accord. Je ne communique avec votre médecin ou avec toute autre personne que par lettre ouverte remise à vous-même en main propre.

— Pourquoi suis-je votre facteur pour communiquer avec mon généraliste ?

— Vous lisez la lettre pour connaître le diagnostic et le traitement. Vous pouvez toujours ne pas la donner si vous changez d'avis au dernier moment.

Josselin, perplexe, revient à ses questions du début :

— Comment fonctionne ce neuroleptique ? Comment va-t-il me guérir ?

— C'est un antidélirant qui permet, à l'hôpital, la régression de la bouffée délirante. Après, on maintient une dose plus faible, afin d'éviter une rechute pendant l'année suivante.

— La piqûre, c'est le seul traitement ?

— Non, vous allez faire une psychothérapie pour apprendre à gérer ce qui peut vous faire rechuter.

— Une psychothérapie, dans mon cas ! Comment cela peut-il me rendre service ? Vous avez dit que, dans un tiers des cas, ma bouffée peut ne pas rechuter.

En effet, il existait une personnalité gravement introvertie auparavant. Je dois préparer adroitement Josselin au risque de schizophrénie, de délire chronique.

— Il faut mettre toutes les chances de votre côté. La psychothérapie est utile pour beaucoup de raisons.

— Lesquelles ?

— Deux raisons principales : si l'on vous guide pour résoudre vos conflits internes et les troubles de votre personnalité, vous diminuez vos risques de complications ; si vous apprenez à faire face à l'anxiété, à l'angoisse, au stress, vous minimisez aussi votre risque de rechute et de passage à la chronicité.

— Comment se passe cette thérapie dans la pratique ?

— Trois outils seront utilisés. Grâce au premier outil, vous apprendrez à vous relaxer, à voix haute, en vous allongeant, tous les jours pour faire face aux moments de stress. Grâce au deuxième outil, vous noterez aussi, pendant vos moments de tension, vos pensées négatives. Vous chercherez d'autres actions et idées plus économiques, moins stressantes, pour les mettre à la place.

— Je ne suis pas assez patient pour ça !

— La patience, cela s'apprend, mais vous n'en aurez pas besoin, car ces outils prennent chacun cinq minutes. Il faut donc quinze minutes par jour.

— Et le troisième outil ?

— Le troisième outil est, comme dans tout travail comportemental, le jeu de rôle. Nous mettons en scène des situations douloureuses, sources de problèmes dans les relations avec les autres.

— Quelles sortes de relations améliore-t-on pendant les jeux de rôle ?

— Nous ferons le jeu de rôle qui consiste par exemple

à parler sans honte ni stress à votre femme de votre maladie.

— Combien de temps dure cette thérapie ?

Elle peut durer longtemps si la personnalité de Josselin est déséquilibrée ou s'il rechute. Comment pourrais-je en évaluer la durée puisque je n'ai encore fait ni les tests, ni l'analyse fonctionnelle qui permettent le diagnostic et le pronostic ?

— Le travail comportemental, dans votre cas, dépend évidemment de vos symptômes de fond. Il convient donc de faire un bilan pour savoir si, en dehors de la période délirante, vous êtes dépressif, agressif, timide. Je vais vous poser des questions très précises et vous faire passer des tests.

— À quoi sert ce bilan de départ ?

— Il sert de référence, comme si vous mettiez votre pèse-personne à zéro avant de vous peser. À partir de cet état de départ, qu'on appelle la ligne de base, on établit pendant un an un programme pour améliorer vos symptômes névrotiques et, chaque mois, on remesure chaque paramètre et l'on compare les chiffres pour déterminer les pourcentages d'amélioration.

— Qu'est-ce que cela veut dire, « névrotique » ?

— On parle de névrose quand il y a une angoisse et de psychose quand il y a un délire.

— Dans mon cas, quelles améliorations peut-on attendre de la thérapie ?

— Quelles sont les choses qui vous gênent dans votre façon de voir le monde, les gens, vous-même ?

— Je ne sais pas.

— Auriez-vous un bénéfice à diminuer par exemple votre tristesse, votre stress, ou votre agressivité ?

— Je voudrais avoir moins de tension dans la relation avec ma copine, être moins râleur et me disputer beaucoup moins avec elle.

— Si vous en avez envie, je vous propose, pour la prochaine fois, de faire le bilan de vos trois objectifs principaux et de les classer dans l'ordre de leur importance croissante.

— C'est quoi, un objectif de thérapie ?

— Un objectif peut se traduire, par exemple, par la phrase : « Je veux dépenser de l'énergie et investir trente minutes de travail par jour pour me permettre de communiquer avec plaisir, au lieu de souffrir de colères inutiles contre mon conjoint, pour ne pas rechuter dans mon délire. »

— Qu'est-ce que je fais de ces trois objectifs ?

— Vous classerez ces trois premiers objectifs par ordre d'importance. Pour trouver l'objectif le plus important, demandez-vous : « Si une fée me propose d'en résoudre un des trois, sans conséquence sur les deux autres, lequel est-ce que je choisis ? » Puis vous vous dites : « J'ai résolu le premier, la fée me demande lequel je choisis parmi les deux autres. »

— Est-ce que ce travail doit se faire longtemps, puisque vous m'avez fait comprendre que, toute ma vie, j'aurai le risque d'une rechute de bouffée délirante ou d'une évolution chronique ?

— Non. Mais il pourra être prolongé selon les critères prédicatifs d'évolution que je vais vous apprendre la prochaine fois.

— Combien de temps dure la thérapie ? insiste Josselin.

— Si les critères d'évolution sont défavorables, la psychothérapie comprend deux parties : une phase plus active d'un an, pendant laquelle on peut travailler une fois par semaine pendant une demi-heure en consultation, plus une demi-heure d'exercices ; ensuite, si tout va bien, un travail de rappel qui consiste à se voir mensuellement pendant encore un an ou deux pour travailler certains points plus difficiles. Enfin, vous continuez votre thérapie tout seul.

— Et après ces deux ans, je peux avoir peur de continuer tout seul ?

— Cela dépend de votre facilité à vous débrouiller seul. On ne vous abandonne jamais si vous n'êtes pas encore prêt.

— Et, dans la pratique, quelle habitude avez-vous par rapport à mon problème ?

— En général, le travail se fait plutôt avec un espacement de plus en plus grand des consultations : une fois tous les huit jours pendant la première année ; une fois tous les mois pendant la deuxième année.

— Et si j'ai un moment où ça va moins bien ?

Je vais rencontrer sa famille et leur expliquer la conduite à tenir en cas de rechute délirante. Je vais être prudent dans cette démarche. Je dois trouver la bonne mesure, sans rien cacher et sans trop inquiéter non plus. Bien entendu, on adapte aussi le rythme des consultations en fonction des événements difficiles de la vie et de la façon dont évolue votre humeur et enfin selon une liste que nous établirons des éléments du délire.

*

*   *

Josselin a fait une thérapie active d'un an. Les tests de personnalité ont confirmé une personnalité paranoïaque et une personnalité schizoïde, faisant redouter fortement le passage à la schizophrénie.

En effet, dans les moments de conflits avec sa femme, Josselin a pris des notes qui ont progressivement révélé cette paranoïa : « Je suis nul, donc je vais être ridicule. Je dois attaquer pour me défendre. Il faut se méfier des autres. »

Malheureusement, il a fait une rechute en début de deuxième année. J'avais expliqué à Josselin et à sa famille comment chacun pouvait détecter précocement une reprise du délire. Grâce à cela, sa famille n'a pas perdu de temps et une nouvelle hospitalisation a été nécessaire qui a permis une augmentation immédiate du neuroleptique qui l'a rééquilibré.

Aujourd'hui, deux ans après cette rechute, Josselin se soigne sérieusement. Il a pris conscience de sa méfiance exagérée vis-à-vis de sa femme et des autres. Il pense que réguler cette paranoïa est une façon d'éviter une rechute et d'améliorer sa vie de couple. Il n'oublie pas, chaque mois, de demander à son généraliste ou à moi-même de lui faire sa piqûre.

Cependant, les critères prédictifs font redouter une évolution chronique du délire. En effet, Josselin s'isole de plus en plus. Il entend dans sa tête des voix qui lui disent qu'il doit se méfier des autres. Heureusement, il n'est pas complètement convaincu du caractère extérieur de cette voix : « Je me demande si c'est quelqu'un qui parle ou si c'est ma pensée. »

On pourrait parler d'« automatisme mental » et ce symptôme appartiendrait à la schizophrénie si Josselin devenait de plus en plus convaincu du caractère extérieur de cette voix. Aujourd'hui, il consulte toujours pour continuer à s'ouvrir vers le monde.

*

* *

CONSEILS PRATIQUES

En cas de bouffée délirante

Il faut toujours avoir la franchise de dire au patient et à sa famille toute la vérité sur la maladie, le pronostic et le traitement nécessaire. De cette façon, ils conduisent de meilleurs soins.

Nous étudions avec le patient, en détails, les caractéristiques de la bouffée délirante initiale avec les témoins et avec le rapport d'hospitalisation. Ainsi, il n'est plus angoissé par ce vague souvenir que nous lui expliquons, ainsi que le risque de rechute.

Comme pour Josselin, nous établissons une liste qui permettra au patient et à sa famille de repérer une rechute le plus précocement possible. Dans ce cas, on augmente les neuroleptiques aussitôt. En effet, les récidives peuvent se ressembler entre elles.

La psychothérapie permettra d'équilibrer les comportements et les déviations de personnalité qui favorisent la rechute.

Le conjoint et la famille aideront à ne pas laisser le patient se désocialiser à cause de son introversion inquiétante.

Les psychiatres sont d'accord pour le traitement. Ils demandent au patient, victime d'une bouffée délirante, de continuer le neuroleptique au moins six mois. Cela évite une rechute si la bouffée délirante est isolée.

En cas de traitement discontinu, il peut y avoir une rechute. L'évolution peut se faire vers un délire chronique. Il est donc préférable de faire des injections retard de neuroleptique. Cela évite les interruptions de comprimés.

Les doses en injection sont plus faibles et plus efficaces. C'est précieux surtout lorsque l'on se dirige vers une schizophrénie chronique avec des voix dans la tête et des hallucinations auditives (tonnerre) ou visuelles (insectes).

TROISIÈME PARTIE

La famille

Difficultés à l'école
(« Ma fille a des mauvaises notes parce qu'elle n'aime pas son institutrice »)

— Bonjour, madame. Veuillez vous asseoir.

— Voilà, docteur, je viens consulter pour Fanny, ma fille de neuf ans. Elle a de mauvaises notes à l'école et je suis certaine que c'est à cause de son institutrice.

— Que voulez-vous dire par « à cause de son institutrice » ?

— Elle n'est pas gentille avec Fanny. Elle est toujours sur son dos. L'année dernière, ma fille réussissait bien, car sa maîtresse était compétente et gentille. Cette année, en CE2, ses notes sont très mauvaises. Vous êtes d'accord avec moi, docteur, on ne peut pas changer du tout au rien, en un an. Cela prouve que c'est bien la faute de l'institutrice qui ne sait pas bien la prendre !

Il faut que je sois prudent dans ma réponse, sinon cette mère pourrait se sentir blessée et refuserait mes conseils.

— Peut-être avez-vous raison, Brigitte. Mais peut-être aussi avez-vous tort. Moi, j'ai eu tort un jour. J'avais critiqué un professeur qui, semblait-il, ne donnait pas de devoirs à ma fille. En fait, elle m'avait menti pour ne rien faire. Dans une relation entre élèves et instituteurs, les responsabilités sont souvent partagées. Vous avez tout intérêt à soutenir l'institutrice, quoi qu'il arrive. De cette façon, vous serez plus écoutée.

— Pourquoi devrais-je soutenir une enseignante que je trouve médiocre ?

— Imaginons, Brigitte, que vous abondiez dans le sens négatif : « L'institutrice est incompétente. » Il y aurait trois conséquences graves pour votre fille. D'abord, elle se reposera sur cette idée pour ne rien faire, se mettra en échec et perdra une année : « Je n'ai pas de bonnes notes, mais maman dit elle-même que c'est à cause de l'institutrice qui ne connaît pas son métier. » Ensuite, elle risquera l'année prochaine, en CM1, de reproduire le même climat conflictuel par conditionnement : « Je n'ai pas de bonnes notes parce que j'ai pris du retard avec une mauvaise institutrice l'année dernière. » Enfin, l'enseignante, non soutenue, pourra se décourager. Inconsciemment, elle risquera de pousser votre fille à la faute individuelle pour prouver que ce n'est pas elle la fautive : « Quand je pense que cette mère m'accusait des mauvaises notes de sa fille. Depuis quinze jours, elle n'a fait aucun devoir. »

— Alors, comment faire en pratique ?

— Avez-vous rencontré l'institutrice ?

— Oui, nous nous sommes d'ailleurs un peu disputées. Elle dit que ma fille est colérique. Je peux vous assurer qu'à la maison, Fanny ne fait pas plus de colères qu'une autre enfant de son âge !

— Vous savez, Brigitte, un enfant se comporte souvent différemment à l'école et à la maison. Selon les groupes dans lesquels Fanny se trouve, elle peut avoir des habitudes différentes.

— Je connais bien ma fille ! Je connais son caractère direct. Elle n'a aucune raison de se comporter différemment à la maison et à l'école. D'ailleurs, elle ressemble beaucoup à son père : elle est très franche.

Essayons de diminuer un peu l'agressivité de Brigitte. Je vais dire que « l'institutrice me donnera des conseils » pour éviter sa peur du psy qui sait tout, qui critique, qui culpabilise.

— Peut-être. Nous en reparlerons quand j'aurai rencontré trois fois votre fille. Demandez à l'institutrice de m'appeler pour me donner des conseils. Je propose que vous m'indiquiez les changements que vous souhaitez pour elle.

— Comme je vous l'ai dit, je souhaite que l'institutrice soit plus compréhensive envers ma fille.

— Je dois maintenant définir votre objectif réel de mère, un objectif qui ne dépende ni de l'institutrice ni des autres personnes, mais de vous seule. Je tiens à vous prévenir dès cette première séance que nous n'aurons pas de moyens de changer l'institutrice. En revanche, nous pourrons aider votre fille à s'adapter aux gens, au monde. Venez avec elle la prochaine fois.

Pour Brigitte, je le vois, m'amener sa fille n'est pas évident. La psychiatrie n'a pas encore une très bonne image. Brigitte craint certainement que l'on prenne Fanny pour une folle. Mais elle n'ose pas me le dire explicitement, sans doute par peur de me vexer.

— Comment allez-vous travailler avec une fille de neuf ans ?

— Nous utilisons ce qui plaît le plus à l'enfant. On ne pose pas de questions directes pour ne pas suggérer, pour ne pas inquiéter, pour aborder le naturel de l'enfant comme dans un rêve. Nous travaillons donc avec le dessin, le théâtre, les jeux de rôle, la visualisation du problème en relaxation, les exercices avec les parents, et d'autres exercices que l'enfant doit faire à l'école.

— Tout cela me semble intéressant, sauf le dernier point.

Brigitte ne souhaite pas mettre l'institutrice dans le coup, qu'elle sache que sa fille est suivie en psychiatrie. Ah ! ce maudit qu'en-dira-t-on qui a fait tant de dégâts psychologiques en générant des secrets !

— Pourquoi ?

— J'ai peur que l'institutrice se moque de ma fille. Je crains aussi qu'elle la traite comme une handicapée. Je ne veux pas que ma fille soit mise à l'index par un carnet scolaire qui la suivra toute sa scolarité.

— À chaque jour suffit sa peine. Nous verrons cela plus tard, quand la confiance sera établie entre nous quatre, c'est-à-dire vous, votre mari, Fanny et moi. Je ne vais rien faire sans votre accord à tous les deux. Je verrai votre fille trois semaines de suite et après je vous téléphonerai.

— D'accord.

La suite de la première séance est faite d'échanges avec Fanny, la fille de Brigitte. Fanny est une jolie petite fille blonde qui me fait immédiatement penser à ma propre fille, Clara.

— Bonjour, Fanny, veux-tu que ta mère assiste au début de la séance avec toi ?

— C'est pas important.

— Préfères-tu qu'elle aille lire dans la salle d'attente ?

— Non. Elle doit rester avec moi dans votre cabinet.

— Je suis d'accord pour cette fois-ci parce que c'est la première fois. Ensuite, on essaiera de faire en sorte qu'elle reste dans la salle d'attente. Je vois tes parents seuls tous les mois.

— Je ne sais pas.

— Sais-tu pourquoi tu es là ?

— Parce que la maîtresse est méchante avec moi !

— Veux-tu me donner un exemple ?

— Elle ne veut pas répéter quand je ne comprends pas.

— Est-ce que tu veux que nous réfléchissions à cela ?

— Oui !

— Eh bien, je te propose de faire comme du théâtre, ensemble, toi et moi. Je vais jouer ta maîtresse et toi, tu vas jouer Fanny. Changeons de chaise, si tu veux bien. Mets-toi sur l'autre chaise et moi, je m'assois sur cette chaise-là. Comment appelles-tu ton institutrice ?

— Je l'appelle Madame.

Une enfant de l'âge de Fanny confond parfois la fiction, le rêve et la réalité. Le fait de changer de chaise à chaque fois situe la fiction comme si l'on entrait dans une salle de théâtre avec le lever de rideau.

— Eh bien, commençons tout de suite. Fanny, pourquoi ton devoir n'est-il pas fait ? Pourquoi ta leçon n'est-elle pas apprise ? Ton cahier était déjà très sale la dernière fois !

— Ce n'est pas ma faute, madame. On est allé à Disneyland avec mes parents. On est rentrés tard et mon père m'a dit que pour une fois ce n'était pas grave.

— Je ne suis pas de cet avis, Fanny, c'est toujours

grave. Tu aurais pu te débrouiller pour le faire samedi soir.

— On me dispute toujours. Ce n'est pas de ma faute. C'est injuste.

Fanny s'est mise à pleurer. Je décide d'arrêter provisoirement l'exercice.

— Félicitations, tu te donnes complètement à ton jeu de rôle. Tu es très attentive, mais cela ne t'empêche pas de t'amuser.

Le travail comportemental doit toujours être joyeux. Un enfant ou un adulte apprend mieux, avec moins de fatigue, s'il s'amuse.

— Maintenant, Fanny, nous allons essayer de trouver d'autres solutions positives pour rejouer cette pièce de théâtre.

— Il n'y a pas d'autres solutions !

— On pourrait envisager que Fanny n'est plus la petite fille mécontente qui se plaint toujours. Imaginons-la qui demande des conseils à sa maîtresse, qui pose des questions et qui ne pleure pas. Allez, on recommence. Pourquoi, Fanny, tes devoirs ne sont-ils pas faits ? C'est toujours la même chose, la dernière fois déjà ton cahier était très sale.

— Madame, je suis allée à Disneyland, on est rentré tard. Mon papa m'a dit que, pour une fois, je pouvais ne pas faire mes devoirs. Comment vous auriez fait à ma place ?

Fanny a trouvé elle-même la bonne question à poser. Cela prouve qu'elle n'est pas du tout intimidée par son jeu de rôle, donc je continue.

— Je pense, Fanny, que je l'aurais fait samedi soir ou dimanche matin, tu ne crois pas ?

— Oui, vous avez certainement raison, madame.

Je suis content du travail avec Fanny. C'est une enfant sincère qui dit facilement ce qu'elle ressent. Pourtant, elle est timide. Mais elle ne cache pas, comme c'est souvent le cas, sa timidité derrière une agressivité. De cette façon, on peut mieux l'aider. On n'a pas l'impression qu'elle dédaigne les autres par peur d'être ridicule. La sincérité émotionnelle est un atout précieux pour la thérapie, mais aussi pour toutes les relations humaines.

— C'est bien, Fanny, je te félicite et je te propose de nous revoir la semaine prochaine. Nous allons continuer à travailler par jeux de rôle. Je t'apprendrai à te détendre, à te relaxer le matin quand tu pars à l'école. Tu vas prendre des notes avec ta maman, sur un bout de papier, d'ici la prochaine fois. Écris tous les moments que tu trouves difficiles avec ton institutrice. Au revoir, Fanny.

Lors des consultions suivantes, je lui ai appris à se relaxer. Ce sont surtout les jeux de rôle qui lui ont permis de ne plus avoir peur de sa maîtresse. Les contacts avec celle-ci par téléphone ont été favorables. J'ai mis en avant les comportements positifs de cette maîtresse, ce qui les a renforcés.

La thérapie de Fanny a été marquée par la découverte d'une agression sexuelle de la part de son oncle, lorsqu'elle avait huit ans. Cela s'est retrouvé sur les dessins qu'elle a faits. Lorsque son père a accepté de venir, au troisième mois, Fanny a commencé à parler de ce traumatisme. C'était comme si elle avait attendu de lui l'autorisation de se confier.

Cette révélation a été le point de départ de son amélioration scolaire. Le père et la mère ont décidé de porter plainte et m'ont demandé de préparer leur enfant aux interrogatoires. En imagination, avec Fanny, j'ai évoqué toutes les éventualités judiciaires que m'avait expliqué leur avocat.

*
* *

Fanny est venue une fois par semaine pendant six mois. Bien sûr, cela va plus vite avec les enfants qu'avec les adultes, car ils sont plus souples pour changer. Mais le plus important, c'est leur motivation, et Fanny en avait beaucoup.

La motivation des parents est aussi indispensable. Brigitte, la mère, était très motivée au changement positif de sa fille Fanny.

Brigitte faisait tout pour l'équilibre de sa famille dans la verbalisation. Elle préférait parler de ses problèmes pour trouver des solutions. Dans sa souffrance, le père de Fanny avait plus de mal à verbaliser. Il disait souvent : « Ça va s'arranger tout seul. » Il avait une peur inconsciente que je remette en question son éducation et son autorité. Il me vivait comme un père parfait et comme un rival implacable.

J'insistai humblement pour le recevoir. « Je ne sais pas quoi faire avec le problème scolaire de votre fille. Pouvez-vous me donner des conseils ? » Se sentant menacé, il voulut arrêter la thérapie de Fanny. Il voyait la thérapie comme un affaiblissement de son enfant devenu dépendant. Fanny percevait l'opposition de son papa et m'en parlait souvent.

Elle prenait son temps pour changer comme pour rester en loyauté avec son père. Il m'a fallu longtemps pour voir celui-ci, offusqué par la lenteur des progrès de la thérapie. Il me dit alors : « Je savais bien que votre thérapie ne servirait pas à grand-chose. »

Mais ce temps passé à lui proposer de venir ne fut pas perdu. À partir de ce moment, en effet, Fanny a évolué plus vite. Elle a fait un bon CE2 et est passée en CM1 sans aucune difficulté.

*

* *

CONSEILS PRATIQUES
En cas de difficultés scolaires

Si vous trouvez que l'enseignant donne à votre enfant des devoirs trop difficiles.

Ne le critiquez jamais devant votre enfant. Ce serait lui enlever toute autorité. Il pourrait dans ce cas, inconsciemment, faire échouer votre enfant pour prouver que son enseignement n'est pas en cause.

Allez le voir seul et demandez-lui conseil : « Comment puis-je faire ? Les devoirs de maths sont trop compliqués pour moi et je ne peux pas aider ma fille. »

Si votre enfant a peur de l'école ou de l'instituteur.

N'attendez pas pour entreprendre un travail comportemental. « Je vais te voir deux fois par semaine jusqu'à ce que tu reprennes l'école lundi, puis une fois par semaine. »

Parlez-en à toute la famille de manière positive : « Il est tellement sérieux à l'école que cela le stresse. »

Parlez-en à l'école de manière positive : « Il aime tellement votre enseignement qu'il a peur de mal faire. »

Ne faites pas systématiquement établir un certificat médical prolongé d'exemption pour l'école et pour le sport. Négociez avec l'enfant une durée de repos de huit à quinze jours. « Tu vas te reposer une semaine et tu en profiteras pour te relaxer plus souvent chez le médecin. »

Ne le brusquez pas, mais soyez ferme et affirmé : « Tu vas reprendre progressivement l'école lundi en commençant par le dessin, matière que tu préfères. »

Soignez toutes ses autres peurs bénignes (noir, animaux, etc.).

Enfant bagarreur
(« Mon fils est renvoyé de l'école parce qu'il se bat tout le temps avec les autres »)

J'ai reçu hier un coup de téléphone d'une directrice d'école primaire. Elle me demandait de voir en urgence un jeune garçon de dix ans. Elle a été obligé de le renvoyer de l'école pour violences répétées sur les autres élèves.

La violence scolaire des préadolescents, c'est-à-dire entre dix et quinze ans, est malheureusement devenue un problème de société un peu partout et pas seulement dans les banlieues difficiles comme celle où j'exerce. Il s'agit le plus souvent d'une violence matérielle. Cette agressivité est dirigée contre des objets ou une salle de classe dans le cadre de conditions socio-économiques souvent défavorables. Ces actes inquiétants ne sont pas prémédités mais impulsifs. Ils débutent par une sorte de jeu qui masque la gravité des conséquences.

Mais cette forme de violence n'est malheureusement pas la seule. Dès le plus jeune âge, l'enfant de deux ou trois ans peut commencer à manifester des réactions de rage avec une agitation violente. Vers quatre ans, il exprime son agressivité physiquement, mais aussi verbalement. D'ailleurs, les garçons sont beaucoup plus agressifs que les filles. Ils peuvent plus tard continuer à l'être, notamment sur les animaux ou contre d'autres enfants. Le merveilleux roman *La Guerre des boutons*, qui est devenu un film célèbre, illustre ce problème.

Pour la plupart des enfants, ces conduites disparaissent

progressivement. Mais certains continuent à se montrer violents, tapent leurs camarades, leurs professeurs ou d'autres adultes. J'ai probablement assise en face de moi la mère d'un de ces garçons. Elle est venue seule. Elle m'explique que son fils vient d'être renvoyé de l'école. Je savais déjà cela par la directrice.

— Pouvez-vous, Anne, me raconter la bagarre la plus grave dont votre fils ait été l'initiateur ?

— Bien sûr, docteur. Voulez-vous que je vous décrive celle qui lui a valu d'être renvoyé ? Il est maintenant dans une nouvelle école.

— Oui.

— C'est malheureusement toujours pour des bêtises. Cette fois, un copain lui a emprunté son taille-crayon et a marché dessus, probablement plus par maladresse que par méchanceté volontaire. Mon fils s'est jeté sur lui, lui a mis un œil au beurre noir. C'est pour cela qu'il a été renvoyé de l'école.

— S'était-il déjà bagarré avant ?

— Depuis le début de l'année, il y a eu cinq incidents de cette sorte. À chaque fois, c'est la directrice qui m'a appelée.

Il est temps que je fasse préciser un peu les choses tout en déculpabilisant Anne d'être venue sans son fils.

— C'est bien que vous soyez venue d'abord sans votre fils. Je dis toujours aux gens qui me demandent mon avis au téléphone : « Comme votre proche va mal et ne veut pas se soigner, venez d'abord sans lui. En tant que comportementaliste, je vous expliquerai le diagnostic de son problème. Ensuite, je vous apprendrai à lui présenter sa venue ici. »

— Que dois-je lui dire ?

— Dites de manière directe : « Le psy dit que tu es déprimé. Il veut t'aider trois mois. »

— C'est trop direct. Il va se braquer.

— Dites de manière plus indirecte : « Le psy dit que c'est moi, ta mère, qui suis responsable de ton stress à cause de ma dépression. Il prétend que tu peux m'aider à ne pas reporter sur toi mon mal-être en venant le voir mercredi prochain. » Qu'avez-vous expliqué à votre fils sur le fait que vous étiez là aujourd'hui pour lui ?

— Je préférerais avoir d'abord votre avis sur la façon de lui présenter les choses.

J'aime poser cette question qui surprend toujours :

— Comment imaginez-vous que je puisse vous aider ?

— Je ne sais pas du tout, c'est l'institutrice de mon fils qui m'a donné votre nom. Vous avez déjà aidé un autre enfant de la classe.

Un petit conseil concret est bienvenu à ce moment de la séance, toujours en déculpabilisant, car je la sens honteuse.

— Je vous répète que c'est une bonne idée de ne pas lui avoir parlé de votre consultation ici. Je vous conseille d'expliquer à votre fils pourquoi vous êtes venue me voir. Nous utiliserons une des deux stratégies dont je viens de vous parler. Si vous le voulez, nous allons prendre ensuite un rendez-vous pour lui. Je donne toujours le rendez-vous par lettre. Cela aide à venir.

— Comment allez-vous travailler avec lui ?

Autant j'ai laissé Anne imaginer ce que pourrait être une éventuelle thérapie pour elle, autant je dois être précis et ferme en ce qui concerne son fils.

— Je vais essayer de comprendre comment fonctionne son comportement bagarreur. En général, l'agressivité est presque toujours liée à une timidité inconsciente qui l'empêche de parler.

— Qu'est-ce qui lui passe par la tête quand il cogne ?

— Il pense inconsciemment : « Je suis nul. On va me dévoiler. J'agresse pour me cacher. » La seule pensée consciente est : « Il faut se méfier de tout le monde et attaquer avant qu'on nous attaque. »

— Et alors, comment allez-vous faire pour réparer tout cela ?

Je profite de sa comparaison mécanique pour être précis.

— Je vais d'abord établir un devis pour faire le bilan de la panne. Il faut comprendre le cercle vicieux de son agressivité. Ensuite, plutôt que de passer à la violence, je vais apprendre progressivement à votre fils à exprimer son mécontentement calmement. Il le fera, par exemple, avec moi sur un magnétophone, puis sur le papier.

— Vous ne trouvez pas que c'est trop compliqué pour lui ? Il ne voudra pas parler. Il dira : « Tout va bien. Je n'ai besoin de rien. Je n'ai rien demandé. »

Pour rassurer Anne, je lui dis avec fermeté :

— Absolument pas. D'ailleurs, je vais reproduire avec lui la scène du taille-crayon. Ce sera au début négatif, exactement comme cela s'est passé. Ensuite, je lui apprendrai à remplacer les coups de pied et les coups de poing par des mots.

— Et quels mots peut-il employer ?

— Par exemple en jeu de rôle, au lieu de frapper, il peut apprendre à dire : « Je ne suis pas content que tu ne joues pas avec moi. »

— Vous savez, il est timide et il n'arrivera pas à faire tout cela. J'ai peur qu'il s'énerve et qu'il ne veuille pas revenir vous voir.

Aider la mère et aider son fils sont deux choses aussi importantes l'une que l'autre pour soulager cette famille. Il faut donc que je déjoue ce mécanisme d'échec de la mère dans sa relation avec son fils : « Il est timide, il n'arrivera pas à faire tout cela. Il va s'énerver et ne voudra pas revenir. » Elle projette ce mécanisme sur son fils parce qu'elle l'utilise déjà pour elle-même. C'est ce que l'on appelle la « prédiction négative » qui se réalise.

Si je prévois que je vais m'ennuyer chez mon oncle ce soir, je ne vais repérer que ce qui est négatif. La tête d'enterrement du cousin me sautera aux yeux immédiatement. Il se peut même que ce soit vers l'oncle que j'aille en premier pour confirmer ma prédiction négative. En effet, il est plus commode d'essayer de justifier nos croyances : « J'avais bien raison, on perd toujours son temps chez mon oncle. » À l'inverse, si je me dis : « Mon prof de maths est super, il a toujours un mot gentil pour moi », je vais être à l'affût de ses attitudes gentilles. Je ne verrai pas ses maladresses par besoin de justifier ma croyance de départ : « Mon prof de maths est super. »

On s'arrange inconsciemment pour que notre prédiction se réalise parce que tout être humain pensant est rassuré de confirmer ses croyances. Il est apaisant à court terme de penser : « J'avais bien raison. »

— Anne, nous verrons comment tout cela va se passer. On ne peut pas tout prévoir. Je vous propose de le voir mercredi.

— D'accord, mais je crains qu'il soit incapable de changer. Je vais vous donner un autre exemple tout simple. Lorsqu'il se bat avec son frère, il ne peut jamais nous donner d'explication calmement, même trois jours après.

C'est bien cela. Elle prévoit l'échec de son fils. Elle va lui dire : « Tu ne vas pas y arriver », ou bien : « Tu vas encore tomber », ou bien encore : « Tu ne changeras jamais. » Anne peut aussi ne rien dire à son fils, mais par ses mimiques elle exprimera la même chose que précédemment : en haussant les épaules, en restant indifférente aux efforts de son fils, en faisant la moue.

C'est pire que les mots. On peut plus facilement contredire une critique : « Maman, tu me critiques toujours, pour toi ce n'est jamais bien. » En revanche, l'influence d'un haussement d'épaule est plus inconscient. Ce geste n'est pas critiquable, donc il est plus source pour l'enfant de perte de confiance en soi.

Bien sûr, cette mère n'est pas méchante. Elle a appris de cette façon avec ses propres parents. Je vais lui apprendre autrement. Ainsi, son fils et elle-même seront plus heureux, plus confiants en eux-mêmes. Le fils n'aura plus besoin de frapper pour exister.

— Vous savez, Anne, les parents ne sont pas toujours les mieux placés pour comprendre les enfants.

— C'est peut-être plus facile avec vos propres enfants. Votre métier doit vous rendre plus compétent pour aider votre famille. Alors, vous croyez que tout le monde peut en faire autant.

Les gens croient toujours qu'on est plus malin qu'eux avec nos propres enfants. Il n'en est rien. Parce que j'aime mes enfants, je ne vois pas beaucoup mes propres erreurs éducatives. Heureusement que nous ne sommes pas techniciens avec nos enfants comme avec nos patients ! Nous serions ennuyeux, sévères, froids avec eux et ils en souffriraient beaucoup. Je vais lui expliquer cela pour la déculpabiliser. Je voudrais qu'elle se dise : « Si le psy a du mal avec ses enfants, je ne suis pas si nulle que cela. »

— Vous, vous trompez. Par exemple, en ce qui me concerne, pour un de mes enfants dépressif, j'ai dû consulter un confrère et j'en ai été satisfait. Il y avait beaucoup de choses que je ne voulais pas comprendre par amour. Avec votre fils, j'aurais peut-être compris du premier coup.

— Moi, je n'ai pas bien compris pourquoi vous ne pouvez pas aider correctement vos enfants.

Cette interrogation m'évoque la mémoire de Milton Erickson. J'ai toujours admiré ce grand psychiatre américain mort dans les années 1980. Il nous a appris, entre autres, à parler de nos propres problèmes à nos patients. Lui qui était atteint de la polio, il en parlait souvent. C'était comme un thérapeute ou un parent qui montrait à son patient, à son enfant qu'il n'était pas infaillible. Il ne faut pas que le parent ou le thérapeute semble parfait, sinon l'enfant ou le patient peut se décourager.

— Vous voyez, Anne, comme on aime ses enfants. C'est le cas de la grande majorité des parents. On a une vision tellement subjective d'eux-mêmes que l'on est incapable de les aider. Le thérapeute, lui, a l'avantage d'être à distance. Il est comme une caméra extérieure, bien placée, qui voit beaucoup mieux les choses.

— J'aime bien ce que vous m'avez dit, à propos de vos enfants. Vous m'avez déculpabilisée de ne pas être venue plus tôt pour mon fils. Il me reste encore la honte de voir un psy.

— Là encore, vous avez la même idée que celle que j'avais avant d'être psy. Mes enfants aussi ont rarement dit à leurs amis que leur père était psy. Par honte. Ma fille a même caché six mois ma profession à son fiancé. Du coup, son fiancé a lui-même caché la profession de son père. Le jour où ils ont décidé de se le dire, ils ont joué au « oui ou non ». Ils ont tous les deux trouvé que le père de l'autre était médecin, puis spécialiste. Ils ont énuméré toutes les spécialités pour terminer par psychiatre. Curieusement, le beau-père de ma fille et moi-même, nous sommes tous les deux psychiatres. Nos deux enfants avaient honte de se le dire. Je vous attends tous les deux mercredi prochain.

*

* *

Je n'ai vu en fait que trois fois le fils d'Anne. Curieusement, cette thérapie de sept mois a évolué vers une thérapie pour la maman. Elle a appris à avoir confiance en son fils en ayant d'abord confiance en elle-même.

Par ailleurs, elle a fait un travail pour gérer les conflits de son couple. C'était un grand moteur de l'agressivité de leur fils, par imitation.

Je n'ai pas réussi à impliquer le père ni dans l'aide de son fils, ni dans celle de son couple. C'est dommage, car il était très autoritaire et très négatif envers sa femme et son fils. J'aurais pu l'aider plus ou moins discrètement à devenir plus souple.

Comme souvent, c'est la mère de famille qui, dans notre culture, gère la plupart des problèmes de la famille. Même lorsqu'elle travaille davantage que son conjoint, elle peut aussi nous adresser seule son enfant. C'est le cas d'Anne, infirmière libérale, dont le mari est fonctionnaire. Il est injuste de juger qu'une mère est responsable de tous les problèmes de son enfant. C'est elle qui en fait le plus. Il n'y a que ceux qui ne font rien qui ne se trompent pas. Se tromper n'est pas grave pour l'enfant, pourvu qu'on le lui dise.

Après la thérapie d'Anne, je n'ai plus entendu parler de la violence de son fils à l'école. J'ai fait de nombreux jeux de rôle pour apprendre à Anne à avoir une voix détendue avec son conjoint et avec son fils.

À la dernière consultation, elle m'a offert un écrit de Roberta Manchu, guatémaltèque, prix Nobel de la paix. Anne a posé son doigt sur une citation :

« Les pères disent aux garçons :
Défends-toi !
Les mères disent aux filles :
Arrange-toi !

C'est ainsi que ces hommes font la guerre,
Et que ces femmes font la paix. »

*

* *

CONSEILS PRATIQUES
Si votre enfant est bagarreur

Donnez tort aux deux adversaires : « Vous n'êtes pas raisonnables, vous gênez la récréation. »

Transformez les coups en paroles : « Vous avez dû avoir un problème grave pour vous frapper si fort. »

Détaillez leurs comportements : « Quand tu lui as tordu l'oreille, j'ai cru que tu voulais la lui arracher. Cela m'a fait penser à deux boxeurs qui boxeraient sans règles et sans fair-play. Je te signale que c'est précisément ce qu'a fait Mike Tyson. Il a mordu l'oreille de son adversaire au cours d'un championnat du monde. Il a été disqualifié puis critiqué par tout le monde pour ce geste inacceptable. Qu'en penses-tu ? »

Tout comportement négatif doit entraîner des conséquences : « Ton père et moi, voulons que tu achètes, avec tes propres économies, le mastic et le verre. Tu apprendras à changer le carreau que tu as cassé lors de ta dernière violence. Cela te ferait-il plaisir que ton père t'apprenne à poser un carreau avec du mastic et des clous ? »

Essayez d'en reparler plusieurs fois à distance, à quelques jours d'intervalle : « Comment as-tu compris ce qui s'est passé jeudi ? »

Utilisez la punition masquée. Tout symptôme, y compris l'agressivité, est une demande maladroite d'affection. Dites : « Quand tu te bagarres à l'école, cela veut dire que tu veux t'autonomiser, grandir, pour être fort. Tu veux donc que je te colle moins aux baskets. Je vais te laisser faire tes courses seul. »

Dans ce cas, votre enfant est frustré de ne plus avoir l'affection de sa mère. Il ne va plus agresser de nouveau s'il a cet inconvénient à chaque fois. Il ne peut pas se plaindre, car il est sensé être lui-même celui qui demande la conséquence. Il peut seulement changer, abandonner l'agressivité non rentable, ou en parler : « Tu n'as rien compris, maman, cela me fait plaisir de faire les courses avec toi. »

Enfants opposants (« Mon fils n'est jamais d'accord avec moi »)

Josepha est très en colère contre son fils. Je peux la comprendre. Cela m'arrive aussi. Dans ce cas, je travaille mes colères avec un psy qui me supervise. Un thérapeute doit toute sa vie faire un travail sur lui-même pour que ses problèmes personnels n'influencent pas les thérapies. C'est ce que je vais expliquer à Josepha. Je vais lui dire quelles stratégies j'ai utilisées pour rester calme quand mes enfants m'énervent. Par exemple : « Je suis trop en colère ce soir, je serais injuste avec toi. Que penses-tu de parler demain soir à 19 heures des trois cours que tu as séchés ? »

— Josepha, quel type d'oppositions rencontrez-vous avec lui ?

— On s'oppose sur tout et sur rien. Par exemple, il n'est jamais d'accord avec moi sur l'heure que je lui donne pour rentrer de boîte de nuit, le samedi.

— Quelle heure lui donnez-vous, et à quelle heure veut-il, lui, rentrer ?

— Je ne sais pas ce qu'il souhaite. Ce que je sais, c'est qu'il n'est jamais d'accord avec l'heure que je lui propose. De plus, il ne veut pas venir vous voir.

— Je pense qu'il est important d'en discuter calmement à trois, votre fils, son père et vous. Demandez-lui l'heure à laquelle il souhaite rentrer et dites-lui que vous allez y réfléchir avec votre mari.

— Je préfère en parler toute seule avec mon fils, car mon mari est encore plus sévère que moi sur cette question.

— Pourquoi ?

— À chaque fois que son père s'en mêle, ça fait un drame pendant huit jours.

— Il est important que ces décisions soient d'abord prises en couple, secrètement. Dans un deuxième temps, révélez votre décision à votre fils en présence de son père.

— Je vous ai dit que c'est toujours un sujet de conflit avec mon mari. Je préfère donc ne pas accentuer la bagarre.

— Nous allons préparer ensemble, tous les deux, le fait que vous soyez déjà vous-même calme au moment d'en parler à votre conjoint.

— Comment ?

— La prochaine fois, nous ferons vous et moi un jeu de rôle. Vous devez apprendre à négocier calmement avec votre mari. Vous déterminerez ensemble une heure raisonnable pour le retour de votre fils de boîte de nuit.

— Et si mon mari et moi ne tombons pas d'accord sur l'horaire ?

— Vous devez décider secrètement avec lui d'une heure maximum sur laquelle vous ne reviendrez jamais. Ensuite, soyez solidaires. Acceptez d'abord la sévérité de votre mari et dites : « Si Mathias arrive à l'heure cet hiver, que penses-tu de lui donner une heure de plus au printemps ? »

— Mais ce n'est pas pour moi que je viens, c'est pour mon fils Mathias ! J'ai l'impression que c'est à moi que vous faites la leçon...

— J'apprendrai à Mathias à être moins opposant. Mais vous devez vous aussi discuter calmement avec votre conjoint. Vous ne pouvez pas prétendre négocier paisiblement avec votre fils si vous n'êtes pas capable de le faire avec votre mari.

— Pourquoi allons-nous travailler cela ensemble ? N'est-ce pas plutôt à Mathias de se trouver ici ?

— Il vaut mieux préparer vous et moi la venue de votre fils récalcitrant. Nous allons faire des jeux de rôle dans lesquels je jouerai votre rôle et vous celui de votre fils. On prendra une autre personne pour jouer le rôle de votre conjoint. Nous intervertirons les rôles ensuite pour que chacun joue chacun les trois rôles.

— Pourquoi changer les rôles ?

— Chacun montre ainsi sa manière de faire. Vous volerez mes bonnes idées. Et après chaque jeu, nous écrirons et analyserons vos émotions, vos pensées négatives, les bonnes stratégies afin que, de jour en jour, vous puissiez progresser chez vous.

— Qu'est-ce que cela va apporter à mon fils ?

— Vous allez apprendre à vous donner du temps, et à leur donner du temps à tous les deux pour réfléchir. Vous allez ainsi transformer le conflit en désaccord. Vous négocierez progressivement.

— Conflit et désaccord, n'est-ce pas la même chose ?

— Non. Dans le conflit, il y a des affirmations à haute voix menaçante, on n'écoute pas l'autre, on ne le laisse pas parler. Dans le désaccord, il y a des interrogations avec une voix douce, rassurante, on écoute l'autre et on le laisse parler.

— De quelle façon puis-je temporiser quand mon fils me demande une réponse juste avant de partir ?

— Vous proposerez une heure de retour et vous apprendrez à dire à votre fils que vous allez en rediscuter quatre jours après avec lui et avec votre conjoint. Dites-lui : « En attendant notre réponse, tu respectes la règle précédente de rentrer à 23 h 30. » Dites aussi : « Notre réponse sera conditionnée par ta bonne conduite. Ne prends pas ton scooter si tu as bu de l'alcool, mais appelle-nous. Voici un alcootest. S'il dépasse 0,2, tu nous appelles. Ton respect des 23 h 30 sera également pris en compte dans notre prochaine décision. »

— C'est tout ce que nous ferons ?

— Non, nous allons aussi travailler ensemble la relaxation pour apprendre à vous détendre. Il est possible que votre fils vienne quand il sera décidé. En attendant, apprenez-lui la relaxation.

— Quelle attitude aurez-vous avec Mathias ?

— Je vais d'abord faire coalition avec lui pour le comprendre. Ensuite, progressivement, je l'aiderai à être moins exigeant et plus patient avec vous.

— Est-ce que vous allez aussi l'aider à se relaxer ? Il est très nerveux, vous savez.

— Cela dépendra de lui, de sa faculté de se remettre en question, de se critiquer. Il vaut mieux pour l'instant que je travaille avec vous et que je vous apprenne à bien lui présenter mon rôle.

— À d'autres moments, il ne sort plus de la maison, s'enferme dans sa chambre tout le week-end, ne mange pas avec nous mais à deux heures du matin, quand tout le monde est couché.

— Nous allons réfléchir à tout cela et chercher des solutions avec vous, Josepha.

— Son père devra-t-il venir ?

— Que dit votre époux ?

— Il dit : « Un psy n'y fera rien, il faut attendre qu'il mûrisse. »

— Eh bien, dites-lui de venir seulement quand il le souhaitera.

Il est fréquent que les pères soient récalcitrants. J'ai l'habitude de ne jamais faire pression sur eux. Je leur écris régulièrement pour les informer de mon travail. Cela produit un effet apaisant, ils craignent moins d'être remis en question quant à l'éducation de leurs enfants.

— Que ferons-nous à la prochaine consultation ?

— Je commencerai par travailler avec vous quelques jeux de rôle pour reproduire votre négociation avec votre mari puis avec votre fils.

— La consultation d'aujourd'hui est-elle terminée ?

— Non, nous allons aussi imaginer les moments propices que vous pouvez choisir pour parler avec votre conjoint puis votre fils.

— Que me conseillez-vous ?

— N'attendez pas le dernier moment, c'est-à-dire le samedi, pour discuter avec Mathias de la boîte de nuit. Il faut y réfléchir à l'avance, dès le lundi ou le mardi.

Cette première consultation se termine avec trois courts jeux de rôle où je joue le rôle du mari, Josepha jouant son propre rôle. Après quelques essais, elle parvient à être plus calme pour préparer son dialogue du soir-même : « Jacques, pouvons-nous réfléchir à l'heure de retour de notre fils samedi dans cinq jours ? Réfléchissons chacun de notre côté et reparlons-en demain. »

*

* *

Mathias a fait une fugue qui a beaucoup inquiété ses parents. Ils sont venus me voir ensemble. Cela leur a permis d'évoquer leurs difficultés de couple.

Très souvent, le symptôme d'un enfant dévoile un problème de couple. C'est comme si l'enfant créait inconsciemment un symptôme psychologique ou physique comme une fugue ou une crise d'asthme pour demander du secours à ses parents. Parfois aussi la crise survient pour faire diversion pendant la scène de ménage des parents et les empêcher de divorcer.

Josepha et son fils sont venus ici dix mois. Ils étaient tous les deux très déprimés. Mathias voulait s'autonomiser et en avait peur en même temps. C'est le fait d'en parler qui l'a apaisé. Josepha voulait laisser s'autonomiser son fils et avait peur de rester seule avec la froideur de son conjoint. C'est aussi le fait d'en parler qui l'a rassurée.

Au cinquième mois, Mathias ne s'est plus opposé à ses parents ; leur thérapie conjugale, chez un collègue, leur avait permis de se parler, d'accepter leurs différences et d'être solidaires dans l'éducation de leur fils.

Au onzième mois, Josepha et son fils ont fait la paix. Leur thérapie a donc pris fin. Quant à la thérapie de couple, Josepha et son mari ont pu renouer le dialogue et avoir de nouveau une sexualité harmonieuse.

*

* *

CONSEILS PRATIQUES
Si votre enfant est opposant

Ne lui faites jamais perdre la face devant des personnes étrangères à la famille.

Défendez-le toujours.

S'il se trouve nul, positivez-le. Physiquement: «Tu es vraiment beau gosse.» Sexuellement: «J'ai vu que tu faisais tourner la tête à Élodie.» Intellectuellement: «J'ai trouvé intelligent ton point de vue sur la peine de mort.»

Faites apparaître progressivement ses contradictions, de sorte que ce soit lui-même qui les découvre.

Prenez un médiateur en dehors de la famille si vos échanges sont trop conflictuels.

Les deux parents doivent écouter ensemble les besoins de leur enfant. Chaque parent doit chercher seul une solution, mais c'est ensemble qu'ils doivent confronter leur avis et prendre une décision.

Cette décision sera expliquée à l'enfant et négociée avec lui, puis assouplie mois après mois en fonction de sa conduite positive.

Dépression de l'enfant (« Mon fils m'inquiète, car il prend trop de risques »)

Mon assistante m'annonce qu'elle a rajouté une urgence sur mon planning de l'après-midi : un jeune garçon d'une dizaine d'années qui multiplie les accidents depuis plusieurs semaines.

C'est la mère qui vient me consulter comme c'est souvent le cas pour une première séance. Ce problème a toujours intéressé les psychiatres. J'ai moi-même fait ma thèse de médecine sur « le suicide chez l'enfant » et mon mémoire de psychiatrie sur « la dépression chez l'enfant ». Nous, psychiatres, savons depuis longtemps qu'il existe un parallélisme entre les conduites suicidaires manifestes et la propension aux accidents chez certains enfants. Ils adoptent des conduites de défi, mettant en danger leur vie. Par exemple, ils traversent une rue à toute allure en fermant les yeux, plus ou moins conscients du danger. Pour d'autres, ce sont des séries d'accidents, telles que brûlures, fractures, accidents ménagers.

Souvent, ces conduites sont à mettre en relation avec une dépression qui n'est pas toujours facile à diagnostiquer chez l'enfant. L'enfant dit rarement comme l'adulte : « Je suis nul. » Mais ce sera peut-être le cas pour le fils de cette belle femme de trente-quatre ans environ qui s'assoit en face de moi.

— Bonjour. Vous me direz, madame, si mon assistante vous a bien comprise. Votre nom est Maria, vous avez trente-quatre ans. Vous venez me voir pour votre fils de onze ans qui vous inquiète, car il prend beaucoup de risques.

— C'est bien cela, docteur.

— Maria, qu'entendez-vous par « prendre des risques » ?

— Eh bien, docteur, par exemple, mon fils Manuel a failli mourir plusieurs fois ! Heureusement, il a eu de la chance. Je n'aurais jamais pu m'en remettre.

— Je comprends que ce soit douloureux d'en parler, mais de quelle façon est-ce arrivé ?

— L'autre jour, il a traversé la rue sans regarder ni à droite ni à gauche. Il a failli se faire renverser par une voiture. Il s'est également fait une foulure grave en jouant au foot. Il est aussi tombé dans l'escalier pas plus tard qu'hier. Ah ! J'allais oublier, je lui ai acheté un beau vélo l'année dernière, après la mort de son grand-père paternel. Il se met tout le temps en danger avec ce vélo. Par exemple, il sort dans la rue à toute vitesse. Il est toujours dans la lune et il est déjà tombé plusieurs fois.

Il est temps maintenant que j'explore les variations de l'humeur de Manuel.

— Comment trouvez-vous son humeur ? Est-il gai ou triste ?

— J'ai remarqué que depuis la mort de son grand-père, dont je vous ai parlé, Manuel est souvent triste. Il ne rit plus facilement comme avant.

Continuons à explorer le registre dépressif, car je sens qu'il peut s'agir d'une dépression chez l'enfant.

— Est-ce qu'il continue à jouer ?

— C'est aussi ce qui m'inquiète. Manuel ne joue presque plus avec ses jeux vidéo alors qu'il aimait tant ça. Il est très peu avec ses copains. Il a même envoyé promener la petite voisine dont il était amoureux !

— Et à l'école, où en est-il ?

— Manuel est en sixième, mais ça se passe très mal : il est distrait. Il oublie ses devoirs. Je l'ai même surpris en train de faire des dessins bizarres sur un cahier.

— Quel genre de dessins ?

— Une tombe sur laquelle il avait inscrit le nom de son grand-père.

— Qu'est-ce qu'il en dit, de ses dessins ?

— Vous voyez, docteur, il parle peu. Surtout, il ne semble s'intéresser qu'à des choses tristes ou qui font peur comme des romans morbides ou des films d'horreur.

— Mais se confie-t-il à vous ?

— Ça aussi, docteur, ça me fait peur. Il nous dit, à mon mari et à moi, qu'il veut rejoindre son papy au ciel. Ce n'est pas normal de dire des choses comme ça à onze ans !

Je dois dire à Maria ce que je pense de la maladie de son fils. Je ne dois pas l'inquiéter inutilement. Cependant, elle doit sécuriser son enfant.

— Je pense, Maria, que Manuel fait actuellement une dépression.

— En êtes-vous sûr ? On ne fait pas une dépression à onze ans ! On n'a pas de soucis à cet âge-là !

— Non, je ne suis pas complètement certain de la dépression. J'ai besoin de rencontrer Manuel pour être sûr de mon diagnostic.

— Mais alors pourquoi mon fils ne me dit-il pas qu'il est déprimé ?

Maria touche là le point le plus important de la dépression de son fils et d'une manière générale de tout enfant déprimé. Il faut que je sois prudent afin de lui expliquer que la détresse de l'enfant est le plus souvent peu verbalisée. J'ai toujours du mal à faire comprendre aux parents que l'enfant ne sait pas expliquer. Il a une vague impression qu'il est moins bon qu'un autre. L'enfant n'a pas la maturité d'un adulte dans la pensée et dans la parole.

— Vous voyez, Maria, l'enfant a beaucoup moins de facilités que l'adulte à exprimer ses pensées quand il est déprimé. Si l'on compare avec un adulte déprimé, Manuel va plus facilement avoir des comportements de mise en danger, comme ceux que vous m'avez décrits. Il se met en danger pour se suicider et échapper à sa souffrance sans en avoir une conscience complète.

— À quoi correspondent ses mises en danger, comme vous dites ?

Les mots « suicide » et « dépression » font toujours peur aux parents. Ils ne peuvent pas imaginer que leur enfant puisse vivre des choses tristes comme les adultes et en plus qu'il ne puisse pas les dire.

— Eh bien, ses prises de risque peuvent correspondre à ce qu'on appelle des « équivalents suicidaires ».

— Mais quand on veut se suicider, on le dit, on le fait savoir.

— L'enfant ne le dit pas toujours. Avoir des accidents graves et fréquents, c'est pour Manuel l'idée inconsciente de mourir. En étant par exemple maladroit, négligent ou inattentif, il veut en finir avec son stress, par la mort.

— Il y a plein d'enfants qui tombent de leur vélo et ils ne veulent pas tous se suicider !

Je sentais que ce serait difficile de faire accepter tout cela à cette mère. Comme toujours devant un risque suicidaire, je dois bien mesurer mes mots. Si je l'inquiète trop, cela sera trop difficile pour Maria de revenir me voir avec Manuel. Si je banalise trop, elle trouvera superflu de soigner Manuel et il risquera de se suicider.

— J'aimerais être plus optimiste, mais je ne veux pas mettre en danger votre fils. Sans soins, il peut se suicider. Je peux me tromper. Si c'était le cas, je vous le dirais avec la même sincérité que celle que nous avons tous les deux aujourd'hui.

— Mais comment puis-je être certaine que mon enfant veut se suicider ?

— On ne peut pas avoir une certitude à 100 %. Si vous avez un risque faible de polio, je vous vaccine. D'une manière générale, les actions l'emportent. C'est-à-dire que les prises de risque l'emportent dans tous les cas sur les mots ou l'absence de mots. Imaginons, Maria, que votre mari vous protège d'une agression dans la rue. C'est une plus grande preuve d'amour que s'il vous dit « je t'aime ».

— Je ne vois pas le rapport.

— Cela veut dire que les actions trompent moins que les mots ou le silence des mots. Se mettre en danger par les actes, pour un enfant, c'est encore plus grave que de parler de suicide pour un adulte.

— Alors, que pouvez-vous faire pour Manuel ?

— Le principe général sera de varier les exercices

pour ne pas lasser ce jeune garçon de onze ans. Je vais d'abord lui demander d'écrire ses pensées négatives avec vous, quand il sera moins bien. Je discuterai avec lui de ses écrits. D'autre part, j'apprendrai à Manuel à vous en parler et à m'en parler de plus en plus souvent.

— Voyez-vous des enfants déprimés chaque jour ?

— Oui, Maria, c'est malheureusement fréquent et tout particulièrement dans la tranche âge de votre fils.

— Quand voulez-vous le voir ?

— Je le verrai chaque semaine, le mercredi après-midi, puis nous ferons le point ensemble, votre conjoint, vous et moi, chaque mois. Nous mesurerons l'évolution positive de Manuel. Je le verrai donc mercredi prochain.

Maria paraît subitement affolée.

— Mon mari ne pourra jamais venir, docteur, car il travaille la nuit.

C'est plus douloureux pour les pères que pour les mères d'accompagner leur enfant chez le psy. D'une manière générale, ils ont une timidité. Elle est due à un manque d'expérience dans le domaine de la psychologie, de l'éducation et de la médecine. D'ailleurs les hommes consultent beaucoup moins les psys que les femmes pour eux-mêmes. Par exemple, à mon cabinet, j'ai une proportion de trois hommes pour sept femmes. De plus, beaucoup de mères protègent inconsciemment leur conjoint qui ne viendra pas aider le psy. Pour trois raisons : elle protège celui qu'elle aime ; elle est habituée à s'occuper seule des enfants ; elle a besoin de montrer qu'elle est une bonne mère, si son conjoint la culpabilise et si elle est déprimée.

— Dans ces conditions, demandez à votre mari de ne pas venir. Qu'il ne vienne pas avant deux mois, si c'est trop difficile ou trop intimidant pour lui.

— Mais comment avez-vous deviné, docteur, que mon mari est timide comme son fils ?

Mon expérience avec certains pères des enfants que je soigne est simple. La seule manière de les voir est de les laisser libres de venir. Quand ils sont trop fragiles, il est même préférable de leur demander de ne pas venir pour l'instant. Nous comptons sur deux choses : leur esprit de contradiction et la confiance qui s'établira en leur écrivant à chaque visite mensuelle de la mère pour son enfant.

— S'il n'avait pas été timide, il aurait déjà demandé à venir me voir.

— Docteur, j'ai une révélation à vous faire. Vous ne pourrez jamais voir Louis, mon mari, car il est farouchement contre les psys. Quand il est trop intimidé, il devient violent jusqu'aux coups. D'ailleurs, je ne lui ai pas dit que je venais ici.

— Maria, je vous remercie de votre honnêteté et, croyez-moi, je suis habitué à cette hostilité. Heureusement, cette peur masculine du psy est de plus en plus rare.

— Vous voulez dire qu'il a également besoin de venir vous voir ?

— Oui. Moi, ou plutôt un autre confrère, mais cela doit probablement lui faire très peur de se confier. Pour le moment, pensons à Manuel. Je le verrai mercredi prochain. Au revoir, Maria. Merci pour tout ce que vous m'avez appris.

— Au revoir et merci, docteur.

*
* *

Maria n'est venue qu'à trois séances. Je n'ai jamais pu voir Manuel, car le mari de Maria a tout refusé en bloc sans donner d'explications.

Maria m'a appelé pour annuler le quatrième rendez-vous. Je n'ai pas voulu l'influencer quand elle m'a expliquée qu'elle craignait d'être battue si elle insistait. Et pourtant, le niveau social et économique était plutôt élevé, le mari étant chef d'une entreprise de travaux publics. On voit que la violence n'est pas uniquement le lot des classes défavorisées. Et pour nous, médecins, il est bien plus difficile de protéger une épouse ou un enfant en danger dans une famille privilégiée. Une assistante sociale aura de plus grandes difficultés à entrer dans une famille bourgeoise.

Il n'y a donc pas eu beaucoup de séances de thérapie pour Manuel. J'ai fait ce que j'ai pu ! Mon métier passe aussi par ces déceptions-là ! Lorsqu'une patiente ou un enfant sont en danger de violences physiques ou morales, c'est embarrassant. Il est très difficile de savoir à quel moment les aider et comment les aider.

*

* *

CONSEILS PRATIQUES
Si votre enfant se met en danger de mort

Ne dites pas : « Ça va passer ! »

N'attendez pas des signes dépressifs nets, mais consultez un psy rapidement dès que votre enfant, de façon répétitive, se met en danger, ou est agressif, ou est timide.

Parlez avec votre enfant. « Tu me fais peur à prendre des risques dans la rue. Comment puis-je te montrer comme je t'aime ? »

Parlez-en, à tout le monde, avec lui. « Jacques, nous sommes très inquiets pour notre fils Jérémie. Il aurait pu se tuer dans l'escalier. Le psy dit qu'il est déprimé gravement et qu'il veut inconsciemment se suicider. Que ferais-tu à notre place, toi qui l'aimes beaucoup comme nous ? »

Dites-lui, combien vous l'aimez et pourquoi.

Utilisez des exemples pour lui prouver sa valeur : « Tu m'a émue à la fête de l'école quand tu as récité ta poésie. Ton professeur de français m'a dit que tu étais très sensible à la poésie et qu'il aimait t'entendre. »

D'une façon générale, avec vos enfants, il faut utiliser le « je », ou le « nous », mais pas le « tu ». Par exemple, ne pas critiquer vaguement : « Tu es bête, tu es un idiot », mais donner des solutions précises avec amour : « Je ne suis pas d'accord avec toi pour ton devoir de maths non fait mercredi dernier. Je ne suis pas contente de toi parce que je t'aime et que je veux te voir heureux dans un métier plaisant pour toi. Nous allons réfléchir ensemble, avec ton père, à la façon de mieux t'aider en maths avec un étudiant. »

Sevrage tabagique
(« J'arrête de fumer quand je veux ! »)

À chaque fois que je rencontre un fumeur pour un sevrage, je pense à mon épouse qui ne parvient pas à arrêter de fumer. Cela réveille ma culpabilité. D'une manière générale, c'est avec ma famille que j'ai eu les moins bons résultats. C'est pour cette raison que je ne prends plus en charge un membre de ma famille ou un ami en psychothérapie. Mes collègues médecins du corps et chirurgiens m'ont confié qu'ils faisaient de même. Cela ne m'a pas empêché de donner de bons conseils à ma femme pour rencontrer un tabacologue compétent. Je l'encourage aussi à chaque fois qu'elle essaie d'arrêter de fumer. Je vais aider Fabrice avec la même énergie que celle que mon collègue emploie avec mon épouse.

— Depuis quand fumez-vous et dites-moi combien de cigarettes vous consommez chaque jour ?

— Je fume depuis vingt ans, un paquet à un paquet et demi par jour.

Je sais que les gestes tabagiques sont à 90 % automatiques. Par conséquent, ces comportements sont souvent minimisés par le patient. Le fumeur triche avec lui-même sur la quantité de cigarettes. De toute façon, il n'est pas question de surveiller Fabrice, qui a l'habitude d'être réprimandé par son entourage. Le conflit empêche toujours la prise de conscience du tabagisme. Il peut même être inconsciemment recherché par le fumeur pour occulter le changement et le danger. Je vais donc plutôt lui demander paradoxalement :

— Le risque vital vaut-il la peine de faire l'effort d'arrêter ?

— Pourquoi suis-je là, à votre avis ?

— Combien de fois avez-vous essayé d'arrêter de fumer ?

— Plusieurs fois, mais des événements extérieurs et indépendants de ma volonté ne m'ont pas permis de persévérer.

— De quoi croyez-vous avoir besoin pour arrêter de fumer ?

— Il faudrait que vous me donniez des conseils pour empêcher mes collègues de bureau de fumer autour de moi. Je ne peux pas arrêter si je suis enfumé tous les jours.

— Si nous travaillons ensemble, le but ne sera pas que vous modifiez l'attitude tabagique de vos collègues. L'important est que vous puissiez arrêter de fumer définitivement, quelles que soient les circonstances extérieures défavorables.

— À cause de l'infarctus que j'ai fait il y a cinq ans, mon généraliste m'a dit que je n'avais pas droit aux timbres. Mais croyez-vous vraiment que je serai capable d'arrêter de fumer ?

— Oui, je trouve que vous avez l'air décidé. Mais nous allons évaluer votre dépendance physique. Je pourrais mieux calculer à quel point votre sevrage sera difficile avec le test de Fagerstrom (voir p. 254).

— Ça donne quoi de savoir si je suis dépendant du tabac ?

— Si nos tests révèlent que votre dépendance est grande, nous pourrons calculer la force du timbre de nicotine.

— Mes poses de timbres dureront combien de temps ? Si c'est trop long, mon cœur ne supportera pas.

— Il faut au moins trois mois pour ne pas souffrir du sevrage. Le docteur Anne Joseph, aux États-Unis, a montré leur innocuité pour six cents cardiaques gros fumeurs. Vous demanderez à votre cardiologue s'il vous déconseille les timbres.

Fabrice remplit son test, puis :

— Comment calculez-vous mon test ?

— Votre résultat est de 9 sur 10. Votre dépendance est très forte. Il vous faut donc la dose maximale du timbre.

— Par quoi allons-nous commencer ?

— Voici une grille pour la semaine prochaine. Vous allez prendre des notes à chaque cigarette.

— Comment remplir cette feuille ?

— Voici ce que vous notez dans chacune des quatre colonnes : dans la première colonne, les situations dans lesquelles vous fumez (lieu, jour, heure, accompagnateurs, etc.) ; dans la deuxième colonne, ce qui vous a fait penser à fumer (vue, odeurs, émotions, sons, repas)...

— Troisième colonne : les sensations. Je n'en ai pas.

— Les sensations, c'est ce que vous ressentez avant de fumer. En vous observant bien, vous trouverez. Au début, je vous aiderai à vous demander si vous avez une sensation de faim, de fatigue, ou de nervosité.

— Dans la quatrième colonne, je dois noter mon plaisir à fumer ?

— Vous inscrirez les plaisirs, mais aussi les déplaisirs que vous avez ressentis après avoir fumé. Vous coterez leur intensité de – 10, qui est le déplaisir maximum, à + 10, qui est le plaisir maximum, en passant par 0, l'indifférence.

— À quoi tout cela va-t-il servir ? Je sais bien pourquoi je fume.

— Quand un comportement dure depuis longtemps, comme votre habitude de fumer, des pensées automatiques l'entretiennent comme : « Je ne peux me concentrer sur mon travail qu'avec une cigarette. »

— Si cette pensée ne me vient pas à l'esprit, comment peut-elle entretenir mon tabagisme ?

— Je vais vous donner une image. C'est comme une cassette vidéo que vous passez en avance rapide sur votre magnétoscope. Vous ne voyez pas l'image qui est trop rapide. Vous ne pouvez pas dire pour autant que ce film accéléré n'existe pas.

— Quel rapport y a-t-il entre mes pensées tabagiques et une bande vidéo ?

— Le travail que l'on fera ensemble, si vous le souhaitez, consistera à ralentir cette bande vidéo.

— Pour quoi faire ? Quel est l'intérêt d'analyser comme une script de cinéma ?

— Nous allons l'analyser image par image, pour comprendre les raccords entre les pensées et les points communs entre vos pensées tabagiques.

— À quoi sert cette grille que vous avez-là ?

— Avec cette grille que je vous ai remise, vous allez noter tous les paramètres liés à chaque cigarette.

— Et ensuite, qu'allez-vous faire de cette grille une fois remplie ?

— Vous sortirez de cette grille les principales informations par rapport à votre façon de fumer.

— Je n'ai rien à noter. Je fume par routine, sans y penser.

Fabrice fait la moue, il semble découragé par mon programme. Je vais le rassurer sur la progressivité de ces apprentissages.

— Par exemple, si vous fumez souvent à la fin de chaque repas en prenant le café, je vais vous aider à trouver un autre comportement. Cette attitude de remplacement devra être incompatible avec le fait de fumer, plus agréable, et plus bénéfique pour vous.

— On peut fumer en toutes circonstances.

— C'est vrai. Cependant, il est moins facile de fumer par exemple en faisant du jardinage ou un footing.

— Vous allez échouer, car je fume en toutes circonstances.

Cherchons maintenant si Fabrice n'est pas déprimé. Le tabagisme cache souvent un état dépressif. Il faut le traiter par antidépresseur et par psychothérapie avant de traiter le tabagisme.

— Remplissons ensemble la grille pour hier et aujourd'hui. Par exemple, nous allons étudier votre tendance à fumer lorsque vous faites une partie de foot, du tennis, un footing, du vélo pour vous rendre à votre travail.

Les premières consultations se sont passées à calculer l'intensité de la dépression de Fabrice par les tests de Beck et de Hamilton. Nous avons commencé un traitement antidépresseur adapté pour fumeurs. J'aurais voulu entamer d'abord une thérapie contre la dépression avant d'arrêter le tabac. Mais Fabrice était trop pressé de se désintoxiquer. Donc, dès la sixième consultation, nous avons cherché des pensées et des stratégies antidépression et antitabac en même temps. Nous avons travaillé à partir des écrits sur chaque moment dépressif d'une part et sur chaque cigarette d'autre part. Après la huitième consultation, Fabrice a décidé d'arrêter complètement de fumer le soir même. À la consultation suivante, Fabrice me dit :

— Je n'ai noté que quatre cigarettes depuis la dernière fois !

— Cela n'a pas d'importance. Les rechutes font partie du traitement. Ce qui compte, c'est d'en parler ensemble. Quelle cigarette sera la plus difficile à éliminer ?

— Celle du café après le déjeuner.

Les trois consultations suivantes se sont passées à analyser les grilles, renforcer l'idée de l'arrêt à la nouvelle date choisie, trouver encore d'autres activités agréables qui remplacent les comportements de fumer et incompatibles avec le tabagisme, par exemple faire du sport. J'ai demandé à Fabrice : « Quel autre cadeau vous ferez-vous pour compenser la frustration de l'arrêt du tabac ? »

Fabrice a choisi d'apprendre à piloter les avions. Cette activité est idéalement incompatible avec le tabagisme. L'arrêt du tabac a renforcé son état de dépression. J'ai augmenté le médicament antidépresseur. J'aurai dû traiter d'abord la dépression, mais Fabrice se serait peut-être impatienté et aurait tout arrêté. Certains thérapeutes donnent systématiquement des antidépresseurs quand le tabagisme est très ancré comme chez Fabrice.

Après quelques semaines de sevrage, il se trouve trop déprimé et veut abandonner sa lutte :

— Je crois que je vais reprendre le tabac, car je suis trop déprimé pour travailler. C'est l'arrêt du tabac qui m'a brutalement déprimé.

— L'arrêt du tabac ne vous a pas créé la dépression, il l'a seulement dévoilée.

— J'abandonne ! Je ne comprends plus rien. Je ne fume plus et je suis déprimé quelques jours après. Et vous, vous dites : « Il n'y a aucun rapport entre mon arrêt du tabac et ma dépression. »

— C'est comme si un chemin de terre, grâce à ses bosses, dévoilait un beau jour que vos amortisseurs étaient fichus et que vous disiez à votre mécanicien : « Si mes amortisseurs sont fichus, c'est à cause du chemin et je vais mettre ma voiture à la casse plutôt que de la réparer. »

Cette consultation s'est terminée en retrouvant des moments dépressifs de Fabrice avant qu'il ne fume. Cela prouvait bien que ce n'était pas l'arrêt du tabac qui l'avait déprimé. Fabrice a accepté de prendre un antidépresseur qui a fait ses preuves dans les dépressions révélées par l'arrêt du tabac.

Je lui ai bien expliqué que chaque cigarette correspondait à une drogue stimulante dont l'effet dopant se faisait sentir quelques secondes après le début de la cigarette. Comme après l'effet stimulant de toute drogue, il y a un effet dépressif qui invite à reprendre une dose, à rallumer une nouvelle cigarette.

*
*   *

Finalement, Fabrice a combattu sa dépression puis son tabagisme en deux ans. Il a été très difficile de lui faire comprendre que le tabac n'était qu'un détail comparé à la gravité de sa dépression. Il disait : « S'il faut tant de temps pour que j'arrête de fumer, c'est que votre thérapie n'est pas efficace. » Je répondais : « Je ne soigne pas votre tabagisme, mais votre dépression. »

Comme les toxicomanes et les alcooliques, les fumeurs très dépendants ont souvent une importante pathologie psychologique, d'autant qu'un alcoolisme est souvent associé au tabagisme.

De plus, Fabrice a beaucoup grossi en arrêtant de fumer. Le tabac est un coupe-faim. Je lui expliqué que l'arrêt de tabac ne fait pas grossir, mais dévoile une mauvaise maîtrise de la nourriture que l'on avait auparavant. Nous avons compris qu'il compensait par la nourriture son manque de goût pour la vie. L'arrêt du tabac a entraîné une frustration supplémentaire. Il a donc augmenté encore un peu plus ses grignotages.

En effet, comme tous les fumeurs, Fabrice préfère dire que ses problèmes sont liés au tabac. C'est plus économique à court terme, mais cela empêche de guérir de sa dépression et de son surpoids à long terme.

Fabrice voulait reprendre le tabac « pour mincir ». Il ne voulait pas s'avouer qu'il avait peur d'échouer dans son sevrage. Il avait la hantise de montrer aux autres ses échecs. Le surpoids aurait été un prétexte pour abandonner le sevrage en sauvant la face.

J'ai aidé Fabrice à faire une enquête auprès de spécialistes du surpoids d'une part et du tabagisme d'autre part. Nous voulions savoir si le surpoids était plus grave que le tabagisme comme le pensait Fabrice. Nos investigations auprès des spécialistes nous ont apporté le résultat contraire : le tabagisme est bien plus dangereux que le surpoids.

TEST DE FAGERSTROM

Évaluation de la dépendance au tabac

Après mon réveil, ma première cigarette est allumée à la minute n°	0 à 5	3
	6 à 30	2
	31 à 60	1
	61 et +	0
C'est difficile de ne pas fumer dans les endroits interdits	Oui	1
	Non	0
Quelle cigarette est la plus indispensable ?	N° 1	1
	Une autre	0
Combien de cigarettes fumez-vous chaque jour ?	0 à 10	0
	11 à 20	1
	21 à 30	2
	31 et +	3
Si une maladie me cloue au lit, je fume quand même	Oui	1
	Non	0
Je fume plus de cigarettes lors de ma première heure d'éveil	Oui	1
	Non	0
SCORE TOTAL	SUR 10	
Le niveau de ma dépendance est :	Nul si	0 à 2
	Faible	3 à 4
	Moyen	5 à 6
	Fort	7 à 8
	Très fort	9 à 10

Alcoolisme
(« Je bois un peu chaque jour, mais je ne suis pas alcoolique... »

Le visage d'Ariane est très pâle, avec de nombreux petits vaisseaux rouges. Ses pommettes violacées sont maladroitement masquées par du fond de teint. Elle tremble légèrement. Tout cela fait penser à une alcoolisation quotidienne, très cachée chez les femmes. Je vais lui poser des questions vagues pour ne pas suggérer sa réponse. C'est ce qu'on appelle le questionnement socratique.

— L'alcoolisme débute quand on prend de l'alcool tous les jours au-delà d'un demi-litre de vin par jour. Comment vous situez-vous par rapport à l'alcool ?

— Est-ce que cela veut dire qu'on est dépendant si l'on prend de l'alcool tous les jours ?

— Non. L'alcoolisme et la dépendance sont deux notions différentes qui n'ont rien à voir l'une avec l'autre.

— En quoi sont-elles différentes ?

Je vais parler de l'alcool en général, en espérant qu'Ariane me parle d'elle-même.

— L'alcoolisme, c'est l'habitude de trop boire chaque jour. La dépendance, c'est la souffrance physique que vous pourrez ressentir après l'arrêt de l'alcool, par besoin d'alcool avec des tremblements, une anxiété, une agitation, une impossibilité à vous concentrer et à mémoriser, parfois même une désorientation (« Je ne sais plus quel jour on est et où je suis ») ou un délire (« Je vois des insectes bizarres et je me crois au travail »).

— J'ai tendance à boire quand je ne peux pas dormir, quand je me sens angoissée ou quand je dois rencontrer quelqu'un qui m'impressionne.

— Donnez-moi un exemple cette semaine d'une situation qui vous a amenée à boire.

— Il y a quelques jours, mon mari et moi étions invités à une soirée un peu mondaine. Je n'avais pas trop envie d'y aller, car je ne connaissais personne et j'avais peur des gens.

— Vous aviez peur de quoi ?

— J'avais peur d'être un peu ridicule au milieu de tous ces gens plus cultivés que moi. Je me suis senti obligée de prendre un petit cognac en cachette avant de partir.

— Dans les deux derniers mois, combien de fois vous est-il arrivé de boire pour oser parler à quelqu'un ou faire quelque chose ?

— Environ une fois par mois, je force sur l'alcool pour sortir, mais il m'arrive aussi d'en prendre le soir pour dormir.

J'accepte ce mensonge. L'important, pour l'instant, c'est d'apprendre à se connaître. Il faut que j'évalue sa dépression.

— Que pensez-vous de vous, de vos proches et du monde extérieur ?

— Je me sens nulle. Personne ne peut s'intéresser à moi. Je n'ai pas fait d'études et en plus je suis alcoolique.

— Pouvez-vous me donner un exemple d'un événement ou d'une parole qui vous fait penser que vous étiez nulle, comme vous dites ?

J'utilise l'imparfait (« vous étiez nulle ») pour lui dire que sa dépression est déjà dans le passé puisqu'elle a débuté la thérapie. Pour être psy, il faut être furieusement optimiste.

— Quand mon mari me sort, j'ai l'impression d'être un boulet pour lui et je ne pense qu'à rentrer à la maison pour me cacher.

— Quel rapport y a-t-il entre votre difficulté à sortir avec votre mari et l'alcool ?

— S'il savait que je bois, il ne s'intéresserait plus à moi. Je pense que le monde, la vie, les autres, c'est trop difficile pour moi. J'ai aussi l'impression que tout le monde voit quand j'ai bu.

Comme d'habitude en cas d'intoxication alcoolique, il faut d'abord diagnostiquer le trouble du comportement ou de la personnalité qui a engendré l'alcoolisme. À son tour, l'alcool trouble les comportements et la personnalité. L'alcoolique ayant déjà du mal à reconnaître son alcoolisme, on imagine la difficulté qu'il aura à prendre conscience d'un trouble de la personnalité. Je dois donc être prudent et prendre mon temps.

— Quel est votre objectif par rapport à l'alcool ?

— J'ai peur qu'un jour mon mari, Constantin, découvre les bouteilles sous l'évier et qu'il m'abandonne. Comment voyez-vous les choses pour moi ? Comment puis-je guérir ? Certains de vos patients s'en sont-ils sortis ?

— Oui, bien sûr. Mais cela va vous demander beaucoup de travail avant et après votre cure de désintoxication. Par exemple, vous allez apprendre à parler de votre alcoolisme à Constantin et à tous vos amis pour qu'ils vous aident.

Après quelques consultations, j'ai terminé l'exploration fonctionnelle de l'alcoolisme. Nous avons mesuré son alcoolisme et tout ce qui s'y attachait pour en faire le diagnostic et pour avoir une mesure de départ de cet abus d'alcool. J'ai utilisé le test des habitudes alcooliques.

— Il faut d'abord que nous préparions cette cure de désintoxication qui sera réalisée dans un service d'alcoologie, à l'hôpital ou dans une clinique.

— Quelle différence entre l'hôpital et la clinique ?

— D'un point de vue médical, c'est la même chose. La seule différence est celle du cadre et de l'hôtellerie. Cela varie d'une ville à l'autre.

— Comment choisir ? *A priori* je préférerais séjourner à la clinique.

— Allez visiter la clinique et le service hospitalier. Quand vous aurez choisi, vous prendrez un rendez-vous avec l'alcoologue.

Cette idée angoisse brutalement Ariane.

— Si je fais une cure, c'est à la maison !

Comme je veux mettre toutes les chances de réussite

du côté d'Ariane, je lui fais un petit mensonge. En fait, quelques-uns de mes patients ont suivi une cure de désintoxication sans hospitalisation, mais ils représentent une part infime.

— Vous ne pouvez pas réussir ce sevrage chez vous, à votre domicile. Je n'ai jamais vu un de mes patients réussir cela.

— Je crois que certains médicaments permettent de diminuer la consommation d'alcool...

— Des calmants peuvent vous aider à l'hôpital ou à la clinique pour diminuer votre angoisse liée au manque d'alcool. Mais il faut d'abord arrêter toute boisson alcoolisée.

— Existe-t-il des médicaments pour m'empêcher de reprendre de l'alcool quand je serai sevrée ?

— Après votre hospitalisation, un médicament permet de vous aider à ne pas rechuter. Si vous buvez avec ces comprimés, vous ressentirez une intense sensation de malaise, très désagréable. De cette façon, vous perdrez volontairement l'habitude d'associer l'idée de plaisir à l'alcool.

— C'est sadique comme méthode. Il n'y a pas de traitement plus humain ?

— Il existe aussi des comprimés pour couper votre faim d'alcool.

— Je préfère cela. C'est exactement ce qu'il me faut plutôt que d'aller faire ma cure à l'hôpital. Pouvez-vous me les prescrire aujourd'hui ?

— Non. Il ne sont efficaces que si vous êtes sevrée. L'alcoologue vous les prescrira quand vous sortirez de l'hôpital.

— Pas de thérapie ? Tout se fait à coup de médicaments ?

— Bien sûr que non ! Nous ferons ensemble un travail comportemental par rapport à vos habitudes en matière d'alcool.

— Comment se dérouleront ces exercices comportementaux ?

— Vous noterez toutes les situations, sensations et pensées liées à la prise d'alcool. Ensuite, après sevrage, vous écrirez vos pensées lorsque vous aurez envie de boire de l'alcool. Je vous aiderai à les remplacer par des comportements et des pensées agréables et positives à court, moyen et long terme.

— Avec ce travail comportemental, comment tenir le coup sans boire ?

— Nous ferons un travail de consolidation pour vous aider à vous affirmer et gagner de la confiance en vous, par exemple quand vous direz à un ami : « J'ai fait une cure de désintoxication. Veux-tu m'aider à ne pas rechuter ? » En relaxation, vous imaginez la scène ; en jeu de rôle, vous la jouez ; sur le terrain, vous agissez.

— D'après vous, combien de temps la thérapie va-t-elle durer au total, à partir de la cure de désintoxication ?

Il paraît stupide de répondre à cette question. En effet, il est difficile de calculer le temps qu'il faudra à Ariane pour ne plus ressentir le besoin d'alcool. Il est encore plus difficile de savoir combien de temps il lui faudra pour rééquilibrer ses comportements et sa personnalité. Pourtant, uniquement pour la rassurer, je vais lui indiquer une durée.

— Au pire, comptez vingt et un jours de cure, deux mois de postcure et quatre mois de thérapie à raison d'une consultation par semaine. Ensuite, vous pouvez avoir besoin d'aides plus espacées. Cela dépendra de l'amélioration de votre dépression.

— Croyez-vous que je vais réussir ?

— Je constate que vous êtes sincère. Et la réussite de ce traitement est bien souvent liée à celle-ci.

Ariane demande une nouvelle fois :

— Je ne suis pas alcoolique ?

Ariane est alcoolique et le restera toute sa vie. Au début de ma carrière de psy, je n'osais pas dire aux patients : « Vous resterez toujours alcoolique ». C'est grâce à l'expérience de médecins alcoologues que j'ai compris qu'il fallait être clair et précis avec la personnalité souvent floue et cachottière des alcooliques. Je redemande donc à Ariane :

— Avez-vous l'impression d'être alcoolique ?

— Je ne suis pas alcoolique puisque je ne suis jamais saoule.

— Ce qui fait l'alcoolisme, ce n'est pas d'être saoule,

c'est le fait de boire tous les jours excessivement. Autrement dit, un alcoolique n'a pas de journées sans excès d'alcool.

— Je ne suis pas dépendante ?

— C'est seulement à l'arrêt de l'alcool que vous jugerez de votre degré de dépendance par l'intensité de votre besoin physique d'alcool. Des calmants vont l'atténuer. Vous ne pouvez jamais prévoir à l'avance la gravité de celle-ci.

— Au bout de combien de temps ne serai-je plus alcoolique ?

Répondre à cette question est toujours terrible. Quoi de plus délicat que d'expliquer à un alcoolique qu'il le restera toujours ? Mais ne pas le dire amènerait Ariane à se relâcher dans quelques mois et à rechuter.

— Votre question est intelligente ; vous resterez alcoolique toute votre existence. Votre attention pour ne pas rechuter devra être constante chaque jour de votre vie.

— Est-ce la même chose que la dépendance ?

Il n'est pas rare que mes patients me posent plusieurs fois les mêmes questions. Cela veut toujours dire qu'il s'agit d'un point important. J'essaie à chaque fois d'être de plus en plus clair.

— Non c'est différent. Si vous ne prenez plus d'alcool, votre dépendance physique va s'éteindre. Le plus important, c'est la dépendance psychologique. C'est-à-dire le malaise non corporel mais psychologique engendré par la perte de ces habitudes alcooliques.

— Pourquoi la dépendance psychologique est-elle plus importante que la dépendance physique ? On dit pourtant le contraire pour la drogue.

— La dépendance physique produit une excitation et des tremblements. Elle se traite en quinze jours par les calmants. En revanche, certains patients ne se sortent jamais de la dépendance psychologique : « L'alcool me manque pour parler en public. »

— Comment vais-je souffrir de cette dépendance psychologique, quand je vais arrêter le cognac ?

— Au début vous n'aurez plus votre verre de cognac

pour combattre votre timidité ou pour vous endormir. Il vous faudra trouver des stratégies nouvelles.

— Je ne vois pas quelles stratégies on peut utiliser pour s'endormir le soir.

— La relaxation sera au nombre de ces stratégies. Récitez-vous ce texte-là ce soir après le dîner.

— Mon mari prend des cuites presque tous les dimanches, mais ne boit pas une goutte d'alcool en semaine. Pensez-vous qu'il soit alcoolique ?

— Il a moins de chances de devenir alcoolique que s'il buvait de l'alcool tous les jours.

— Peut-il devenir dépendant ?

— Il peut le devenir. À ce moment-là, il boira tous les jours. On ne peut pas le prévoir à l'avance.

— C'est de ma faute, je ne suis pas assez sévère avec lui, je dois éliminer les bouteilles qui sont à la maison.

Ariane parle de son mari pour ne plus parler de son propre alcoolisme. Elle est assez castratrice. Je risque de la vexer en lui disant de ne plus surveiller Constantin. Avec beaucoup de précautions je lui dis :

— La prochaine fois, je vous expliquerai comment ne pas surveiller Constantin au sujet de l'alcool, afin de lui faire prendre ses responsabilités.

J'accepte qu'Ariane échappe au fait de parler de son alcoolisme pour parler de celui de son mari. Les alcoolismes des deux conjoints interagissent et se renforcent. J'ai donc besoin de comprendre cela. Dans le même esprit, je vais avoir besoin de rencontrer Constantin. On ne peut pas régler l'alcoolisme de l'un sans traiter celui de l'autre.

*
* *

Ariane et Constantin ont rencontré un collègue thérapeute familial. Les problèmes d'alcool concernent toujours conjoints et enfants.

Chacun entretenait l'alcoolisme de l'autre sans le savoir. Ils trouvaient un bénéfice à court terme et une souffrance à long terme. Ariane était valorisée par son entourage grâce à l'alcoolisme de Constantin : « Tu as du mérite d'endurer l'agressivité de ton mari. » Son fils pouvait prendre une place d'adulte quand le père était saoul : « C'est un vrai petit mari pour sa mère. » Quant à Constantin, il cachait son alcoolisme derrière celui d'Ariane : « Je ne bois pas tous les jours, moi. »

Pour ma part, j'ai aidé Ariane à lutter contre sa dépression grâce à une thérapie comportementale et cognitive individuelle à mon cabinet.

L'alcoologue a fait hospitaliser Constantin pour une cure de désintoxication et le psychiatre de cet établissement, qui était proche de chez eux, a aussi permis le sevrage d'Ariane sans hospitalisation. Paradoxalement, elle a mis un an de plus pour sortir de son propre alcoolisme, mais elle n'a jamais rechuté.

Constantin a toujours eu peur de suivre comme sa femme une thérapie individuelle. Sa parole ne pouvait passer que par la thérapie familiale ou par l'alcool avec l'alcoologue ou par son épouse quand il venait à mon cabinet pour accompagner Ariane dans sa thérapie individuelle. Après deux ans de sevrage complet, il a rechuté. Le jour même, il consultait de nouveau l'alcoologue, de sorte que sa situation n'a pas empiré. Faire le deuil complet de l'alcool ne fut pas une mince affaire pour lui.

*

*   *

CONSEILS PRATIQUES
Comment se désintoxiquer de l'alcool

Entamez une thérapie pour vous préparer à faire le deuil de l'alcool et de tout ce qui s'y rattache.

Contactez votre généraliste, qui vous adressera conjointement à un psy, à un médecin alcoologue et à une association pour préparer une cure de désintoxication de trois semaines remboursée par la Sécurité sociale.

Faites ensuite une postcure. Après la cure de désintoxication, c'est un séjour également remboursé de deux mois dans une maison de repos pour couper avec vos habitudes alcooliques et vos relations de boisson.

Il est facile d'arrêter de boire, mais plus difficile de persévérer. Donc, suivez aussi une thérapie de consolidation après la postcure pour continuer à positiver vos comportements et votre personnalité.

Ne dramatisez pas une rechute. C'est aussi banal que de trébucher sur un trottoir. Ne vous cachez pas ; au contraire, parlez-en à vos proches. Quand on tombe, on sait toujours marcher. Cherchez pourquoi vous êtes tombé tout en reprenant votre marche.

N'arrêtez jamais de parler de votre alcoolisme.

Adhérez à une association d'anciens buveurs — par exemple La Croix Bleue, Vie Libre, ou Alcooliques Anonymes — pour éviter la rechute.

Le plus difficile pour l'alcoolique sera toujours de faire le deuil complet de l'alcool et surtout des bons alcools. Les rechutes se produiront tant que ce deuil ne sera pas complètement fait.

Drogues « douces »
(« Fumer une fois n'a jamais fait de mal à personne... »)

— Que fumez-vous précisément, Natacha ?

— Je fume du haschisch de temps en temps. Cela me fatigue et je n'ai plus envie de faire grand-chose. La danse, que j'ai pourtant toujours pratiquée toute ma vie, ne m'intéresse même plus. J'ai arrêté mes cours.

— Combien de fois avez-vous fumé ces trente derniers jours ?

— Je ne fume que trois fois par semaine. Un peu plus le week-end.

— Qu'est-ce qui vous a motivé à me consulter ?

— J'ai peur de fumer de plus en plus et de devenir définitivement dépendante. On dit que le haschisch est bénin parce qu'on ne s'y habitue jamais. J'en doute, car mes copains n'arrivent plus à s'en passer. Moi non plus je ne peux pas décrocher.

— Le haschisch génère une dépendance psychologique et non physique.

— Cela veut dire quoi, dépendance physique ou dépendance psychologique ?

Si je suis trop optimiste, Natacha continuera à se droguer ; si je suis trop pessimiste, elle ne me croira pas. Je dois donc être le plus sincère et le plus clair possible.

— La dépendance physique ressemble à la faim quand vous n'avez pas mangé depuis deux jours. La dépendance psychologique se compare au fait de ne pas pouvoir se passer du plaisir d'aller à la piscine avec les copains lorsque l'on est tendu.

— Donc, on peut arrêter comme on veut ?

— Pas du tout. Certains patients fument depuis vingt ans uniquement par dépendance psychologique. C'est ce processus de dépendance psychologique que vous pouvez combattre par la thérapie. Vous apprendrez à remplacer la drogue par des activités physiques et intellectuelles positives.

— Est-ce que cette thérapie va m'empêcher de passer aux drogues dures ? J'ai un copain qui ne fumait que des joints. Au bout de deux ans, il est passé à l'héroïne. Cela fait trois mois.

— C'est parce que vous avez un problème que vous fumez longtemps. C'est cette même faiblesse non traitée qui peut vous faire passer à l'héroïne.

— Et si je n'ai pas de problèmes psychologiques ?

— Si vous n'avez pas de troubles de la personnalité (comme une introversion avec timidité), vous arrêtez seule très vite. Si vous avez des troubles de la personnalité (comme des idées suicidaires), vous devez traiter ce problème.

— Comment se fait le passage des drogues douces aux drogues dures ?

— Vous faites le saut quand vous ne traitez pas vos troubles du comportement comme le goût du risque, votre personnalité dépressive ou vos tendances suicidaires. De plus, certains dealers mélangent des drogues dures aux drogues douces pour vous rendre plus dépendants.

— Quelles autres façons connaissez-vous pour passer du doux au dur, si je peux dire ?

— En général, les dealers ont d'abord été eux-mêmes consommateurs de drogues douces, puis de drogues dures. Vous comprenez donc comment ils peuvent repérer le dépressif et lui proposer des drogues douces puis des dures. Le gourou recrute les faibles de la même manière pour sa secte.

— Selon votre expérience, dans quel ordre proposent-ils les drogues ?

— Ils pourront vous les proposer toutes : dans un premier temps, haschisch ou marijuana ; dans un deuxième temps, pour gagner plus d'argent, de la cocaïne, de l'héroïne, du crack ou de l'ecstasie. En ce moment, l'ecstasie rapporte davantage et se vend plus. Trafiquée, elle peut parfois tuer en une fois ou détruire le cerveau à petit feu par déshydratation comme une plante qui crève par manque d'eau. Souhaitez-vous éviter cette escalade ?

— Oui. Mais comment votre traitement va-t-il se passer concrètement ?

— Nous travaillerons dans un premier temps sur les pensées et comportements douloureux que vous désirez modifier pour les rendre neutres ou plaisants. Ainsi, vous pourrez expérimenter de nouvelles attitudes plus agréables, comme l'idée de reprendre la danse qui vous a donné tant de plaisir dans le passé.

— Quand dois-je arrêter la drogue ?

Il faut que je me méfie de cette acceptation de sevrage trop facile. Je me souviens de ce toxicomane qui voulait soi-disant arrêter. Son seul but était d'avoir des somnifères pour les mélanger à sa drogue.

— C'est vous qui déciderez de la date du sevrage, qui se fera dans un deuxième temps, quand vous aurez équilibré vos comportements, vos pensées, votre personnalité si c'est votre objectif.

— Comment se passera le sevrage ? Vais-je souffrir ?

— Pendant cette période de sevrage, nous serons amenés à nous voir plus souvent. Les émotions liées au sevrage entraîneront des pensées sur lesquelles nous travaillerons pour effacer votre stress au profit du plaisir. Vous utiliserez la technique de relaxation qui est la plus efficace pour faire face aux agitations et angoisses du sevrage de drogue. Voici un texte de sophrologie que vous allez lire chaque jour, à voix haute, puis vous parlerez de mémoire, les yeux fermés.

Natacha très inquiète repose la même question :

— Est-ce que cela sera dur pour moi ?

Nous savons la difficulté pour les jeunes gens comme pour les personnes plus âgées d'arrêter les joints. Nous voyons maintenant de vieux haschinomanes de dix à vingt ans d'intoxication et plus. Ils ont entre quarante et cinquante ans. Leur vie a souvent été faite d'indécision, de timidité, d'échecs aux examens, de contestations silencieuses : « J'ai le temps pour demander une promotion à mon patron, ce n'est pas important, il faut que je le sente bien. »

Leurs troubles de mémoire, leurs troubles sexuels, leur perte de motivation, leur insomnie de noctambule, leurs troubles respiratoires, leur ralentissement psychologique, leur isolement dans un groupe très fermé aux discussions abstraites sans actions pratiques en font des invalides incapables de continuer leurs études, incapables de trouver du travail ou d'avoir de la promotion et incapables de créer une relation stable avec l'autre sexe à cause de leur inertie. Leur conjoint dit : « Il ne ferait pas de mal à une mouche, mais il ne dit pas ce qu'il fait et il ne fait pas ce qu'il dit. Il a l'impression de ne pas avoir de chance dans un monde ingrat avec une nature injuste. »

— Oui, ce sera difficile, mais votre sincérité avec moi permettra de gagner. Les rechutes font partie du traitement et sont bénignes si nous nous voyons dans les quarante-huit heures.

*
* *

Natacha s'est longtemps protégée en disant : « Ce n'est pas grave un petit joint. » Pendant ce temps, elle ne luttait pas contre sa dépression. Sa motivation au travail était moindre. Tout son discours était caché par un snobisme lié à la drogue. « Vous ne vous droguez pas, vous ne pouvez pas comprendre. »

Cette thérapie a été plus difficile que celle de certains de mes patients victimes de drogues dures. À la troisième consultation, j'ai senti que mon discours s'enlisait dans sa résistance au changement. Elle m'a dit qu'elle ne reviendrait pas. J'ai choisi de la provoquer et elle a craqué favorablement.

— Natacha, vous êtes sensible et intelligente, il va donc être très difficile de faire tomber l'écran haschich derrière lequel vous cachez le manque de confiance en vous-même. Votre snobisme morbide masque bien votre timidité et votre dépression quand vous répétez : « Vous ne pouvez pas comprendre, vous ne fumez pas. »

J'ai adressé Natacha à un collègue psy spécialisé dans les problèmes de toxicomanie. Cela m'a permis de me concentrer sur son problème dépressif en tombant l'écran : « De cette façon, nous allons pouvoir mieux combattre votre dépression qui date d'avant votre toxicomanie. »

Cette adolescente n'a accepté l'aide de ses parents qu'en fin de thérapie, au bout de trois ans. Son père n'est venu qu'une fois à mon cabinet. Il était plus timide que sa fille. Comme elle, il cachait sa timidité derrière une apparente aisance continuellement méprisante. « À quoi ça ressemble de me demander comment je communiquais à l'âge de Natacha ? Vous savez que si je suis directeur de banque, c'est que la communication ne me pose aucun problème. J'organise des réunions régionales avec des centaines de personnes. »

Natacha a été effondrée par l'abandon paternel. J'ai dédramatisé en expliquant que les hommes en tant que conjoint ou père étaient victimes d'une culture qui leur imposait force, virilité, responsabilité familiale. « Il vous aime trop pour accepter de vous voir en difficulté. » Souvent la solution la plus économique pour eux est de se cacher derrière leur métier qui les occuperait toutes les journées pour sauver les apparences en évitant les consultations psys.

Tout négatif a son positif. L'attitude snob de son père a fait comprendre la sienne à Natacha. Le masque est tombé à cet instant.

Sa mère est venue tous les mois accompagner sa fille, à ma consultation, la dernière année. J'ai adressé sa mère à une association d'aide aux drogués et parents de drogués. Natacha n'a jamais accompagné sa mère à l'association.

Natacha a terminé en quatre ans sa thérapie avec moi. Cette thérapie a bien sûr été dominée par le traitement de son état dépressif. À la fin, elle a décidé de créer une association pour mettre en garde les jeunes contre les drogues soi-disant douces.

*
* *

CONSEILS PRATIQUES
Si votre enfant fume des joints

Ce n'est pas la drogue qui fait le toxicomane. C'est la faiblesse qui fait le drogué. On peut se droguer par hasard. On ne continue jamais à se droguer par hasard mais à cause d'un problème sérieux de personnalité.

La distinction entre drogues douces et dures a peu d'intérêt. Même si la drogue consommée « n'est que du haschich », c'est un signe de déséquilibre et de souffrance graves qu'il faut écouter et traiter. Parlez-en avec votre enfant. Consultez un psy avec lui pour traiter la cause psychologique. Comme toujours, si votre proche refuse de se faire aider, consultez un psy, seul ou en couple parental, pour recueillir des conseils.

Mettez aussitôt en action les recommandations du psy, mais ne jouez jamais vous-mêmes les psychiatres. Restez les parents qui écoutent, qui aiment, qui s'affirment, qui dorlotent, qui imposent, qui disent s'ils se sont trompés.

Si votre enfant est dépendant de vous financièrement, l'argent restera toujours le nerf de la guerre pour le soigner. Avec le soutien de votre psy, diminuez l'argent de poche de 50 % et épargnez pour lui les autres 50 %.

Rencontrez aussi l'éducateur d'une association antidrogue pour avoir des conseils pratiques concrets. Allez aussi aux groupes de paroles avec les drogués ou les parents de drogués, même sans lui, pour trouver des idées et des stratégies simples.

Beaux-parents
(« Ma belle-mère fait tout pour briser notre couple »)

Je n'arrive pas à oublier ma défunte belle-mère, qui n'aimait guère que son chien. Souvent, j'ai rêvé que je me déguisais en chien pour obtenir quelques compliments ou caresses de sa part. Heureusement, nous habitions, ma femme et moi, à une centaine de kilomètres de chez elle. J'imagine le calvaire si nous avions vécu plus près !

De belle-mère, justement, il va maintenant être question avec Paméla.

— Racontez-moi un exemple d'incident avec votre belle-mère.

Je dis « incident ». Je dois lui apprendre à prendre de la distance. Le rôle du psy est d'être optimiste.

— Sylvie, ma belle-mère, essaie toujours de comploter avec Damien, mon mari, derrière mon dos.

Il faut toujours obtenir du patient un exemple de complot et non pas une généralité pour travailler. C'est bien d'avoir la moyenne générale des notes de mon fils. C'est mieux d'avoir des exemples de mauvaises notes dans chaque matière si je veux comprendre le problème scolaire.

— Quand avez-vous eu pour la dernière fois l'impression que Damien et Sylvie complotaient contre vous ?

— Lundi dernier, Sylvie a appelé son fils pour lui dire : « On voit bien que tu t'ennuies chez toi. Tu es beaucoup plus triste avec nous, depuis que tu vis avec Paméla. »

— Quelle a été la réponse de Damien ?

— Il a discuté pendant une demi-heure avec elle pour lui prouver le contraire.

— Avez-vous un autre exemple ?

— Samedi dernier, nous avons fêté l'anniversaire de ma belle-mère. Nous lui avons offert, Damien et moi, une jolie bague. Sylvie n'a remercié que son fils. Pourtant, mon mari a dit deux fois à sa mère : « C'est Paméla qui l'a choisie. »

— Comment Damien a-t-il réagi ?

— Il n'a rien fait remarquer à sa mère pendant tout le week-end malgré ce que je lui avais demandé.

— Que dit-il aujourd'hui de l'oubli de sa mère ?

— Il dit que son oubli de me remercier est dû au fait qu'elle a été très émue et agréablement surprise de ce cadeau. Depuis la mort de son mari, il y a trois ans, Damien dit qu'elle ne sait plus rien faire sans son fils.

— Qu'en pensez-vous ?

— Je pense qu'elle se moque de moi. Depuis deux ans que je connais Damien, elle essaie de m'évincer. Elle critique le fait que je ne travaille pas. Depuis six mois, depuis la naissance de notre fils, Florian, Damien et moi avons décidé que je me consacrerai à l'éducation de Florian.

— Quel est votre objectif, face aux problèmes que vous rencontrez avec Sylvie et votre mari ?

— J'ai demandé à Damien de se fâcher définitivement avec sa mère. C'est elle ou moi.

— Que répond Damien ?

— Il dit que je suis sans cœur, que sa mère est une pauvre femme, une pauvre veuve. Il prétend aussi que ça va passer avec le temps. Mais elle appelle tous les jours son fils pour me critiquer ! On n'arrête pas de se disputer à cause d'elle.

— Cette idée de vous parler de chaque coup de téléphone de sa mère, c'est pour ne pas détruire votre couple ?

— Damien dit que notre couple sera foutu le jour où il ne me parlera plus des confidences de sa mère.

— Il vous fait une grande preuve d'amour. Je trouve que vous vous aimez beaucoup. Je vois aussi que vous êtes très attachée à Damien.

— Qu'est-ce que ça change, si c'est pour se battre ?

— Je suis sûr que vous allez trouver la force pour faire face à vos émotions.

Je dis volontairement « émotion » au lieu de « conflit » pour commencer à lui faire comprendre que son conflit ne vient pas de sa belle-mère, ni de son mari, mais des émotions qu'elle crée elle-même sans le savoir.

— Que pensez-vous de mon objectif ?

— Ce n'est pas un objectif de thérapie que de vouloir que « Damien se fâche avec sa mère ».

— Pourquoi ?

— L'objectif ne doit dépendre que de vous, pas de Damien ou de quiconque.

— Pourquoi ?

— Vous ne pouvez changer personne, ni votre conjoint, ni votre belle-mère. Vous ne pouvez que vous changer vous-même et c'est l'essentiel.

— Alors, je veux rester calme et ne jamais me mettre en colère quand j'ai des problèmes avec ma belle-mère.

— Vous ne voulez pas vous mettre en colère contre votre mari et votre belle-mère ?

— Non, je veux être calme uniquement avec mon mari. Mais je veux continuer à être furieuse contre ma belle-mère.

Pour l'instant, je ne perds pas mon temps à lui dire : « Il faut maîtriser votre colère contre votre mari, mais aussi contre votre belle-mère, et contre un peu tout le monde. » Ce serait inacceptable pour Paméla. Je vais donc travailler d'abord seulement contre la colère qu'elle éprouve face à son mari.

Comme dans toutes les thérapies comportementales et cognitives de nos patients, nous avons utilisé les trois premières consultations pour mener l'exploration fonctionnelle du comportement de Paméla. Il s'agit d'obtenir une idée élémentaire du problème. En voici le résumé.

I. DESCRIPTION DU COMPORTEMENT

1. SIGNES VISIBLES.

Je crie fort. J'injurie mon mari (paranoïa) : « Tu es un con. »

Je lui demande d'appeler immédiatement sa mère (paranoïa) : « Appelle-la maintenant pour l'engueuler. »

Je lui demande de se fâcher avec sa mère (paranoïa) : « Si tu ne te fâches pas maintenant avec ta mère, je divorce. »

Je parle de mon doute quant à l'amour que Damien éprouve pour moi (obsessionnalité = perfectionnisme, doute, culpabilité) : « Tu ne m'aimes pas. »

2. DÉBUT, MAINTIEN, ARRÊT.

Quand débute le comportement problème ? Dans les moments où, pendant le week-end, je devine à leurs chuchotements qu'elle me critique secrètement et aussi quand Damien me le confirme le dimanche soir, en rentrant chez nous.

Qu'est-ce qui assure le maintien du comportement ? La continuation des critiques de la belle-mère ; le désir de Damien de ne pas le cacher ; le fait que Paméla fasse la tête à sa belle-mère.

Quand survient l'arrêt ? Quand Damien dit : « Je vais le dire à ma mère », ou « Je vais réfléchir si je me fâche avec ma mère. »

Quand se produit la reprise du comportement ? Le mardi, quand Damien n'en fait rien.

3. FRÉQUENCE, DURÉE ET INTENSITÉ.

La fréquence. Un dimanche soir sur deux, en rentrant de visite chez Sylvie, et le mardi suivant, quand Damien ne fait rien.

La durée. Cinq heures par semaine et deux insomnies par semaine.

L'intensité. – 7 sur – 10.

II. GÊNE GLOBALE (– 8 sur – 10)

1. AFFECTS NÉGATIFS (– 7 sur – 10).

Dépression, agressivité, déplaisir, angoisse ou colère. L'affect négatif est la colère (paranoïa).

Auto-analyse secrète de Paméla. Je ressens souvent une

profonde impression d'impuissance et de désespoir. J'ai envie de mourir (dépression).

Explications données aux autres. Je n'en parle jamais à personne (timidité ou phobie sociale).

Stabilité de l'humeur. Un matin, je suis de bonne humeur. Le lendemain, je suis désespérée (dépression).

2. SENSATIONS NÉGATIVES (– 5 sur – 10).

Élémentaires. « Je me sens faible » (dépression).

Musculaires. « Mes muscles se contractent avec des soubresauts » (psychosomatique).

Interoceptives ou profondes ? « Je me sens lourde, sans énergie, sans goût pour bouger » (dépression).

Plaisantes ? « J'éprouve un soulagement à crier » (paranoïa).

3. RICHESSE DE L'IMAGERIE MENTALE (+ 6 sur + 10).

Imaginez un endroit où vous vous sentez en sécurité (décrire). « Je me vois chez mon grand-père à la chasse avec lui. »

Imaginez un personnage et une habitation de votre enfance. « Je rentre dans la chambre de la chaumière familiale, quand j'ai cinq ans, et je montre mes dessins à mon oncle Louis. »

Retrouvez une rêverie éveillée (décrire). « Dans le bus, en allant faire mes courses, tous les jours, je rêve de mes prochaines vacances. »

Retrouvez un rêve nocturne fait dans les quinze derniers jours (décrire). « J'ai rêvé, il y a deux nuits, que je tuais ma belle-mère avec un canif en bois » (paranoïa).

4. COGNITIONS, CROYANCES IRRATIONNELLES (– 6 sur – 10).

Omnipotence du passé. « Ma grand-mère paternelle avait la même perversité avec mon père. C'est héréditaire » (obsessionnalité).

Échec et culpabilité. « Je n'ai jamais rien réussi dans ma vie. Je paye l'inceste avec mon père » (dépression).

Autocontrôle, jugement, choix, autorenforcement. « Cela fait deux ans que je veux en parler avec ma belle-mère. Je ne peux jamais me décider pour rien. Depuis un an,

Damien est d'accord pour s'éloigner de sa mère. On a trouvé une maison, je ne me suis jamais décidée » (obsessionnalité).

Attribution action sur le monde. « La vie est dure. La nature ne fait pas de cadeau. Dieu nous a fait pour souffrir. Dieu a fait notre destin. Tout est écrit. Plus on se bat contre la fatalité, plus on aura un retour de bâton » (obsessionnalité). « En astrologie, les poissons sont toujours des coléreux, on n'y peut rien » (obsessionnalité).

5. RELATIONS INTERPERSONNELLES NÉGATIVES.

En famille. « Je suis fâchée avec tous les membres de ma famille. Ce sont des égoïstes qui veulent profiter de notre argent » (paranoïa).

Sexualité. « Je n'ai pas de raison de récompenser mon mari au lit tant qu'il ne me vengera pas en se fâchant avec sa mère » (paranoïa).

Travail. « J'ai démissionné de mon travail, car les patrons sont tous des requins qui profitent des salariés » (paranoïa).

Loisirs. « Je préfère les mots croisés ou la lecture, car les gens sont de mauvais joueurs et je ne veux pas être victime des autres » (timidité ou phobie sociale, paranoïa).

6. DROGUES ET RAPPORT AU CORPS.

Pharmacie. « J'ai toujours pris des calmants pour mes migraines et pour mon dos. Je n'ai jamais eu de chance. Je suis allergique à tous les médicaments » (dépression).

Drogues douces, drogues dures, café, tabac, alcool. « Si je ne prends pas quatre cafés par jour, je ne peux pas m'occuper de ma maison, car je suis plus faible qu'une autre » (dépression).

Bien-être corporel. « Je n'aime pas les gens qui s'écoutent. Il faut malmener son corps pour le rendre plus endurant » (paranoïa).

Santé. « J'ai toujours souffert de douleurs partout dans mon corps parce que tout le monde pompe le peu d'énergie que j'ai. C'est pour cela que j'ai des migraines et des lombagos » (paranoïa).

6. ATTENTES POSITIVES DU PATIENT (+ 4 sur + 10).

Confiance dans le thérapeute. « Ma confiance en vous est de + 4 sur + 10, car vous ne me prenez pas au sérieux. C'est parce que vous êtes un homme et je pense que c'est surtout mon argent qui vous intéresse » (paranoïa).

Confiance dans la thérapie. « J'aime bien la thérapie comportementale et cognitive que vous me proposez (+ 8 sur + 10), car je veux collaborer. Je n'ai pas aimé ma psychanalyse, car le psy ne parlait pas et avait toujours l'air de se moquer de moi » (paranoïa).

Désir de changement. « J'ai peu de désir de changer (+ 2 sur + 10), car il arrive un malheur quand on essaie de s'opposer à sa destinée programmée » (obsessionnalité).

Motivation. « Je suis très peu motivée (+ 2 sur + 10), car je ne veux pas dépenser mon énergie pour ma belle-mère » (paranoïa).

7. ATTENTES POSITIVES DU PSY.

Efficacité de la technique que j'ai choisie. « Je vais utiliser la thérapie comportementale et cognitive pour Paméla. Je connais moins bien les techniques pour faire face aux troubles de la personnalité (comme la paranoïa) qui sont plus récentes. Cependant je vais me faire superviser par un collègue qui connaît bien la paranoïa. Cependant je connais bien le traitement de la dépression et de la timidité dont souffre aussi Paméla. Cependant, pour aider le couple, je vais aussi utiliser la thérapie familiale systémique et pour ne pas me mettre en conflit avec Paméla j'utiliserai la communication paradoxale. »

Mon efficacité personnelle. « Je sais bien me débrouiller avec une patiente paranoïaque comme Paméla. J'ai moi-même souffert de traits de personnalité paranoïaque que j'ai courageusement combattus, dans les premières années de ma carrière de psychiatre. C'était lors de ma propre psychothérapie pour apprendre à être psy. »

Sentiment de sympathie pour Paméla. « Paméla me semble antipathique à première vue parce qu'elle me critique en tant qu'homme. D'autre part elle est arrivée en retard en ne s'excusant pas et en m'accusant de lui avoir donné un rendez-vous trop tôt sans tenir compte de son éloignement. Elle a réussi à énerver mon assistante, plus calme que moi. Cependant elle aime le comportementalisme. »

Désir positif d'aider Paméla. « Je veux continuer à progresser dans mon travail en aidant des gens plus difficiles que la moyenne. C'est une occasion pour moi de me faire superviser par un collègue qui est fort compétent et que j'aime bien. »

La première partie de l'exploration fonctionnelle liste et mesure les items en donnant un diagnostic à chacun. Je trouve ainsi dépression, paranoïa, et obsessionnalité. Puis je donne vie à cette liste pour obtenir une suite (de douze causes et conséquences psychologiques) qui se referme sur elle-même en cercle vicieux.

1. OBSESSIONNALITÉ. J'ai l'impression que j'ai de moins en moins de chance.
2. PARANOÏA. J'ai l'impression que les autres (ma famille, mon mari, les patrons) sont de plus en plus méchants avec moi.
3. DÉPRESSION. Je cache ainsi mon impression d'être faible.
4. PARANOÏA. Ma belle-mère méchante, comme tous, se moque de moi avec la complicité de mon mari.
5. PHOBIE SOCIALE. Je suis trop timide pour en parler avec elle.
6. PARANOÏA ET DÉPRESSION. J'agresse mon mari par peur qu'il me dise mes faiblesses que je crains, ce dont il a comploté avec Sylvie.
7. PARANOÏA. Je demande à Damien de se fâcher avec elle pour ne jamais entendre mes faiblesses.
8. PARANOÏA ET INHIBITION SEXUELLE. Il ne veut pas donc je lui refuse la sexualité pour le punir.
9. DÉPRESSION ET INHIBITION SEXUELLE. Ça m'arrange, car je me sens coupable de jouir.
10. DÉPRESSION ET INHIBITION SEXUELLE. J'aggrave ma frustration en plaisirs, je me les interdis de plus en plus.
11. DÉPRESSION. Je fais des douleurs dans mon corps pour éviter le plaisir.

12. PARANOÏA. J'augmente l'intolérance de Damien à mes colères (se referme sur l'effet n° 1).

*

* *

J'ai donc retrouvé dans l'exploration fonctionnelle des idées dépressives (« Je ne vaux rien »), des comportements timides (« J'ai peur d'être ridicule en demandant à ma belle-mère : je souffre d'avoir l'impression que vous vous moquez de moi avec votre fils, que pouvez-vous faire pour m'aider »), des idées paranoïaques (« Ma belle-mère et mon mari sont méchants »), des comportements paranoïaques agressifs (« Je me mets en colère contre mon mari »), des comportements paranoïaques à conséquences sexuelles (« Je me refuse sexuellement à Damien pour me venger »), des comportements dépressifs à conséquences sexuelles (« Je me refuse sexuellement à mon mari car je suis coupable de plaisirs sexuels après avoir été victime d'inceste »).

Paméla voulait travailler pour apaiser la colère dans son couple. J'aurais voulu l'aider par rapport à son problème d'inceste. Mais c'est Paméla qui commande. Si je lui avais désobéi, elle n'aurait pas été prête à faire un travail sur l'inceste et elle ne serait pas revenue pour apaiser sa colère contre Damien. Elle aurait donc tout perdu.

La richesse de la thérapie comportementale et cognitive réside dans ce fait que nous pouvons commencer à aider Paméla pour sa colère, c'est-à-dire par le petit bout.

Nous avons fait de la relaxation en imaginant de parler calmement à Damien non pas le dimanche, ni le lundi mais le mardi, à froid !

Nous avons fait des jeux de rôle avec Paméla. Elle a joué à « Damien, que ferais-tu à ma place pour moins souffrir des week-ends que tu passes chez ta mère quand j'ai l'impression qu'elle se moque de moi, ce qui est tellement douloureux pour moi ? »

La thérapie de Paméla s'est terminée après l'apaisement des colères contre Damien, en six mois. Je lui ai expliqué qu'elle pourrait un autre jour travailler plus en profondeur sur sa dépression, sur son problème d'inceste. J'ai même pu lui expliquer sa paranoïa. Mais quelle frustration, pour elle comme pour moi, que de ne pas aller jusqu'au bout de sa souffrance et lui apprendre à la comprendre et à la gérer !

*
*   *

CONSEILS PRATIQUES

Si vos beaux-parents menacent votre couple

Quand vous êtes noyé dans un problème, vous n'y comprenez plus rien. Rencontrez un psy ou un ami pour faire le point sur l'origine de vos émotions avec votre belle-famille.

Si vous êtes paranoïaque comme Paméla, vous pensez que tout est dû aux autres et que vous n'avez aucune responsabilité. C'est totalement impossible. Il n'existe aucune sorte de problème humain sans responsabilités partagées entre les deux camps. De toute manière, même s'il était possible que les autres aient tort à 100 %, cela ne serait jamais intéressant pour ce qui concerne la résolution de votre problème.

Si votre enfant se noie, peu importe qui l'a jeté à l'eau. L'important est de s'organiser pour le sauver. Celui qui le sortira de l'eau sera peut-être le moins impliqué dans sa noyade, comme un passant. Il apprendra à nager. Il aura la fierté du sauvetage. Il pourra plus tard sauver ses propres enfants ou survivre lui-même.

De la même manière, si vous lisez ces lignes, cela veut dire que vous êtes le meilleur sauveteur de votre famille. Mettez-vous donc à l'ouvrage. Comprenez les mécanismes de votre conflit en étudiant les faiblesses de votre caractère qui les entretiennent. C'est par exemple la dépression, la timidité, la paranoïa, l'obsessionnalité de Paméla. Apprenez à vous relaxer en imaginant de parler calmement du problème à froid, pour prendre de la distance. Faites des jeux de rôle en demandant paisiblement de l'aide à votre persécuteur : « Que ferais-tu, à ma place ? »

Maison de retraite
(«J'ai l'impression d'abandonner mon père»)

Germaine est une ancienne patiente. Elle se sent très coupable et elle en souffre. Au téléphone, elle s'est présentée en victime par rapport à ce qu'elle pensait être sa triste décision de placer Adrien, son père, en maison de retraite. Mon assistante m'indique sur la fiche qu'elle a tenté longuement, sans y parvenir, de la déculpabiliser. «Mon père, dit Germaine, est quand même mieux avec nous, avec sa famille, qu'avec des étrangers, en maison de retraite. Il est tellement déprimé depuis la mort de ma mère.»

Il faut que je l'aide à se déculpabiliser. Je vais m'appuyer sur le fait que j'aurais agi comme elle avec mon propre père.

— Comprenez-moi, Germaine, votre père sera bien, il sera heureux de vous voir lors de vos visites, il recréera un cercle d'amis, de connaissances, et vous aussi, vous serez étonnée et heureuse de le voir sourire!

— Quels avantages voyez-vous dans le choix possible, pour mon père, de la maison de retraite par rapport au fait de le prendre chez nous?

— S'il est en maison de retraite, il pourra agir sans craindre de vous gêner. Vous serez plus en forme pour le choyer quand vous le voudrez.

— Mais comment puis-je lui expliquer tout cela? Jamais il ne me le pardonnera, même si ses pertes de mémoire ne nous permettent pas non plus de nous occuper correctement de lui, car nous travaillons tous les deux, mon mari et moi. En plus, il se déplace difficilement et il lui arrive de tomber.

— Eh bien, imaginez qu'il tombe en votre absence... Dans votre cas, il vaudrait mieux que ce soit son médecin généraliste qui lui « prescrive » la maison de retraite. Il pourra lui dire avec toute la fermeté nécessaire : « Votre état psychologique et physique impose que vous viviez en maison de retraite pour être soigné par des professionnels. »

— Ils sont très liés. Jamais son médecin ne le laissera partir en maison de retraite.

— Avez-vous des frères et sœurs ?

— Oui j'ai un frère. Il ne s'occupe jamais de rien. Il ne viendra pas. Il habite pourtant à côté de la maison de retraite. Cela ne l'empêchera pas de me critiquer.

— Consultez son généraliste, avec votre conjoint, sans votre père, et réfléchissez ensemble à la meilleure façon de lui présenter les choses. N'oubliez pas de convoquer votre frère et toute la famille. Même si personne ne vient, ne changez en rien votre projet.

— Le rôle du médecin de famille n'est pas de s'occuper du placement de mon père, qui n'est pas vraiment malade.

— Votre père est malade puisqu'il ne mange pas seul et qu'il tombe. Votre médecin de famille est là aussi pour vous aider quand vous devez faire face à ses problèmes psychologiques. La dépression fait partie de la médecine et votre généraliste sera un bon médiateur pour éviter votre culpabilité et empêcher qu'Adrien refuse ce projet.

— J'ai peur que mon père se suicide quand il se retrouvera abandonné dans cette maison de retraite.

— Vous ne l'abandonnerez jamais. Un abandon n'est pas physique, mais moral. Vous pouvez abandonner un enfant qui vit avec vous tous les jours. Il m'est arrivé de ne connaître un patient que par les lettres que nous échangions. Je ne l'ai pas abandonné. À la fin de sa « thérapie », il m'a dit : « Si vous ne m'aviez pas écrit, je me serais suicidé. » Quant à votre père, son médecin lui proposera d'abord un essai de trente jours en accord avec le directeur de la maison de retraite. Cette maison sera présentée comme une maison de repos.

— Que fera-t-on à l'issue de ces trente jours, quand son séjour censé être temporaire sera terminé ?

— Vous ferez le point avec lui sur la façon dont cela s'est passé, mais aussi avec le personnel, avec son médecin de famille et, enfin, avec votre famille.

— Mon père est très attaché à son généraliste, mais la maison de retraite est trop éloignée du cabinet de celui-ci pour qu'il le suive.

— Demandez à son médecin de lui téléphoner pendant ce mois-là pour discuter avec lui, et qu'il parle également au médecin de la maison de retraite et au directeur, sous prétexte de faire le point sur les médicaments par exemple. Et puis, regardez, en consultant cet annuaire de comportementalistes, je constate qu'il y a près de la future maison de retraite un généraliste comportementaliste.

— Qu'est-ce que c'est que cet annuaire ?

— C'est un livre de deux cents pages où sont classés par département tous les comportementalistes généralistes, psychologues, infirmières, sages-femmes, kinésithérapeutes, orthophonistes, orthoptiste, psychomotriciens, psychiatres, anesthésistes, gynécologues, dermatologues.

— Il existe des généralistes psychiatres ?

— Non, ce sont des généralistes comportementalistes.

— Quelle est la différence ?

— Ces généralistes ne connaissent que le comportementalisme, qu'ils ont appris au cours des mêmes formations que nous. D'autres sont venus accompagner leurs patients en consultation avec nous pour apprendre. En revanche, ils ne connaissent pas la psychanalyse.

— Soignent-ils les mêmes patients que vous ?

— Non. Ils voient les malades les moins graves comme Adrien. Ils travaillent en collaboration avec nous, par exemple au téléphone, comme je peux le faire avec le futur médecin d'Adrien. En tant que psychiatres, nous voyons les malades plus graves comme les psychotiques délirants.

— Cela doit leur prendre beaucoup de temps.

— C'est le contraire. Il faut dix minutes pour relaxer quelqu'un au lieu de lui donner un calmant.

— Est-ce que cela veut dire que vous n'assumez pas votre rôle en vous reportant sur son médecin traitant ?

— Non, pas du tout. Au contraire, je serai à votre disposition, à chaque fois que son médecin ou vous-même le souhaiterez, pour vous recevoir ici, avec votre père. Cependant, la maison de retraite dont vous m'avez montré la documentation est trop éloignée pour que j'y aille plus d'une fois.

— Il faut que je vous dise que mon père est très angoissé. Et qu'il a fait des tentatives de suicide par médicaments. Il a besoin d'un travail de relaxation comme celui que j'ai fait avec vous l'année dernière.

Au début de ma carrière, j'étais timide quand il s'agissait de proposer un rendez-vous à un patient en souffrance. Aujourd'hui, je suis ferme pour décider d'une première rencontre. Il faut faire gagner du temps et de la vie aux personnes en danger.

— Je vous propose de lui en parler ce soir et que vous puissiez venir avec lui dans quinze jours. Je lui apprendrai la relaxation. J'en profiterai pour lui faire visualiser la maison de retraite que vous avez choisie. Au préalable, vous l'aurez visitée et vous me l'aurez décrite.

Comme dit Dale Carnegie, pour forger une culpabilité, il faut un culpabilisant (Adrien) et une culpabilisable (Germaine). Si l'un des deux termes manque, le processus est impossible. Après l'entrée de son père en maison de retraite, Germaine et lui ont tous les deux fait une dépression sévère. Pourtant, les meilleures conditions étaient réunies autour d'Adrien dans ce lieu de retraite agréable.

Je les ai d'abord suivis séparément tous les quinze jours pendant un an, puis tous les deux mensuellement pendant six mois de plus. Mon rôle a consisté essentiellement à faire parler la partie culpabilisable de Germaine et la partie culpabilisante d'Adrien. Ou le contraire, car à d'autres moments, pour se défendre, c'était Germaine qui culpabilisait son père ! Mauvaise solution, qui renforçait en retour les paroles culpabilisantes d'Adrien.

Grâce à des jeux de rôle, nous avons mis en scène le culpabilisé et le culpabilisant. Ce fut si difficile qu'au début, nous avons été obligés de jouer, comme au théâtre, des histoires qui ne leur appartenaient pas. En voici une, que j'ai jouée avec Germaine : c'est la queue à la pharmacie, quelqu'un arrive après vous et passe devant vous ; reprenez votre place sans le culpabiliser. Je joue le rôle du client indélicat. Germaine joue quatre fois le rôle de la cliente victime : 1) « Vous êtes un homme impoli » ; 2) « Je n'apprécie pas que vous passiez devant moi. Pouvez-vous retourner derrière, s'il vous plaît ? » ; 3) « Quelle urgence médicale avez-vous chez vous ? » ; 4) « Monsieur le pharmacien, pouvez-vous m'aider ? » Entre chaque scène, je lui donne des conseils pour qu'elle soit de plus en plus sincère, sans colère et sans culpabilisation.

À la consultation suivante, je propose d'emblée à Germaine et Adrien un jeu de rôle plus difficile :

— Prenons l'histoire d'une mère mourante. Germaine, vous jouez cette mère. Votre père jouera celui de la fille.

— Que dit cette mère ?

— Vous êtes mourante d'un cancer du poumon. Votre fille trébuche maladroitement sur votre tuyau d'oxygène. Que diriez-vous à votre fille si vous vouliez la culpabiliser ?

— Tu pourrais faire attention ! Tu veux me faire mourir ?

— C'est bien, vous avez bien compris. Maintenant, nous allons inverser les rôles. C'est votre père qui va jouer le rôle de la mère mourante. Essayez d'être encore moins culpabilisant.

— Ce n'est pas grave, ma fille, cette histoire de tuyau !

— C'est bien. Essayez de faire encore mieux. Trouvez une idée positive pour l'avenir.

— Que ferais-tu à ma place, toi, ma fille, pour que je ne laisse pas traîner le tuyau d'oxygène ?

— Superbe ! La mère peut aussi dire : « Voilà une chose que nous ne ferons plus. »

À la consultation suivante, nous avons fait le point sur les mécanismes de la culpabilisation au travers des conflits entre père et fille et grâce aux jeux de rôle. Pour clarifier nos conclusions, un tableau a été nécessaire (voir p. 288).

*

*   *

Face au plaisir, le père culpabilisait sa fille. En retour, la fille culpabilisait son père. Il s'est agi de rééquilibrer progressivement le contentieux du passé dont on ne parlait jamais. Germaine avait toujours soutenu sa mère contre son père. En deux ans de thérapie, petit à petit, la découverte de tous les secrets et de toutes les rancœurs a été verbalisée.

Germaine manquait d'affirmation de soi. Son père et sa défunte mère également. Comme si la fille, la mère et le père ne s'étaient jamais parlé. Germaine m'avait raconté que sa mère faisait toujours le tampon entre le père et sa fille. Elle disait toujours : « Ne disons rien à ton père, il va être fou de colère. »

Le père savait de moins en moins de choses sur sa fille en particulier et sur sa famille en général. Chaque découverte était tellement intense qu'il s'énervait encore plus d'avoir « un métro de retard ». Cela renforçait la croyance de sa mère : « Je t'avais bien dit qu'il fallait tout lui cacher. »

De cette manière, la mère passait pour le bon objet. À l'inverse, le père était le diable. Grâce à la thérapie, le père a repris sa place affectivement. Du coup, la mère décédée est devenue l'objet de rancœur : « Elle m'a volé une partie de mon père. »

Nous avons fait des jeux de rôle avec Germaine et son père. Un fauteuil vide représentait sa mère. Je la fis parler avec sa mère, en lui demandant de s'imaginer quelque temps avant sa mort. Elle fut d'abord haineuse : « Maman, je t'en veux de m'avoir empêchée de parler à papa, j'aurais préféré qu'il me dispute pour ensuite nous réconcilier et nous embrasser. » Puis elle devint indifférente : « Chacun fait comme il peut. Ma mère a fait de son mieux sans avoir pu, comme moi aujourd'hui, être aidée par un psychiatre. » Enfin, elle eut de la compassion pour elle : « Ma mère était malheureuse avec mon père. Il était très froid. Du coup, elle cherchait un peu de chaleur avec ses enfants. »

*
*   *

CONSEILS PRATIQUES
Si vous envisagez une maison de retraite pour un parent âgé

Rencontrez des assistantes sociales pour le (ou la) convaincre d'entrer en maison de retraite.

Faites prescrire le séjour par son généraliste. Commencez par un essai de trente jours, après une maladie ou non, en parlant de maison de repos.

Si besoin, essayez une deuxième maison de retraite pendant trente jours de plus, car vos goûts ne sont pas les siens. Il est plus facile de choisir s'il existe une alternative. Prenez la décision avec toute la famille qui lui rendra visite. Établissez un calendrier des visites pour répartir ses rencontres, pour qu'il (ou elle) puisse prévoir, pour qu'il (ou elle) ne se sente pas abandonné(e).

Si c'est possible, et même si vous pensez qu'il (ou elle) ne supportera pas longtemps le séjour, apportez un maximum d'objets et de meubles de sa maison pour qu'il (ou elle) reconstruise un peu de son cadre habituel. Il (ou elle) fera ainsi plus facilement le deuil de sa maison.

Même s'il (ou elle) n'a pas de pertes de mémoire importantes, faites-lui écrire son autobiographie et en donner le manuscrit à chaque membre de la famille. Faites aussi travailler sa mémoire avec des cartes, des lectures, ses comptes bancaires, ses photos. Organisez-lui le plus d'activités possible : promenades, gymnastique, natation en piscine, shopping.

TABLEAU D'INTERPRÉTATION DES MÉCANISMES DE LA CULPABILITÉ ENTRE GERMAINE ET SON PÈRE

	ATTITUDE CULPABILISANTE	ATTITUDE CONSTRUCTIVE
EXEMPLE	« Tu veux me faire mourir ? »	« Voilà une chose que nous ne ferons plus. »
TOURNÉ VERS	le passé	le présent l'avenir
QUEL EST LE PROBLÈME ?	la mort	un tuyau
LE PROBLÈME A-T-IL ÉTÉ DRAMATISÉ ?	oui, parce qu'il n'y a aucun risque de mort	Non, car c'est une affaire de tuyau
QUI EST EN CAUSE ?	tu es le seul coupable	nous sommes responsables
LANGAGE	flou	précis
RÉPARATION	impossible à jamais	nous réparons ensemble
SOLUTION	je cache les solutions	nous cherchons des solutions
BÉNÉFICE	je cherche un bénéfice personnel caché	cherchons un bénéfice pour nous deux au grand jour

Maladie d'Alzheimer
(«Il n'y a plus rien à faire pour la maladie de ma mère»)

Je reçois Germain pour une maladie d'Alzheimer. Ce qui me vient à l'esprit parfois en premier, c'est le souvenir le plus douloureux qui se rattache à cette maladie. Je pense à Françoise, une amie dont le père a été victime de cette maladie. C'est pour moi une idée un peu dépressive, car la distance m'avait empêché de l'aider.

Curieux que ce soit le plus négatif qui marque le plus notre mémoire. Dans une journée, si dix consultations sont positives et si une seule est négative, c'est celle-là qui va rester le plus longtemps dans ma mémoire. Dans ce cas-là, je cherche une bonne consultation de la journée pour me fixer sur son souvenir. D'autres fois, je prends le positif de cette consultation difficile.

Pour mon amie Françoise, ce qui a été positif, c'est son courage. Je me souviens que depuis la mort de son père, elle est membre très actif d'une association pour informer et aider des familles de malades atteints de cette maladie. J'ai remarqué que cette générosité de Françoise l'avait beaucoup aidée à faire ce deuil difficile. Je décide donc de copier l'idée avec Germain.

— Comment imaginez-vous la souffrance de votre mère ?

Je dis «imaginez» pour commencer tout doucement à préparer l'idée que «ce qui compte, ce n'est pas ce que j'imagine qu'elle souffre, mais ce que mesurent les médecins, puisque je ne suis pas médecin».

— Elle perd complètement le sens de l'orientation. Nous l'avons mise dans une maison spécialisée. J'ai l'impression que je ne fais pas tout ce qu'il faut pour qu'elle me reconnaisse quand je vais la voir. Quand je la quitte, je me dis pendant des heures : « Ai-je tout fait ? »

Je note qu'il se culpabilise aussi bien pour la maison spécialisée que pour la perte de l'orientation et de la mémoire de sa mère. Il se croit responsable de tout ce qui arrive à sa mère. Il me faudra l'aider plus tard à se déculpabiliser.

— Nous pouvons réfléchir ensemble, avec vous et votre mère, à la façon dont vous pouvez garder le contact avec elle quand vous lui rendez visite. Vous ne pouvez pas inventer nos stratégies psychologiques.

Germain me montre la brochure de la maison de retraite :

— Je n'ose pas lui avouer que parfois il me semble que maman ne me reconnaît plus du tout puisqu'elle a oublié mon prénom ! Je trouve aussi sa maison de retraite de disposition curieuse, toute en longueur.

— Ce plan est spécialement adapté pour la maladie de votre mère.

— Ces longs couloirs avec des rampes, est-ce pour la faire marcher ?

— Oui. Cela fait moins de bruit si les patients parlent fort en marchant. D'autre part on sait que les personnes atteintes de la maladie d'Alzheimer ont besoin de marcher beaucoup.

— C'est vrai, j'ai remarqué. Ça lui sert à quoi de marcher tout le temps ?

— C'est pour eux une façon de se défouler, d'être moins agité, d'être en meilleure santé, car rester assis ou couché donne des infections de la peau, des poumons et des reins.

— Elle marche tout le temps et s'énerve si on l'en empêche. Mais pourquoi cette résidence spécialisée est-elle construite comme une pieuvre ?

Ce n'est pour rien que Germain parle de cette pieuvre qui lui a volé sa mère. Cette pieuvre, c'est peut-être la médecine, ou bien la maladie. Il vaut mieux que je trouve une image plus poétique pour lui, comme l'étoile qui évoque la liberté, pour effacer l'image stressante de la pieuvre qui étouffe ou dévore.

En psychologie et en psychothérapie, la métaphore est importante, car elle développe l'imaginaire, le rêve, le sommeil et lutte contre la dépression. Si je veux dire à Germain que cinq services de malades partent d'un centre avec la direction pour faire cinq branches, il est plus agréable pour lui que je trouve une belle image avec une étoile.

— Imaginez le cœur d'une étoile de mer, les cinq branches sont très longues. Ces couloirs et les bâtiments qui les contiennent sont orientés comme une étoile. Avez-vous remarqué que chaque service est une branche de l'étoile avec des cours intérieures fermées entre les branches ?

— Oui, j'ai remarqué que ma mère peut aller dans la cour en étant bien surveillée par les infirmières puisque les cours sont limitées par les branches de l'étoile sur lesquelles donnent les nombreuses baies vitrées de la salle à manger, de la salle de soins et de la salle de bains.

— Quelle bonne idée pourrions-nous trouver ensemble pour mieux aider et mieux distraire votre mère ?

— Comment les cours sont-elles fermées ?

— Toutes les portes s'ouvrent par le même code. Si le patient ne mémorise pas le code, c'est que sa mémoire le met en danger quand il sort sans infirmière. L'étoile de mer est entourée par un mur de verre. Autour il y a encore une haie. Entre le mur de verre et la haie, il y a les parkings pour le personnel et les visiteurs.

— Où sont les portes avec code ?

— Elles sont à tous les niveaux de danger : pour aller au cœur de l'étoile de mer, pour aller dans les cinq cours entre les cinq branches, pour aller dans les parkings entre les deux enceintes verre et haie, pour sortir de la maison de retraite en voiture.

— Un patient qui mémorise le code peut-il sortir dans la rue ?

— Non, pour ouvrir la barrière il faut composer le code, mais c'est le concierge qui ouvre. Il contrôle toute la maison sur des écrans pour signaler les patients perdus aux infirmières.

— Vous pourriez venir à la maison de retraite avec moi pour m'expliquer comment communiquer avec Denise ?

— Oui, bien sûr, quand elle sera grippée et ne pourra pas sortir. Germain, j'ai remarqué que vous appelez votre mère « Denise » et que vous ne dites pas « maman ».

— Est-ce grave si je ne dis pas « maman » ?

— Vous avez peut-être trop de distance avec elle. Vous ne pensez donc pas à la toucher, à l'embrasser, à la prendre par le cou, à jouer avec elle comme quand vous étiez petit et que votre mère jouait avec vous. Nous avons commencé par jouer dans notre première année de vie. C'est seulement dans un deuxième temps que nous avons commencé à parler.

— Vous voulez dire que lorsque notre cerveau s'abîme, nous faisons le chemin inverse et nous perdons d'abord la parole ?

— C'est exactement cela. Mais les jeux, les rires, les caresses gardent leur signification beaucoup plus longtemps. Je lui apprendrai à accompagner la parole comme au théâtre.

— Je joue l'adulte ?

— Oui et votre mère devient l'enfant. Elle devient de plus en plus jeune.

— Vous êtes dur de me parler de cette régression de ma mère vers l'enfance. Vous pourriez me préserver !

— Je comprends votre remarque. Beaucoup de patients me la font lorsque ma sincérité leur est douloureuse. Si je vous mens, je ne peux plus vous aider. Vous avez aussi raison de me dire : « Si vous m'aviez tout dit, j'aurais pu faire plus pour ma mère. »

— Serais-je remboursé de vos visites à sa maison de retraite et à votre cabinet ?

Germain s'est mis à pleurer et a changé de sujet. Je n'insiste pas. Nous y reviendrons une prochaine fois.

— Tout psychiatre peut faire des visites à l'extérieur et surtout lorsque l'on est comportementaliste comme moi. La Sécurité sociale prévoit le remboursement de cet acte et du déplacement sur la base du psychiatre le plus proche. Il y a un psychiatre plus près (je calcule). Elle aura quarante-deux francs à payer. En revanche, à mon cabinet, Denise sera remboursée complètement si elle a une mutuelle.

— Elle n'a pas de mutuelle.

— Demandez à son généraliste de la mettre à 100 %.

— L'avez-vous déjà fait dans votre carrière? Vous êtes-vous déjà déplacé dans une maison de retraite?

— Oui. De la même manière, on va dans d'autres lieux médicaux. Dans les maternités, on relaxe avec sa mère, un bébé qui vomit. Dans les services de chirurgie, je relaxe avant une anesthésie générale ou pendant une anesthésie locale. Dans les services de réanimation, j'essaie de redonner un élan vital. Dans les centres de rééducation, je motive un accidenté paraplégique. J'accompagne aussi les patients phobiques dans le bus.

— Qu'est-ce que vous allez pouvoir faire sur place?

— Allons chercher un enfant de neuf ans, Farid, dans la salle d'attente. Il va jouer le rôle de votre mère.

— Ça va le déranger?

— Non, il est prévu avec lui, pour aujourd'hui, qu'il travaille sa timidité et son égoïsme en faisant un exercice pour quelqu'un.

J'engage un jeu de rôle. Farid joue le rôle de Germain. Germain va jouer le rôle de sa mère malade. Il apprend à parler avec ses mains par gestes comme avec un étranger ou un sourd. Il apprend à toucher sa mère, en touchant l'enfant. J'ai choisi un enfant pour ne pas gêner Germain en le touchant.

— Farid et Germain, voulez-vous changer de rôle? Germain, vous jouez votre propre personnage, à la maison de retraite. Farid, vous jouez sa mère. Recommencez le même jeu de rôle.

La scène est encore plus positive dans la deuxième séquence. On s'amuse avec cette sorte théâtre, donc on dédramatise.

— Faites-vous un compliment en vous disant « tu ».

— « Germain, tu as fait un bon jeu de rôle. C'est bien, tu vas être génial avec ta mère.

— Parfait.

— Quel rapport entre ce jeu de rôle et votre venue à la maison de retraite pour ma mère ?

— Je vais vous apprendre, en lui parlant, à garder un contact physique avec votre mère, pour l'aider à comprendre vos propos. De cette façon, en lui disant qu'elle est bien coiffée, vous caresserez ses cheveux, par exemple.

— Toucher n'est pas trop une habitude dans notre famille. Cela m'intimide.

— Vous allez apprendre. Je vais vous apprendre. Vous allez toujours associer la parole à vos gestes, à vos touchers, à vos caresses. Vous allez vous habituer.

— Pouvez-vous me donner d'autres exemples de touchers ?

— Vous touchez le bol de votre mère, et votre mère pour dire : "On va déjeuner tous les deux." Vous l'embrassez pour accompagner : "Je t'aime maman." Vous lui tenez la main à l'avance pour expliquer : "Nous allons nous promener dans le jardin." Vous mimez le coucher de soleil que vous décrivez avec un rond de vos mains. »

Je mime tout cela avec mon petit patient. Germain est intimidé.

— Cela sert à quoi, toutes ces singeries ?

— Cela facilitera la communication entre vous. Vous allez ensuite apprendre cela à toute votre famille.

— Pourquoi la toucher plutôt que de lui parler ?

— Vous allez faire les deux. Mais le langage non verbal comme le rire renforce chez Denise la compréhension des mots humoristiques quand vous saurez le faire vous-même.

— Non verbal ?

— C'est tout ce que vous ne pouvez pas taper sur un ordinateur. C'est tout ce que vous entendez, tout ce que vous voyez sur son corps, en dehors des mots, par exemple : le sourire, le ton de la voix, les gestes, les caresses.

— Je ne comprends pas !

Le langage non verbal, comme tendre l'oreille pour demander de parler plus fort, est mieux perçu que la parole toute seule. Les mots sont maintenant trop compliqués pour votre mère s'ils ne sont pas accompagnés par vos mimes, vos caresses.

— Mais tout cela ne va pas guérir ma mère. À quoi cela va-t-il servir ?

— Il y a au moins deux choses importantes : que vous gardiez, vous et votre mère, le plus de plaisir possible à communiquer ; et que vous donniez à votre mère le plus de confort possible pour le reste de sa vie, au jour le jour, dans le plaisir de manger, de dormir, de se promener.

— Concrètement, on commence quel jour ?

— Nous allons étudier cela ensemble rapidement. Quels jour et heure voyez-vous votre mère ce mois-ci ?

Germain consulte son agenda.

— Lundi après-midi prochain ? Mercredi dans trois semaines, le matin ?

— Puisque ma secrétaire m'a dit que vous étiez commerçant, lundi après-midi prochain, je vous retrouve à 16 heures dans sa chambre à la maison de retraite.

— D'accord.

Habituellement, on transforme les gestes en paroles dans une thérapie en disant, par exemple : « Que voulez-vous dire en mettant votre main devant votre bouche quand vous prétendez que vous n'aimez pas votre femme ? » Curieusement, dans cette thérapie, les mots sont accompagnés par le toucher.

J'ai été étonné que le toucher ait pu maintenir le contact là où la parole seule était devenue insuffisante. Cette maladie est plus épouvantable pour l'entourage que pour le patient. Le malade est inconscient de son état. C'est comme un nourrisson qui ne souffre pas de sa difficulté à comprendre la parole. La différence réside dans le fait que tout le monde caresse et joue avec un bébé. En revanche, peu de personnes pensent à faire de grands gestes ou à câliner un parent pour mieux se faire comprendre, surtout dans le Nord de la France. Germain comme tous les proches d'une patiente victime de cette maladie ne pensait pas à s'amuser avec sa mère. J'ai donc dû le soutenir. J'étais son modèle.

À la troisième séance avec sa mère à la maison de retraite, Germain m'a dit :

— Je le fais parce que cela me rassure de le voir faire

par vous-même, par les infirmières et par la psychomotricienne.

— Vous avez été génial quand vous lui avez raconté votre journée à Disneyland avec vos enfants. C'était superbe quand vous avez tourné sur vous-même pour mimer le manège. C'était bien aussi de faire semblant de tomber en disant : « J'étais étourdi en sortant du manège. » Auriez-vous trouvé tout seul ces bonnes idées de théâtraliser ce que vous voulez faire comprendre à votre mère ?

— Non ! Je n'aurai jamais eu l'idée de jouer avec ma mère, de mimer, de lui caresser les mains. J'aurais eu peur de l'humilier, de l'intimider.

— Qu'en pensez-vous maintenant ?

— Je vois qu'elle est plus heureuse de me voir. Elle me reconnaît plus facilement. Je vous imite et j'imite les infirmières. Je suis aussi moins susceptible quand elle me dit : « Tu peux partir », ou encore : « J'en ai assez de te voir. »

— Comment faites-vous pour être moins susceptible ?

— Je repense à ce que vous m'avez toujours dit : « C'est comme un enfant. » Et puis aussi : « C'est une maladie physique comme une paralysie, de nombreuses parties de son cerveau sont abîmées. On ne peut pas demander à un paraplégique de marcher. »

— Quels autres comportements désagréables de Denise ressemblent à ceux d'un enfant, d'après vous ?

— Un enfant se fatigue vite. Il vous envoie promener. Ce n'est pas pour autant qu'il ne vous aime plus. Un enfant vit sa vie au jour le jour.

*

* *

La directrice de la maison de retraite m'a demandé d'animer un groupe de patients avec Denise, une fois tous les quinze jours. J'en profitais pour consulter Denise avec son fils et lui faire une séance de relaxation en musique. La semaine suivante, Germain venait au cabinet avec sa mère.

Je les ai aidés en consultation, tous les deux, pendant

plus de deux ans, jusqu'à la fin de la vie de Denise. Dans les derniers mois, j'allais toutes les semaines à la maison de retraite puisqu'elle ne pouvait plus se lever. Nous avons eu l'idée que je fasse une séance d'hypnose ericksonienne pour minimiser la douleur pendant que les infirmières soignaient ses escarres.

Germain est venu en psychothérapie trois mois de plus pour faire le deuil de sa mère. Il se culpabilisait encore beaucoup de l'avoir placée dans cette maison de retraite et de ne pas l'avoir assez souvent visitée. J'ai sincèrement dit à Germain pour le déculpabiliser: «Vous avez fait plus que j'aurais pu pour ma propre mère. Je vous admire.»

D'autres fois, il développait une violente haine envers sa sœur Hélène. Elle n'avait pas pu supporter de voir, mois après mois, sa mère se dégrader psychologiquement. Germain a vite compris qu'il transformait sa culpabilité de ne peut-être pas avoir fait assez pour sa mère en haine contre sa sœur.

Hélène, pour se défendre, a reproché à Germain d'avoir pris en cachette la décision de placer leur mère dans cette maison-là. Germain projetait donc sa culpabilité sur Hélène et réciproquement. Hélène se sentait coupable d'avoir eu peur de la maladie de sa mère. Elle pensait soulager sa culpabilité en critiquant son frère.

J'ai appris à Germain à se réconcilier avec sa sœur: «Excuse-moi de ne pas t'avoir consultée pour choisir la maison de retraite.» Ils ont abandonné ainsi tous les deux leurs déplacements haineux, pour devenir réciproquement sincères: «Tu sais, Germain, tes visites fréquentes à maman m'ont bien arrangée, car c'était trop douloureux pour moi.»

*

*   *

CONSEILS PRATIQUES
Si vous cherchez un accueil pour un proche atteint de la maladie d'Alzheimer ou d'une autre démence

Cherchez méticuleusement une maison de retraite spécialisée pour cette maladie avec votre généraliste, qui aura fait le diagnostic le plus tôt possible par des tests efficaces pour débuter très tôt le traitement ; avec un psychiatre spécialisé pour cette maladie ; avec un neurologue, qui donnera le traitement le plus précocement possible pour retarder au maximum l'évolution de la maladie ; avec les assistantes sociales de la CPAM, de son travail, de son quartier pour organiser une tutelle sur ses biens.

Avec les assistantes sociales, cherchez des aides à sa mairie, à son Conseil général, à sa CPAM, avec sa mutuelle, à sa caisse d'allocations familiales, auprès de sa famille.

Demandez la vente de ses biens en viager à son juge des tutelles (si elle ou lui est en tutelle) pour lui permettre une maison de retraite plus confortable, puisqu'elle ne reviendra pas chez elle.

N'attendez pas que votre parent soit d'accord.

Ne vous vexez jamais quand il ne vous reconnaît pas : « Qui es-tu ? » « Fous le camp ! »

En cas de violence incompréhensible de sa part, parlez-lui doucement en montrant la cafetière ou le gant de toilette : « Veux-tu un petit café ou prendre un bon bain ? » Prenez-lui la main en souriant : « Viens faire une petite promenade dans le couloir avec moi. »

Passez une demi-journée avec lui dans sa maison de retraite pour apprendre à communiquer avec lui en articulant bien. Observez les soignants qui parlent avec lui. Copiez-les en faisant de grands gestes et en apportant des objets et des photos pour appuyer votre discours.

Quand vous n'avez pas la patience de lui expliquer quelque chose, faites comme si vous étiez l'instituteur de l'école maternelle et qu'il était votre élève. Profitez de tous les objets de sa vie passée (photo, moulin à café), des magasins de jouets (vache, maison).

Agissez des actions ensemble comme le faire manger, faire un puzzle de grosses pièces, le coiffer longuement, l'aider à prendre son bain, jouer à la pétanque avec des boules en plastique, jouer avec des fléchettes sans pointes sur une cible pour l'école maternelle.

Aidez-le à faire travailler sa mémoire tous les jours en le laissant chercher les couverts, les toilettes, les prénoms, les numéros, les musiques, les goûts en utilisant toutes les astuces de couleurs, de logos.

Faites un programme de visites pour que son plaisir de rencontrer ses proches soit bien réparti dans la semaine.

Ne forcez personne à venir le voir. Il vaut mieux que les visites soient moins fréquentes, moins longues, mais plus plaisantes. « Voulez-vous venir la voir tous les mois ou tous les deux mois ? »

QUATRIÈME PARTIE

Médicaments et thérapie

Dépression
(« Pourquoi prendre des antidépresseurs, alors que j'entame une thérapie ? »)

Je revois aujourd'hui pour la deuxième fois Patricia. À la première séance, j'ai pu mettre en évidence que cette femme de quarante-neuf ans débutait une dépression. Je l'ai évaluée cliniquement. Je lui ai fait remplir des échelles pour confirmer le diagnostic.

Elle revient donc me voir ce jour pour que nous mettions au point ensemble une stratégie thérapeutique. Qu'allons-nous utiliser ? Les médicaments ou la psychothérapie ? De nombreux patients hésitent entre les deux, sans toujours bien comprendre que c'est plutôt en *associant* médicaments et psychothérapie qu'ils retireront le plus de bienfaits.

De plus, ils confondent souvent les tranquillisants et les antidépresseurs, et mélangent les avantages et les inconvénients des deux. Nous devons être clairs avec nos patients dépressifs et leur montrer que les antidépresseurs présentent, dans leur cas, plus d'avantages que d'inconvénients.

— Bonjour, Patricia, je suis content de vous revoir. Comment s'est passé la semaine depuis que nous nous sommes quittés ?

— J'ai été très anxieuse, car je craignais un peu cette deuxième séance.

— Pourquoi ?

— Je ne savais pas si vous alliez me mettre sous médicaments et lesquels.

Je vais d'abord faire le point avec Patricia afin de lui confirmer le diagnostic que je pressentais à la première séance.

— Ce que je peux déjà vous dire, Patricia, c'est que votre évaluation clinique montre la dépression. Les échelles de Beck et de Hamilton confirment à l'évidence que vous êtes dépressive.

Patricia se met en colère :

— Et on a besoin de tests pour ça ?

— Non, les tests n'ont fait que confirmer mon diagnostic lors de notre première consultation.

— Vous savez, docteur, j'ai peur des antidépresseurs. Ils vont changer ma personnalité et m'affaiblir. Je crains de ne plus être moi-même. Je préférerais un petit calmant.

Patricia exprime là une idée complètement fausse qui, malheureusement, est très répandue. On a plutôt tendance à avaler des tranquillisants. Pourtant, ce sont des médicaments dangereux : d'abord parce qu'ils induisent rapidement un état de dépendance, ensuite parce qu'ils baissent considérablement la mémoire.

— Toutes les études montrent, Patricia, qu'il faut d'emblée prescrire un antidépresseur.

— Pourquoi ?

— Parce qu'il augmente la sérotonine, qui nous protège de la dépression, et qu'il permet ainsi une amélioration en quelques semaines.

— Tout cela me semble bien superficiel, bien chimique !

— C'est vrai, Patricia, l'antidépresseur calme, mais il n'améliore pas durablement l'état du patient comme le fait une thérapie. Cependant, même temporairement, il va être utile pour, d'une part, faciliter l'installation de la psychothérapie et, d'autre part, favoriser le bon déroulement des exercices pratiqués dans le cadre de cette psychothérapie.

— Mais à long terme, cela va donner quoi ?

— Eh bien, c'est la thérapie qui va permettre d'éviter les rechutes à moyen et long terme. Mais l'antidépresseur est comme un soufflet de cheminée qui démarre le feu salvateur.

— Vous n'allez tout de même pas m'intoxiquer avec des drogues pour deux tests qui sont mauvais !

Manifestement, Patricia a peur des médicaments. Il faut que je la rassure. Je vais lui donner encore plus de précisions sur le fonctionnement de la famille d'antidépresseurs que j'ai l'intention de lui prescrire.

— Vous avez raison, Patricia, le plus important dans mon diagnostic de dépression vient des dialogues que nous avons eus lors de notre première séance.

Patricia saute sur l'occasion pour déplacer son angoisse sur les tests :

— Alors, vous m'avez fait faire des tests pour rien !

Même si je perçois que ce qui angoisse véritablement Patricia, ce ne sont pas les tests mais les antidépresseurs, je dois lui répondre au sujet des tests si je veux que nous progressions. Derrière celle des antidépresseurs, il est possible que je découvre une autre peur, plus intime encore.

— Non, les tests sont utiles. Ils servent à contrôler mon diagnostic et à mesurer l'intensité de votre dépression, chaque mois, pour évaluer l'amélioration.

— Alors, quel antidépresseur voulez-vous me donner ?

Nous y voilà. À moi d'être prudent.

— Il existe actuellement une nouvelle famille d'antidépresseurs, qu'on appelle IRS, ce qui signifie « inhibiteur de la recapture de la sérotonine », ou ISRS, ce qui signifie « inhibiteur spécifique de la recapture de la sérotonine ».

— Tout cela est pour moi du charabia ! Pouvez-vous être plus précis ?

— J'y viens. Ce sont des antidépresseurs qui agissent sur une substance fondamentale qui manque dans la dépression et qu'on appelle sérotonine.

— Donc, je n'ai pas assez de sérotonine.

— En effet.

— Et si je comprends bien, votre IRS je ne sais plus quoi augmente cette sérotonine.

— Exact. L'IRS va augmenter la quantité de sérotonine dans votre cerveau. Mais il n'est pas lui-même de la sérotonine. Il agit en empêchant sa destruction trop rapide.

— Y a-t-il des inconvénients à prendre vos antidépresseurs ?

— Très peu. Il peut y avoir au début quelques nausées

ou de la somnolence, mais cela passe au bout de huit à quinze jours environ.

— Et combien de temps serai-je obligée de le prendre ?

— Comme je vous l'ai dit, il n'y a aucune accoutumance. Tout au plus existe-t-il une dépendance psychologique. Cela tient au fait qu'on se sent mieux. Ce n'est jamais une dépendance physique. Il est donc préférable de prendre cet antidépresseur au minimum six mois, voire un an si on a déjà fait des récidives dépressives.

— Pourquoi aussi longtemps ?

— Pour deux raisons. D'abord, pour apporter un soutien à la thérapie qui dure, elle aussi, environ un an. Ensuite, parce que la plupart des études prouvent que l'association des antidépresseurs et de la thérapie permet d'éviter les rechutes dépressives à moyen et long terme dans environ trois cas sur quatre.

— Avec ma chance, je serai dans le quart restant. J'ai l'habitude de prendre une dose plus faible que celle que mon médecin m'a prescrite.

— Ce que vous faites avec les antibiotiques peut être dangereux. De la même façon, c'est complètement inefficace avec les antidépresseurs. Un antidépresseur, c'est comme de l'eau qu'on jette sur un feu pour l'éteindre. Si la dose est insuffisante ou pas assez répétée, le feu reprend.

— Oui, mais je préfère des petites doses et plus longtemps.

— Si vous baissez la dose prescrite, c'est comme si vous rouliez trop lentement sur une autoroute. Pour l'antibiotique, cela n'agira pas. Les microbes vont vite s'habituer à l'antibiotique et vous infecter gravement. Pour l'antidépresseur, au-dessous de la dose prescrite, vous avez les inconvénients sans l'efficacité.

— J'ai bien compris, docteur, mais comment ferons-nous pour arrêter le traitement quand j'irai mieux ?

Cette question angoisse beaucoup mes patients. Ils considèrent habituellement qu'ils ne sont pas complètement guéris malgré la thérapie s'ils n'arrêtent pas définitivement les médicaments.

— C'est simple, Patricia, nous baisserons progressivement la dose, par quart de comprimé, sur une durée de dix semaines environ.

— Mais après l'arrêt de mon antidépresseur, est-ce que je ne vais pas rechuter ?

— Il est rare, mais toujours possible que la dépression rechute plus ou moins à l'arrêt des antidépresseurs. Dans ce cas, ce n'est pas grave, la thérapie associée permet habituellement de soigner ce qui reste de votre dépression.

— Et si ma dépression revient quelques mois après l'arrêt complet de l'antidépresseur ?

— C'est possible, mais cela n'est pas grave. Vous reprendrez alors une dose minimale d'antidépresseur en association avec la thérapie.

— Sur quels symptômes votre IRS va-t-il agir ?

— Sur à peu près tous les symptômes de votre dépression, c'est-à-dire, en ce qui vous concerne, la tristesse, le ralentissement de votre activité, la fatigue dès le réveil, l'insomnie, l'amaigrissement, le manque de motivation.

— Et que fais-je du tranquillisant que m'a prescrit mon médecin de famille ? Est-ce que je dois l'arrêter, ou bien l'associer à votre antidépresseur ?

— Votre tranquillisant n'agit que sur l'angoisse. Nous l'arrêterons donc progressivement. En revanche, nous avons vu au cours de cette première séance que vous avez également des peurs. Vous avez des peurs dans le métro et les grands magasins.

— Quel médicament me donnerez-vous pour mon agoraphobie ?

— Par chance, l'IRS agit également sur ces phobies en empêchant le sentiment de panique.

— Comment une substance chimique peut-elle agir sur mes mauvaises pensées ?

— Toujours par le biais de la sérotonine dont je vous ai parlé et qui est à la fois antidépressive, antipanique et relaxante. Mais attention, l'IRS n'est pas un médicament magique !

— Et si je mets longtemps à guérir, est-ce que cela signifiera que c'est grave ?

— Pas du tout, Patricia, il n'y a pas de rapport entre la

durée de l'association antidépresseurs-thérapie et l'efficacité à long terme.

— Pourquoi ?

— C'est la même chose, plus vous apprenez longuement et par cœur un texte, mieux vous vous en souvenez. Au revoir, Patricia, j'espère avoir répondu à toutes vos interrogations. Voici une première prescription pour un mois et un rendez-vous pour la semaine prochaine.

*

* *

Au bout de la quatrième semaine, après avoir beaucoup hésité, Patricia m'a redemandé : « Pourquoi un antidépresseur ? » Lassé, j'ai répondu : « Pourquoi pas ? C'est comme un stabilisateur sur un vélo d'enfant. On le retire quand l'enfant sait faire du vélo tout seul. » C'est au cours de cette quatrième semaine que Patricia a finalement débuté son traitement.

Elle a bien toléré l'antidépresseur, qu'elle a donc pris du deuxième au vingt-quatrième mois de la thérapie, malgré quelques nausées initiales. L'antidépresseur a facilité et accéléré la thérapie qui s'est déroulée à raison d'une séance par semaine. Nous avons travaillé essentiellement, sur le plan comportemental, à lutter contre ses phobies du métro et des grands magasins, et, sur le plan cognitif, à combattre sa dépression.

L'amélioration s'est faite en deux temps. Au bout d'un an, ses phobies avaient disparu. Mais ses pensées dépressives ont mis, elles, beaucoup plus de temps — deux ans — à diminuer, car elles étaient très ancrées.

En fin de deuxième année, Patricia a baissé progressivement sa dose d'antidépresseur. Le processus a duré deux mois, au bout desquels Patricia a souhaité rester sous une dose très faible d'IRS. J'ai gentiment refusé pour rompre sa dépendance psychologique. Elle vient maintenant me voir à peu près tous les trimestres pour se rassurer ! Mais elle va bien. Nous venons même de décider ensemble d'arrêter la thérapie dans six mois.

*
* *

CONSEILS PRATIQUES

Si vous hésitez à prendre des antidépresseurs

Demandez conseil à votre médecin de famille qui vous fera passer des tests d'intensité de dépression pour, d'une part, évaluer votre dépression avant l'antidépresseur et, d'autre part, mesurer l'amélioration.

Ne prenez l'antidépresseur que si vous êtes capable de l'absorber régulièrement tous les jours, à la bonne dose, pendant au moins six mois.

Associez une thérapie à l'antidépresseur si la dépression dure depuis plusieurs mois ; si elle résiste à un mois d'antidépresseur ; pour accélérer l'amélioration ; si la thérapie est trop douloureuse ; après une rechute à l'arrêt de l'antidépresseur.

Si vous hésitez entre antidépresseur et thérapie

Lors d'un premier accès dépressif de plus de trente jours, on commence par l'antidépresseur seul pour éviter un problème professionnel ou un échec scolaire, voire une tentative de suicide.

On associe d'emblée antidépresseurs et thérapie dans les cas suivants : idées de suicide, souffrance morale intense, récidive après moins de cinq ans, antécédent dépressif avec idées suicidaires, antécédent dépressif résistant.

On associe thérapie et antidépresseurs en cas de résistance pendant trente jours au premier antidépresseur ; les trente jours suivants, au deuxième antidépresseur ; en cas de dépression de plus de quatre-vingt-dix jours ; en cas de rechute.

À celui qui ne sait pas écrire, on ne dit pas : « Ça va s'arranger tout seul ! » ou « Remue-toi ! », mais on lui apprend, tout simplement, l'écriture. C'est ce que fait le thérapeute avec une personne déprimée.

Angoisses
(« Est-il vrai que je vais perdre la mémoire si je continue à prendre tous ces calmants ? »)

Mon téléphone cellulaire sonne, c'est mon assistante qui me signale qu'une nouvelle patiente, intoxiquée aux anxiolytiques, est arrivée au cabinet et qu'elle crie pour avoir sa drogue. Plusieurs médecins ont déjà dû la lui refuser. Il fait beau. Je n'ai pas envie de la voir.

Je passe en voiture devant la faculté de médecine de Bobigny avant de rejoindre mon cabinet. J'y ai fait toutes mes études : huit années de médecine et quatre années de psychiatrie. Douze années à étudier, à être tout le temps en examen. On appelait cela le contrôle continu des connaissances. Je travaillais bien, j'avais une très bonne mémoire. Mais à l'heure où les jeunes de mon âge allaient au cinéma, draguaient et couchaient avec les filles, moi j'étudiais jour et presque nuit. Ce qui me chagrine davantage, c'est que je n'utilise quotidiennement, en tant que psychothérapeute, qu'une petite portion de ce j'ai appris pendant ces longues années d'études.

J'ai dû apprendre par cœur l'anatomie, la physiologie, la biologie, la médecine et la psychiatrie, en tout des centaines et des centaines de pages. Que m'en reste-t-il ? En France, l'université ne nous enseigne que les médicaments et la théorie psychanalytique. Il m'a fallu, dans des écoles privées, faire connaissance avec les thérapies modernes : l'hypnose ericksonienne, la thérapie comportementale et cognitive, la programmation neurolinguistique. En tant que psy, je n'utilise donc dans mon travail quotidien que des outils que j'ai appris après la fac. Pourtant, j'ai le sentiment confus que sans toutes ces années, je ne serais pas le même aujourd'hui. Certaines personnes ont su me faire aimer la psychiatrie au fur et à mesure de mes stages hospitaliers. Me voici arrivé à mon cabinet. Ma tête est encore pleine de mes souvenirs d'étudiant. Je revois la bibliothèque universitaire, le restaurant, les copains et mon maître, le professeur Serge Lebovici…

Aujourd'hui, donc, je n'ai pas envie de travailler. Cela arrive même aux psys ! Il faut que je me « remonte les bretelles ». Je me dis : « Mon travail m'enrichit chaque jour et aujourd'hui, ce sera la même chose. » Heureusement, mon assistante est là. Elle est formée comme moi aux thérapies modernes. Notre entraînement à l'optimisme est quotidien, mutuel, réciproque. La thérapie comportementale demande plus d'optimisme qu'une autre, car la restructuration positive de nos patients doit être constante.

Je lui demande :

— Donne-moi une bonne raison de rire maintenant de l'hostilité de cette femme.

— Dans ces problèmes de toxicomanie, tu es très bon. Tu vas y arriver comme d'habitude. Cette patiente qui te paraît hostile seulement à l'instant va se calmer et devenir proche de nous, de la thérapie.

D'accord. Allons-y. Place à Jacqueline.

— Asseyez-vous, madame. Selon votre médecin généraliste, vous prenez trop de tranquillisants et depuis trop longtemps. Mais peut-être a-t-il exagéré ? Qu'en pensez-vous ?

— Je suis venue vous voir, car j'en ai besoin pour vivre. Or, mon médecin ne veut plus m'en donner.

À l'évidence, Jacqueline abuse des tranquillisants. Elle est entrée dans mon bureau en perdant l'équilibre. Elle est somnolente. Sa voix est pâteuse, ses lèvres sont gercées, ses mains tremblent. Ce sont des signes qui ne trompent pas. Il me restera à apprécier tout à l'heure ses amnésies. En cas d'intoxication aux sédatifs, elles sont d'autant plus massives que la toxicomanie est importante et ancienne.

— Quel dose de calmants prenez-vous et depuis combien de temps ?

Jacqueline ne me mentira pas : elle sait que je peux vérifier ce qu'elle va me dire auprès de son médecin.

— Voici l'ordonnance, docteur. Je prends un demi-comprimé le matin avant d'aller au travail et un demi-comprimé le soir avant de me coucher. Je fais cela tous les jours depuis mon divorce, c'est-à-dire depuis deux ans.

Il ne faut pas que je passe pour un gendarme qui compte le nombre de comprimés que prend Jacqueline. Cependant, je dois garder discrètement la maîtrise de son traitement.

— Et vous n'en prenez jamais en plus dans la journée ?

— J'avoue qu'il est fréquent que je prenne un troisième demi-comprimé dans la journée. Ma vie n'est pas simple puisque j'élève seule mon fils de trois ans. Certains soirs, je suis si stressée que je suis capable de prendre encore plus de comprimés que d'habitude. Je sais que j'abuse, mais je ne peux pas m'en empêcher. J'ai l'impression de « mourir de stress ». Alors, dans ces moments-là, je ne compte pas le nombre de comprimés.

— C'est beaucoup trop, Jacqueline !, dis-je avec fermeté.

— Oh ! vous savez, docteur, j'ai plusieurs copines dans la même situation que moi, seules, avec des enfants à élever. Elles en avalent autant, si ce n'est plus que moi pour tenir le coup.

Puisqu'elle la banalise, je vais dramatiser la surconsommation de Jacqueline.

— Je pense au contraire que ce n'est pas banal. De plus, vous en prenez depuis bien trop longtemps !

— Quel est l'inconvénient ?

— Il y en a plusieurs : on devient peu à peu totalement dépendant de ces calmants ; ils perturbent la mémoire ; et ils diminuent le sommeil profond.

— C'est vrai, docteur, que je perds de plus en plus la mémoire. Je n'ai que trente-trois ans et ça me fait peur. Vous avez raison aussi en ce qui concerne le sommeil : j'ai beaucoup de mal à m'endormir. Le matin, j'ai l'impression d'avoir peu ou mal dormi.

Il est bon que j'explique à Jacqueline le lien entre ses symptômes et son abus de tranquillisants.

— Jacqueline, le mécanisme est simple. Tous les calmants que vous prenez diminuent dangereusement chez vous le sommeil qu'on appelle profond. C'est pourquoi je vous apprendrai la relaxation qui produira l'effet inverse sur votre sommeil, c'est-à-dire l'approfondir.

— Mais comment puis-je savoir que la relaxation va me faire mieux dormir ?

— Tout simplement parce que vous allez rêver davantage et que vous serez moins fatiguée le matin.

— Et pour ma mémoire, que pouvez-vous faire ? Car c'est dramatique. J'oublie des choses très importantes. Par exemple, je suis obligée d'écrire sur une feuille de papier ce que je dois acheter pour mon fils, car j'oublie toujours quelque chose.

— En effet, vos calmants diminuent aussi votre mémoire, d'autant plus que leur action est rapide. Je vais donc vous prescrire un calmant plus lent qui va générer moins de dépendance et moins de troubles de la mémoire.

L'idée de troquer son calmant habituel pour un autre moins fort semble terroriser Jacqueline.

— C'est quoi, un calmant plus lent ?

— Votre médicament est dit rapide, car il est éliminé dans les urines en quelques heures. Celui que je vais vous donner le sera en deux jours. De plus, vous n'en prendrez qu'un demi-comprimé au lever, pour toute la journée. Ainsi, l'action sera progressive et durable, et vous n'aurez plus d'angoisse dans la journée. Nous associerons à ce traitement médical la relaxation dont je vous ai parlée pour gérer votre stress. Une thérapie comportementale et cognitive qui vous aidera à gérer votre stress de mère seule. De cette manière, relaxation et comportementalisme vont progressivement remplacer vos tranquillisants.

— Mais je ne comprends plus, docteur, c'est mon généraliste qui m'a prescrit ces tranquillisants. Il m'a bien dit que je devrais toujours en prendre, même si c'est en moins grande quantité.

Je ne dois pas critiquer le médecin de cette patiente qui a eu raison de lui prescrire ces tranquillisants. Jacqueline a dû entendre ce qu'elle voulait bien entendre. Je ne crois pas en effet que mon confrère ait pu lui dire qu'elle devrait prendre des calmants toute sa vie. Le travail d'un généraliste n'est pas facile. Il a peu de temps pour chaque patient. Or, il est très difficile de faire rapidement un diagnostic de dépression. De plus, Jacqueline cache sa tristesse derrière un visage courageux et rieur. Il faut que la fac de médecine forme mieux en psychiatrie ses futurs médecins généralistes.

— Jacqueline, je suis ferme sur ce point : nous arrêterons peu à peu vos tranquillisants en diminuant par quart de comprimé sur dix semaines. Votre motivation à la relaxation sera d'autant plus grande que vous aurez un meilleur sommeil réparateur.

— Et si mes angoisses revenaient quand j'aurai arrêté le calmant ?

C'est une crainte quasi constante chez tous mes patients et qui est légitime, car cela peut arriver.

— Dans ce cas, nous resterons plus longtemps au même palier en renforçant la relaxation. Vous devez apprendre à faire face à vos émotions, seule, sans drogues.

— Pourquoi tous ces efforts pour arrêter les calmants ?

— Parce qu'un calmant n'est pas une fin en soi. Il ne devrait servir qu'à attendre les effets de la thérapie.

— Quelle est la différence d'un calmant à l'autre ?

— Comme je vous l'ai déjà mentionné, il s'agit essentiellement de la durée d'élimination du produit. Plus l'élimination du calmant est lente, mieux c'est. Cela permet une seule prise le matin. Mais ce qui me semble tout aussi important, Jacqueline, c'est que nous évoquions l'éventualité d'une psychothérapie. Vous allez apprendre à gérer votre stress de mère de famille qui élève seule un enfant. Je vous propose d'y réfléchir jusqu'à la semaine prochaine. Si vous êtes d'accord, nous pourrons commencer une thérapie comportementale et cognitive avec relaxation et diminution progressive de vos calmants.

*
* *

En fait, six mois seront nécessaires pour sevrer Jacqueline des calmants qu'elle prenait à fortes doses depuis deux ans. À chaque sevrage, elle fera des crises d'angoisse à l'arrêt du dernier quart de comprimé.

J'ai fini par lui donner un placebo. Avec succès. Donner un placebo, ce n'est pas ne rien faire. Certes, nous ne donnons que quelques milligrammes de sucre sans autre substance active, mais surtout nous y mettons notre parole et notre assurance. Pour ma part, je dis toujours aux patients que je leur ai donné un placebo et je leur explique pourquoi et comment.

La thérapie de Jacqueline a duré plus d'un an. Elle a révélé ce qui se cachait derrière cette anxiété que Jacqueline traitait par un abus de tranquillisants : une véritable dépression. J'ai alors remplacé le tranquillisant par un antidépresseur.

À cela, s'est ajouté un problème de boulimie qu'elle m'avait caché pendant six mois. Nous avons d'ailleurs constaté une similitude entre toxicomanie et boulimie. Les mécanismes de pensée qui l'avaient amenée à prendre trop de comprimés étaient les mêmes que ceux qui l'amenaient à manger trop de gâteaux ! Il n'y a jamais rien de grave à voir un symptôme voyager vers un autre. Un problème plus récent comme une boulimie disparaît plus vite qu'une toxicomanie plus enracinée.

*
*   *

CONSEILS PRATIQUES
Si vous vouliez prendre des calmants

Ne rentrez pas dans cette dépendance aux anxiolytiques qui peut vous rendre toxicomane. Plus l'effet de ces calmants est rapide, plus le risque toxicomaniaque est grand. C'est le même principe qu'avec l'alcool et l'héroïne par exemple.

Les calmants détériorent la mémoire.

Les somnifères sont faits des mêmes molécules et

entraînent les mêmes risques que les calmants. Ces deux toxicomanies sont donc croisées. Une accoutumance aux somnifères amène une toxicomanie au calmant et réciproquement.

Aucun calmant ne doit être prescrit plus de trente jours. En ce qui nous concerne, nous ne prescrivons que très rarement des calmants ou des somnifères. Nos ordonnances ne dépassent jamais plus de huit jours. Nous passons plus de temps à effectuer le sevrage des calmants et somnifères en cours des autres médecins.

Aux calmants, préférez les antidépresseurs, la relaxation, un thérapie comprenant un programme de gestion du stress.

On tombe malade à chaque fois que l'on échappe à ses émotions par une fuite physique ou chimique.

Insomnies
(« Je ne peux plus trouver le sommeil sans mon somnifère »)

Jean-Paul, quarante-huit ans, m'est adressé par son généraliste. Il abuse tellement des somnifères que le matin, au travail, il n'est plus bon à rien. Les cheveux gris, le front très crispé et la démarche raide, l'homme fait plus vieux que son âge.

— Votre médecin est inquiet. Il n'ose plus vous prescrire de somnifères, car il dit que vous en prenez trop et depuis trop longtemps. Nous allons chercher une bonne idée ensemble pour votre sommeil. Depuis quand prenez-vous des somnifères ?

— Je ne sais plus, docteur, peut-être un an.

Jean-Paul a hésité à me répondre. Il doit probablement être dépendant depuis plus longtemps que cela. On sait que ces médicaments perturbent fortement la mémoire. Je vais essayer d'en savoir un peu plus sur le sommeil de Jean-Paul, s'il veut bien me répondre avec plus de sincérité.

— Vous réveillez-vous la nuit ?

— Non, c'est surtout le soir que j'ai du mal à m'endormir.

Explorons un peu les pensées négatives qui entretiennent l'insomnie, c'est-à-dire les cognitions.

— Que vous dites-vous le soir, dans votre tête, avant de dormir ?

— Je me dis que je n'ai rien fait d'utile de ma journée

et que probablement la suivante sera identique. Et chaque nuit ça recommence.

— Êtes-vous marié, Jean-Paul ?

— C'est compliqué, docteur. Je suis divorcé, j'ai deux enfants de douze ans et quinze ans. Ils vivent avec moi et ma nouvelle compagne. Elle a un enfant de sept ans. Nous sommes donc cinq à la maison. Cette vie me fatigue beaucoup, et pourtant je n'arrive pas à dormir sans mes somnifères.

L'insomnie, ce n'est pas une maladie comme la grippe, mais un symptôme comme la fièvre. Il va falloir que je recherche une ou deux causes d'insomnie parmi les plus fréquentes : l'anxiété, parce que les anxieux ruminent leur journée et ont du mal à s'endormir ; la dépression, parce que les déprimés se réveillent tôt, vers trois ou quatre heures du matin. Ils n'arrivent plus à se rendormir et sont fatigués dès le réveil.

— Que pensez-vous exactement quand vous êtes dans votre lit, à ne pas pouvoir vous endormir ?

— Je repasse toute ma journée en négatif. J'imagine tous les oublis et toutes les erreurs que j'ai pu faire, tant à mon travail que dans ma vie privée. Cette vie est mouvementée, comme je vous l'ai dit, avec trois enfants à la maison.

— Pendant vos insomnies, pensez-vous aussi au lendemain ?

— C'est surtout ce qui va se passer dans les heures qui suivent qui occupe mon esprit. J'ai peur d'être en retard pour conduire les enfants à l'école. Et ça peut durer des heures avant que je ne m'endorme ! Le lendemain matin, je trouve cela ridicule.

Continuons mon investigation. Je dois savoir s'il est davantage dans le registre anxieux ou dépressif.

— Une fois endormi, vous réveillez-vous à nouveau dans la nuit ?

— Oui ! Vous allez me porter malheur avec ce genre de questions ! Je ne me souvenais plus de cela ! Je dors peu jusqu'à quatre heures du matin. Je ne me rendors jamais ensuite.

— Êtes-vous fatigué dès le réveil ?

— Je sens bien le matin qu'il me manque une ou deux heures de sommeil. De toute manière, je me dis que je suis plus faible qu'un autre physiquement.

Mon diagnostic est presque fait. Il me reste à l'affiner grâce à des tests.

— Je peux vous dire, Jean-Paul, que votre problème s'appelle anxiété et dépression.

— Ce sont des mot que l'on met à toutes les sauces. Au risque de vous paraître ignorant, dites-moi ce que sont l'anxiété et la dépression dans mon cas.

— Pour faire simple, l'anxiété, c'est prévoir négativement l'avenir ordinaire, dans une minute, une heure, un jour, un an ; et la dépression, c'est penser que l'on est moins bon qu'un autre.

— Mais alors, comment éviter cette anxiété et cette dépression qui m'empêchent de dormir ?

Passons maintenant à l'aspect thérapeutique.

— Pour commencer, je vais vous donner un texte de relaxation. Vous le réciterez à haute voix, chez vous, tous les soirs, en vous couchant, pendant cinq minutes.

— Docteur, si je fais ce que vous me dites, ma femme va se moquer de moi. Elle ne sait même pas que je suis venu vous consulter aujourd'hui.

— Vous savez Jean-Paul, j'ai commencé mon travail de psy, en cabinet libéral, il y a environ douze ans. Je n'ai jamais vu un conjoint féminin refuser cette idée.

— Peut-être, mais mon épouse est particulière : tout ce qui ressemble à de la psy la met très en colère.

J'ai plutôt l'impression que c'est Jean-Paul lui-même qui projette sur son épouse sa propre peur du psy, ce qui est très fréquent. Les femmes ont en effet rarement peur de nous, puisqu'elles représentent à peu près 80 % des consultations de psychothérapie. En revanche, ce que j'entends presque chaque jour, c'est que les hommes ont peur de la thérapie de leur épouse. Ils craignent que, guéries, elles s'éloignent d'eux et finissent par les quitter.

— J'ai vu ou entendu parler de toutes sortes de conjoints. D'ailleurs, c'est beaucoup plus difficile avec les conjoints hommes. Je me souviens cependant d'époux qui ont accepté cet exercice de relaxation. Au début, ils étaient opposés à tout ce qui est psy et même, pour certains, en cours de divorce.

— D'accord, docteur, je lui en parle ce soir. Mais allez-vous me donner des somnifères ?

Jean-Paul a un énorme besoin d'être rassuré quant à ma prescription de somnifères. Je ne peux pas le sevrer du jour au lendemain.

— Bien sur que oui ! Mais nous les diminuerons progressivement sur trente jours, car vous les prenez depuis trop longtemps. Ainsi, l'effet de la relaxation sur votre sommeil ne se fera que petit à petit, dans les trente jours qui viennent.

— Allez-vous me prescrire le même somnifère ?

— Je préfère vous le changer pour un somnifère d'action plus rapide, par exemple deux heures, pour vous endormir vite et être bien au matin. Si vous m'aviez dit que vous vous réveillez vers trois ou quatre heures du matin, je vous aurais laissé votre somnifère d'action longue.

— Et combien de temps faudra-t-il pour vaincre mon insomnie ?

— Environ trois mois, peut-être un peu plus si l'on découvre une cause profonde à votre insomnie.

— Comme par exemple mon anxiété, dont vous parliez au début de la séance ?

— Votre anxiété n'est pas forcément une cause profonde.

— Mais alors, comment savoir ?

— Eh bien, pendant les deux prochaines séances, en plus de la relaxation, nous allons faire un bilan. C'est ce qu'on appelle une analyse fonctionnelle.

— Je ne comprends pas.

— C'est comme la révision des dix mille kilomètres pour votre voiture.

— Ce sont donc comme des tests sur une voiture neuve ?

— Pas seulement. L'analyse fonctionnelle (voir p. 325) se conduit au début, mais aussi tous les mois et à la fin d'une thérapie comportementale et cognitive. Elle consiste à mesurer tous les paramètres. La durée du symptôme, l'intensité, comment le symptôme est apparu, avec qui sont les paramètres essentiels. Quelles pensées l'ont accompagné, renforcé, quels comportements ont été associés à ce symptôme. Bref, on regroupe tous les paramètres qui entrent dans ce symptôme pour rechercher les maladies en cause et leur cercle vicieux.

— Et si vous m'expliquiez en termes simples ce que nous ferons lors des prochaines séances ?

Jean-Paul veut une réponse claire, je vais la lui donner.

— Concrètement, nous comparerons tous les résultats : ceux des tests, la conclusion de ma consultation, votre propre évaluation. Nous pourrons ainsi réfléchir ensemble aux bénéfices d'une éventuelle psychothérapie pour vous. Au revoir Jean-Paul, prenez un rendez-vous le plus vite possible avec mon assistante.

*

* *

Jean-Paul a pu arrêter son somnifère au deuxième mois environ. Cet arrêt a démasqué un véritable état dépressif, ce qui est souvent le cas. L'exploration fonctionnelle et les tests le prévoyaient.

Une thérapie comportementale et cognitive a été mise en place. J'ai commencé par travailler sur l'état dépressif, car c'était la cause de tous ses problèmes. Si je n'avais pas travaillé dans cet ordre, la dépression aurait sous-évalué les résultats positifs de la thérapie. Cette thérapie essentiellement cognitive pour la dépression a été associée à un antidépresseur et a duré du premier au huitième mois.

Son conflit de couple et ses troubles de la sexualité ont été tardivement pris en charge. C'est un autre comportementaliste sexologue qui s'en est chargé, du sixième au douzième mois. Pour échapper à la sexualité, Jean-Paul prétextait une fatigue due aux insomnies. Il a fait un travail comportemental pendant six mois pour traiter son éjaculation précoce.

Plus tard encore, du dixième au seizième mois, il a accepté que son épouse participe à un travail de couple. En effet, Jean-Paul prenait souvent des calmants pour éviter de se mettre en colère contre son épouse. Elle avait fini par lui confier qu'elle avait l'intention de divorcer si son couple n'entamait pas une thérapie. Cette thérapie de couple a bien fonctionné, car elle reposait sur la sincérité. C'est une condition très importante de réussite.

*

* *

CONSEILS PRATIQUES
Si votre insomnie dure depuis plus de trente jours, au moins huit fois par mois

L'insomnie n'est pas une maladie comme une méningite, mais un symptôme comme la fièvre. Un symptôme fièvre peut avoir pour cause plusieurs maladies (méningite ou grippe) qu'il faut rechercher. Les causes les plus fréquentes sont, pour l'insomnie du soir, l'anxiété, et pour le réveil du petit matin, la dépression.

Les conseils pour les somnifères (élimination en quelques heures) sont les mêmes que pour les calmants (élimination en une journée). Les molécules (benzodiazépines) sont identiques.

Apprenez à combattre les idées négatives qui empêchent de s'endormir ou de se rendormir.

Demandez à votre médecin de famille un bilan de sommeil en dormant une nuit dans une clinique neurologique.

Si vous êtes intimidé par l'idée de faire une thérapie, vous avez deux possibilités selon que vous êtes anxieux ou dépressif : demandez de la relaxation à votre médecin si vous vous endormez très tard en étant fatigué dès le réveil (anxiété) ; demandez un antidépresseur à votre médecin si vous vous réveillez très tôt en étant fatigué dès le réveil (dépression).

Surtout, respectez une hygiène de vie minimum en renforçant vos activités sportives au réveil, en vous levant à sept heures précises tous les matins (si votre travail le permet), en éliminant toute sieste ou grasse matinée, en augmentant vos plaisirs l'après-midi, en éliminant — surtout après dix-huit heures — alcool, café, thé et tabac, et en évitant toute excitation le soir (films violents, jeux, etc.), en vous couchant au début d'un coup de pompe.

Quand tout ce travail est fait, vous pouvez arrêter les somnifères en au moins dix semaines par quart de comprimé comme pour les calmants.

EXPLORATION FONCTIONNELLE

Diagnostic dans le cas de Jean-Paul.

TRAITEMENT	ANXIÉTÉ	OBSESSION	DÉPRESSION	TRAITEMENT
Se relaxer avant de se coucher.	Je vais mal faire mon travail et l'amour demain.	Si je pense insomnie, ça aggrave.	J'ai mal fait mon travail et l'amour hier.	Idées alternatives.
Je me confronte à mon insomnie deux heures par semaine.	Insomnie : je m'endors tard le soir.	Insomnie : je m'endors tard le soir.	Insomnie : je me réveille à quatre heures du matin.	Antidépresseur.
Rugby, sport.	Je prends un somnifère.	Interrelations : éjaculation précoce. Je dis que je suis fatigué.	Je suis fatigué pour mon travail et pour le sexe.	Rugby, sport.
Expliquer à mon patron.	J'augmente mon somnifère.	Épouse : « Tu n'es pas un homme viril. » Patron : « Tu n'es pas un salarié fort. »	Je suis plus faible qu'un autre pour mon travail et pour le sexe.	Expliquer à mon épouse.

Traitement dans le cas de Jean-Paul.

CONFRONTEZ-VOUS	IDÉES ACTIONS ALTERNATIVES	RELAXEZ-VOUS	EXPLIQUEZ AUX AUTRES VOTRE THÉRAPIE	FAITES DU SPORT	ANTIDÉPRESSEUR
Interdisez-vous de dormir deux heures pendant huit jours	Écrivez puis changez vos idées et actions	Exercice de Schultz. Prévisualisez	À votre patron et à votre conjoint	Rugby	Oui

Peur du psy
(« Les psys sont plus fous que leurs malades ! »)

Jérôme, dix-neuf ans, me regarde du coin de l'œil. S'il est là, dans mon cabinet, c'est parce que ses parents l'ont obligé à venir. Au téléphone, ils ont expliqué à mon assistante que leur fils voulait être footballeur professionnel. Manifestement, il est très réticent. À voir la tête qu'il fait, il cherche la moindre « faute » de ma part pour partir ! Tout va se jouer dans le début de « match ». Récemment, j'ai appris à aimer le foot grâce à mon épouse et ma belle-fille. Pourquoi ne lui ferais-je pas aimer la psychologie à mon tour ? Il a préparé ses dribbles, je vais aller sur un terrain qu'il n'a pas miné d'avance.

— Nous, comportementalistes, nous tutoyons parfois nos patients en les appelant par leur prénom, quel que soit leur âge.

— Pourquoi ?

— Nous faisons faire des jeux de rôle entre garçons et filles. Nous pensons que le tutoiement aplanit les différences de profession, de fortune et de culture.

— Si vous voulez.

— Bien, on m'a dit que tu t'appelles Jérôme. Tu viens d'avoir dix-neuf ans. Ce sont tes parents qui ont téléphoné pour toi.

— Oui, c'est ça.

— Quelle idée as-tu des psys en général ?

— Mon père dit que les psys sont plus fous que leurs malades. Je n'ai pas tellement envie de me confier à eux !

Je vais essayer de le dérider un peu.

— Tu as raison, Jérôme. Je me souviens avoir mis les clefs de ma porte dans le frigo en rentrant chez moi après une journée éreintante.

— Vous plaisantez ?

— Oui, je plaisante. Ton père a raison. C'est un vieux fantasme populaire que d'avoir peur du psy et de l'imaginer contaminé par ses patients fous. C'est compréhensible que ton père pense cela comme tout le monde.

Je dis : « Ton père a raison. » Je ne dis pas : « Tu as raison. » Je ne parle pas de lui. C'est une façon indirecte de parler pour ne pas le mettre en colère.

Je dis : « Comme tout le monde. » Un ado n'aime pas être comme tout le monde, il s'oppose à tout. Je veux qu'il s'oppose ainsi à la pensée : « Tous les psys sont fous. » L'opposition n'est pas une liberté, mais un couloir. Je vais essayer d'en profiter.

— Vous n'êtes pas Bedos, déclare Jérôme.

— Guy Bedos raconte : « J'ai deux amis psys jumeaux. J'ai rencontré dans la rue un des deux qui pleurait. "Que t'arrive-t-il ? — Nous avons eu un accident de voiture, mon jumeau et moi. — Et alors ? — Eh bien, l'un de nous deux est mort. — Et alors ? — Eh bien, nous ne savons pas lequel des deux est mort". »

Je suis content. J'ai fait rire Jérôme. Faire rire quelqu'un, c'est rentrer positivement dans son intimité. C'est comme manger à sa table. Jérôme poursuit :

— Et comment expliquez-vous que tout le monde critique les psys ?

— Personne n'apprend la psychologie avant la fac. C'est la même chose à l'université, en dehors des futurs professionnels psychologues et psychiatres. Peut-être que votre père n'est pas psy. On a peur de ce qu'on connaît moins. On a peur des psys, surtout quand on en a besoin.

— Qu'en déduisez-vous pour moi ?

— Ceux qui ont cette méfiance pour les psys sont *parfois* ceux qui en ont le plus besoin inconsciemment. Pour beaucoup d'entre nous, surtout nous les hommes, c'est trop intimidant de demander de l'aide.

J'ai dit : « parfois ». En fait, je pense : « toujours ». Je ne veux pas dire brutalement à Jérôme que son père a peut-être un problème psychologique.

— Mais revenons à toi, si tu veux bien. Que veux-tu changer dans ta façon de voir le monde, l'avenir ou les gens ?

— Disons, que je n'ai plus goût à rien.

— Où en es-tu dans ta vie personnelle et scolaire ?

— Eh bien, j'ai raté mon bac l'année dernière. Comme je n'ai jamais aimé les études, je suis entré directement dans la vie active comme barman. Je m'ennuie dans ce boulot et j'ai l'intention de repasser le bac en candidat libre.

Il y a chez ce garçon une humeur triste, un ennui marqué et une certaine morosité que j'aimerais explorer davantage en lui posant des questions discrètes. Le diagnostic doit être minutieux chez les ados. Avec eux, on ne peut pas faire les tests au début pour affiner le diagnostic : ils les vivraient comme une intrusion.

— Quels problèmes as-tu eu ces dernières semaines avec ta famille, ta petite amie (si tu en as une), tes copains, ton travail ?

— J'en ai un peu marre de tout ! Ma copine m'a quitté, car elle n'avait plus trop confiance en moi. Elle disait que je rate tout ce que je fais, que je suis un loser ! Et puis, il n'y a pas que ça.

Jérôme semble avoir un peu plus envie de parler. J'en profite ! Il veut parler de sexe. Je tente le coup. Si cela correspond, c'est bien. Sinon, il n'y a rien à perdre.

— Oui, Jérôme, je t'écoute. Tu as raison. La sexualité, c'est important aussi !

— Voilà, dans le bar où je travaille, j'ai eu quelques aventures. C'était sans lendemain. Je n'ai pas mis de capote. Je m'en fous de ce qui peut arriver. Vous voyez, ma copine a sûrement raison. Je rate tout ce que je fais.

Ça devient préoccupant. Il y a chez Jérôme une douleur morale, une grande tristesse, une dévalorisation évoquant une dépression grave. En effet, avec le sida, il a des conduites à risque conscientes très inquiétantes. Il doit prendre d'autres risques vitaux graves.

— Et avec ta famille ?

— Mes parents vivent toujours ensemble, mais ils se disputent tout le temps. J'en ai marre de leurs histoires.

— J'aimerais bien qu'on se revoie, car je pense que tu peux avoir besoin de moi.

— Non, je suis venu parce qu'on m'y a forcé, mais je n'ai pas besoin de psy.

Il y a une grande résistance chez ce jeune homme. Dans ce cas-là, j'ai une conduite toute adaptée.

— Je comprends, Jérôme, ce que tu ressens. Je te propose ce que j'appelle « une thérapie à la carte ». Tu m'appelles quand tu en ressens le désir, l'angoisse, quels que soient le jour et l'heure. Tu vas essayer de me téléphoner surtout si tu veux mettre ta vie en jeu. Tu peux même venir sans rendez-vous. Moi, si je suis là, je m'engage à te voir même si je dois décaler les patients suivants et finir plus tard le soir. Tu peux aussi venir ici le midi avec un casse-croûte pour parler à d'autres jeunes auxquels nous proposons la même chose. Même si tu as des envies dramatiques de suicide, tu n'es pas obligé de venir en consultation.

Erickson nous a appris que l'inconscient entend les mots (venir en consultation), mais pas les négations (tu n'es pas obligé). La suggestion hypnotique masquée est donc : « Même si tu as des envies dramatiques de suicide, tu n'es pas obligé de venir en consultation. »

Par ailleurs, mon attitude semble négative. Or, une règle comportementaliste essentielle consiste à ne jamais donner un avantage (viens sans rendez-vous) à un comportement négatif (j'ai la paresse de revenir chez le psy). Il y a deux exceptions pour Jérôme (le départ et la mort) puisque cet adolescent ne veut pas revenir et qu'il est suicidaire. Je reprendrai ma règle lorsque ma relation avec lui sera meilleure.

— Merci, mais je n'en vois pas l'utilité.

Puis, se ravisant :

— Mais pourquoi pas un jour !

Jérôme se lève sans me laisser le temps de terminer ce que j'avais à lui dire. Il me dit au revoir et sort du bureau.

Le lendemain, j'appelle ses parents :

— Votre fils m'inquiète beaucoup. Je ne peux pas trahir

le secret professionnel. Je dois tout même vous dire qu'il se met en danger de mort. Il a besoin d'une thérapie, mais refuse de revenir. Devant sa détresse, je lui ai proposé de venir sans rendez-vous. Allez voir votre généraliste demain, avec ou sans votre fils. Vous lui demanderez un antidépresseur. Proposez à votre médecin de m'appeler. Vous viendrez ici après-demain mercredi pour que je vous apprenne à protéger votre fils, à l'aider.

— Comment peut-on recevoir des jeunes sans les voir en consultation ?

— Nous avons une pièce spéciale avec du café et un four à micro-ondes que nous appelons « cuisine » pour ne pas inquiéter. C'est mon assistante qui l'anime. J'y séjourne moi-même entre deux consultations et en cas d'absence d'un patient. Mon assistante et moi y mangeons le midi et au goûter. En nous relayant, nos journées de travail sont continues, de huit heures à vingt heures. En dehors de ces horaires, notre répondeur donne des numéros de téléphone utiles, comme celui de SOS Amitié. Cette pièce permet à nos patients de se rencontrer pour échapper au suicide, aux dealers, à l'angoisse de la solitude, pour manger, échanger un service (apprentissage de la reliure contre broderie), troquer (papier peint contre peinture), faire un exercice comportemental (jeu de rôle contre accompagnement à l'ANPE).

*

* *

La première fois que Jérôme est venu, un midi, manger un casse-croûte, il n'y avait aucun jeune présent. C'est très rare. J'ai appelé à l'aide un membre de l'association de phobiques Médiagora. Il est arrivé aussitôt. Cela s'est bien passé. Jérôme a coupé son casse-croûte en deux.

J'ai été heureux de constater que Jérôme est venu me voir cinq fois en un an et sans rendez-vous. Il a reconnu la cinquième fois qu'il pouvait commencer une dépression. C'est difficile à accepter à l'adolescence.

J'ai souvent discuté avec lui entre deux portes. J'ai découvert que sa prise de risque qui consistait à ne pas mettre de préservatif semblait plus le fait d'une ignorance que d'un désir de suicide. Il disait : « On ne peut pas attraper le sida en une fois avec une fille saine. » C'était moins inquiétant au niveau dépressif, mais tout autant au niveau vital. Au membre de Médiagora, il a donné une autre version, plus rassurante : « J'ai voulu affoler le psy pour qu'il s'occupe plus de moi que mes parents. »

Par contre, il continuait à faire l'amour avec des copines de passage sans se protéger, sauf si elles insistaient beaucoup. Il avait d'ailleurs fait un test du sida qui, heureusement, avait été négatif. Il n'a pas voulu prendre les antidépresseurs que je lui proposais.

Le membre de Médiagora est allé avec lui voir une association de lutte contre le sida où on lui a expliqué les précautions à prendre en lui confiant une documentation. Nous aimons les associations (listes en mairies), car elles réapprennent aux déprimés à se faire des amis.

Ce qui lui plaisait quand il venait me voir, c'était la sobriété de mes propos. « Vous ne me jugez pas. Ici, on peut vous parler de tout en termes simples. »

Il a toujours refusé toute thérapie. Je ne peux pas obliger un adolescent de dix-neuf ans à venir me voir toutes les semaines s'il ne le veut pas. J'espère simplement que ces quelques séances auront aidé Jérôme. C'est parfois suffisant avec certains adolescents. Par la suite, je n'ai plus eu de nouvelles, ni de lui, ni de ses parents.

*

* *

CONSEILS PRATIQUES
Si votre proche ou collègue a peur du psy

Lisez dans ce livre le ou les chapitres qui lui correspon dent, de manière à dédramatiser sa première consultation. (Vous pouvez ensuite contacter, si vous le souhaitez, l'Association française de thérapie comportementale et cognitive, où l'on vous indiquera le thérapeute le plus proche de chez vous : 100, rue de la Santé, 75674 Paris Cedex 14 ; e-mail : aftcc@wanadoo.fr).

Dites-lui :

« Le travail thérapeutique n'est pas difficile parce qu'il est progressif (tu passes au stade supérieur quand le précédent est acquis) et transparent (tu comprends toutes les stratégies du psy). »

« Le psy est un être humain comme toi. Son seul but est de t'aider à être heureux sans jamais te juger. »

« N'oublie pas qu'en apprenant à nager, tu ne dépends pas de ton maître nageur. Il faut du temps pour une thérapie comme pour apprendre à nager. »

« Une thérapie n'est pas interminable si tu y participes activement. Fais tes exercices de relaxation, d'écriture du stress, de jeux de rôle et de confrontation progressive à ton symptôme. »

« Ne critique jamais ni l'enseignant, ni le psy, ni le chirurgien de ton fils ou de ta fille. Va les voir tous les trois et donne-leur des conseils positifs. Sinon, en cas de souffrance, surtout suicidaire, tu peux le ou la tuer en l'enfermant dans sa détresse comme sur un voilier au milieu de l'océan enragé. »

Peur du changement
(« Expliquez-moi la différence entre psychothérapie et psychanalyse »)

Je suis très en retard pour ma consultation de cet après-midi. Cela ne m'arrive pratiquement jamais, car je suis quelqu'un de très ponctuel. J'ai même tendance à être en avance à tous mes rendez-vous. Mais aujourd'hui, je n'ai pas pu faire autrement. Voici pourquoi.

Pour prendre de l'essence, je m'étais garé derrière une grosse voiture. J'ai demandé à son conducteur d'avancer un peu pour que je puisse progresser vers la pompe. Mécontent, il n'a avancé que d'un mètre. J'ai fait de même, en effleurant le pare-chocs arrière de sa voiture — sans dommages.

Brutalement, il est sorti de son véhicule pour m'insulter et envoyer de grands coups de pied dans ma voiture. Je suis resté enfermé pour éviter sa rage ! Tout cela s'est fort heureusement bien terminé. Sa femme a réussi à le calmer. Elle s'est excusée auprès de moi.

Pourquoi une telle gentillesse chez l'un, et une telle violence pour si peu chez l'autre ? Le mot « dépression » me vient à l'esprit. L'homme exprime souvent sa dépression cachée par de l'agressivité. Cependant, dans le feu de l'action, même un psy comme moi a du mal à le comprendre.

Pour ne pas être fatigué ou tué par un violent, il faut se préparer à ne pas l'attiser par des jeux de rôle. C'est ce que nous faisons en apprenant notre métier. Et c'est ce que j'ai fait à la station service. J'ai d'abord contrôlé ma respiration en la ralentissant et en l'approfondissant. Puis, j'ai mentalisé la pensée inconsciente dépressive de mon agresseur : « Comme je ne vaux rien, je vais être ridicule si j'exprime à cet homme calme l'angoisse qu'il me cause en effleurant ma voiture. Donc, je l'agresse pour me cacher. » Enfin, je ne me suis pas défendu, mais j'ai affecté une mimique de soumission pour ne pas risquer ma vie.

Arrivé à mon cabinet, j'apprends qu'une jeune femme outrageusement maquillée et vêtue m'attend depuis une demi-heure. Elle s'appelle Véronique. Elle a l'air très énervée.

— Bonjour, Madame, veuillez vous asseoir. Excusez-moi pour mon retard.

— On m'a dit, docteur, que vous utilisez une méthode efficace pour combattre les peurs.

Véronique est aussi impressionnante qu'attristante avec son maquillage à gros traits, son décolleté plongeant, sa mini-jupe. Il va me falloir un peu de temps pour imaginer que cette femme qui n'a pas froid aux yeux peut avoir peur de quelque chose.

— Pouvez-vous m'en dire un peu plus sur vos peurs ?

— Eh bien voilà, j'ai une peur de l'eau qui s'aggrave d'année en année. Vous comprenez, docteur, c'est un calvaire pour moi, je n'ose pas le dire à mes amis. Je n'ai pas mis les pieds dans une piscine ou à la mer depuis plusieurs années. Moi qui adore la plage !

Étant plus à l'aise avec la thérapie comportementale et cognitive, très efficace sur les phobies, je suis tenté de la lui proposer. Mais je dois faire abstraction de mes préférences. J'écoute pour comprendre ce que veut Véronique. Souhaite-t-elle une thérapie ?

Je me souviens en effet d'un patient phobique. Après lui avoir expliqué comment fonctionnait la thérapie comportementale et cognitive, il m'a dit : « Ah bon, je dois donc revenir ? » Bref, il n'avait rien compris et j'avais parlé tout seul. Toutes les cinq minutes, nous devons demander à notre patient ce qu'il a compris.

— Quelle est votre envie de comprendre pourquoi vous avez tant peur de l'eau ?

— En combien de temps allez-vous guérir ma phobie ? J'aimerais aussi comprendre d'où me vient cette peur. Mais y a-t-il une autre option ?

— Oui, l'autre option serait, dans un premier temps, d'être à l'aise en entrant dans la piscine ou dans la mer.

— J'aimerais avant tout me sentir mieux, mais j'ai peur, avec une thérapie, de comprendre et de ne pas pouvoir changer !

— Vous devez cependant définir une priorité.

— Comment ?

— Je vais faire une comparaison. Imaginez que vous roulez sur l'autoroute et que vous crevez un pneu. Que préférez-vous ? Réparer la roue crevée pour pouvoir repartir ou tout connaître du fonctionnement de votre voiture ?

— Changer ma roue, bien sûr !

— Et pour la thérapie ?

— J'ai du mal à saisir le rapport que vous faites entre thérapie et mécanique automobile.

— C'est simple, Véronique, vous avez le choix entre plusieurs thérapies. Si vous voulez tout savoir de la mécanique et du fonctionnement de votre voiture, il vous faudra une psychanalyse, qui vous permettra de comprendre à partir de votre passé.

— Quel est le deuxième choix ?

— J'y viens. Vous pouvez aussi réparer votre roue crevée. Il s'agit alors des thérapies importées des États-Unis. Les deux principales sont : la nouvelle hypnose dite ericksonienne, du nom de celui qui l'a mise en place, Milton Erickson, qui inclut une technique de relaxation personnalisée ; et les thérapies comportementales et cognitives, qui comprennent des exercices progressifs de changement positif. Ces deux techniques peuvent s'associer. C'est d'ailleurs ce que je fais chaque jour à mon cabinet en proposant à mes patients de pratiquer d'abord un quart d'heure de relaxation avec moi, puis, toujours avec moi, un quart d'heure de thérapie comportementale et cognitive, et enfin une demi-heure d'exercice sous la supervision de mon assistante. Cela consiste à refaire ce qui a été fait en consultation avec un autre patient.

— Comment voulez-vous que je décide toute seule? C'est vous le psy!

— Qu'est-ce qui est le plus urgent à vos yeux? Comprendre précisément d'où vient votre peur de l'eau? Ou rentrer dans l'eau de la piscine sans paniquer, l'été prochain?

— Bien sûr, la deuxième solution!

— Alors nous essayerons les thérapies brèves.

Véronique semble alors hésiter.

— Comprendre?

— Si vous le permettez, Véronique, je vais utiliser une autre image: vous vous trouvez sur une autoroute, à un embranchement, et vous êtes obligée de choisir une direction. Si vous prenez à gauche, vous comprenez vos peurs sans jamais changer; si vous prenez à droite, vous perdez vos peurs sans jamais comprendre. Quel chemin choisissez-vous?

— Je prends à droite, car je préfère perdre ma peur de l'eau même si je ne dois jamais comprendre d'où elle vient. Mais je vous avoue que j'ai du mal à imaginer comment on peut aller mieux sans rien comprendre.

— Je comprends votre doute. Mais si nous reprenons l'exemple de la roue crevée, imaginez que vous commencez à remonter votre roue. Par exemple, vous visualisez le sens de revissage d'un écrou. De cette façon, vous acquérez automatiquement des notions de mécanique automobile.

— Alors, toutes les thérapies se ressemblent et finalement on parle pour rien!

— Pas vraiment, car il faut bien se donner une priorité. Par exemple, vous allez d'abord commencer par changer en faisant de nombreux exercices pour entrer dans l'eau de la piscine.

— Et où est la réflexion dans tout cela?

— On réfléchira, mais d'une manière dirigée vers votre objectif. Nous donnerons toujours priorité à l'action par rapport à la réflexion, qui ne nous servira qu'à comprendre vos exercices difficiles.

— Pouvez-vous me donner un exemple de ce que j'aurai à faire ?

— Vous avez appris à nager ?

— Oui, c'est bien là le problème. J'ai appris à nager quand j'étais petite. Plus je vieillis, plus je panique en voulant entrer dans l'eau.

— Eh bien, par exemple, vous ferez des exercices progressifs. En entrant dans la piscine, vous cheminerez pas à pas. Commencez par la situation la plus facile. Notez vos pensées à chaque exercice.

— Et si j'échoue aux exercices ?

— Si vous échouez, nous analyserons la pensée négative qui vous a inhibée, ce qui nous permettra de préparer le succès de l'exercice suivant dont nous aurons baissé le niveau.

— Je m'en veux un peu, docteur, car j'aurais dû soigner ma peur de l'eau bien plus tôt. Vous vous rendez compte, j'ai déjà quarante et un ans ! Y a-t-il intérêt à se soigner jeune ?

— Effectivement, il vaut mieux traiter les phobies des enfants le plus tôt possible, car une phobie en entraîne une autre.

— Véronique, nous sommes vous et moi de la même génération. Vous savez que lorsque nous étions petits, peu de gens s'intéressaient à la psychologie de l'enfant. On trouvait normal qu'un enfant ait peur du noir ou d'autre chose. On disait : « Ça va passer avec l'âge. »

— Et est-ce que cela peut passer tout seul ?

— C'est possible quand l'enfant est obligé de parler de sa phobie. Cependant, un enfant phobique non traité risque, plus qu'un autre, de devenir un adulte phobique. Alors, pourquoi pendre le risque ?

— Revenons à ma phobie de l'eau. J'ai bien compris le mot « comportemental », car c'est un mot que l'on entend et lit un peu près partout actuellement. Cela signifie que vous allez m'apprendre à entrer à nouveau dans l'eau. Mais que veut dire « cognitif » ?

Je suis heureux de voir que les patients commencent à intégrer ces termes. On en parle de plus en plus dans les médias. Ainsi, je souhaite que, le plus vite possible, les gens puissent décider en toute liberté s'ils veulent faire une psychanalyse ou une thérapie brève. Trop de patients ignorent qu'ils peuvent discuter avec leur psy du type de thérapie qui conviendra le mieux à leur objectif (précis et mesurable, comme c'est le cas dans le comportementalisme, ou vague), au temps qu'ils veulent y consacrer, à l'idée de changer (comportementalisme) ou de comprendre, à leur budget (remboursement ou non).

— Cela veut dire que nous ne travaillerons pas uniquement sur le comportement et que vous n'allez donc pas vous contenter d'exercices à la piscine.

— Que pouvons-nous faire d'autre ?

— Vous allez également noter vos cognitions à la piscine ou à la plage. Vous écrirez, une fois par jour, pendant quelques minutes, les pensées négatives qui arrivent automatiquement à votre esprit quand vous entrez dans l'eau.

— Si je travaille sur mes pensées, c'est comme une psychanalyse !

— Non, mais ces thérapies peuvent être complémentaires. Là, ce sera différent, car nous ne nous attacherons pas à comprendre votre passé comme en psychanalyse. En thérapie comportementale, nous allons privilégier l'idée de changer (« Je ne veux plus craindre l'eau ») par rapport à celle de comprendre (« Pourquoi ai-je peur de l'eau ? »).

— Belle formule, mais en quoi est-ce si différent ?

— Je vous dirais, Véronique, que le thérapeute comportementaliste n'est pas un observateur, mais un collaborateur. Ainsi, pour résumer : nous allons travailler de manière comportementale, c'est-à-dire que vous allez faire des exercices progressifs, comme mettre un pied dans l'eau ; dans le même temps, nous travaillerons de manière cognitive, c'est-à-dire que vous écrirez sur un carnet toutes les idées négatives quand vous serez angoissée en entrant dans l'eau, comme « Je vais me noyer ». Vous voyez, Véronique, la thérapie comportementale et cognitive est structurée et non pas libre comme la psychanalyse. Cela signifie que vous déterminez vous-même un but raisonnable à atteindre dans le cas de votre phobie de l'eau.

— Pour moi, c'est simple. Je serais follement heureuse si je pouvais faire un aller-retour dans le bassin de la piscine là où je n'ai pas pied. Mais je vous avoue que je n'y crois pas beaucoup.

— Bravo, Véronique! C'est un bel objectif que nous nous efforcerons d'atteindre.

*

* *

Véronique a attendu un mois avant de reprendre rendez-vous et de commencer une thérapie comportementale et cognitive à laquelle elle croyait peu.

Nous avons vu plus tard qu'elle avait de plus en plus peur de comprendre son symptôme, sa phobie de l'eau. Elle croyait comprendre que sa séduction était la cause de l'inceste dont elle avait été victime et de la frigidité dont elle souffrait.

La thérapie a duré cinq mois. Elle a permis à Véronique de me parler de sa relation incestueuse vécue à l'âge de sept ans avec son grand-père. Sa peur de comprendre était peut-être une peur de parler de ce qui s'était passé entre son grand-père et elle. Je lui ai conseillé une psychanalyse.

Véronique a par ailleurs fait un bon travail comportemental et cognitif qui lui a permis de guérir rapidement de sa phobie de l'eau et d'atteindre les objectifs qu'elle s'était fixés en moins de six mois.

En revanche, j'ai eu plus de mal à gérer l'attitude de séduction systématique que Véronique avait envers les hommes. Je me suis beaucoup préoccupé de ne pas avoir de comportements qu'elle aurait pu interpréter comme une réponse à ses avances fréquentes. Il ne se passait en effet pas une seule séance sans qu'elle fût dragueuse, soit qu'elle portât un maquillage excessif, soit une mini-jupe, soit un décolleté profond.

Je lui ai d'ailleurs demandé à plusieurs reprises, dans le but de l'aider à être plus sincère sur ce point, si son attitude était voulue. Elle ne m'a jamais répondu. Lors de la dernière séance, cependant, elle m'a dit: «Merci de n'avoir pas été un père incestueux en ne répondant pas à mes attitudes provocantes. »

Elle m'a confié qu'elle avait pris rendez-vous avec un psychanalyste pour travailler son obsession de séduire et l'inceste qu'elle avait vécu. « J'allume les hommes et je me sauve », m'a-t-elle dit. Je lui ai répondu qu'elle avait pris la bonne décision et qu'elle allait réussir, car elle avait déjà fait beaucoup de chemin ici.

*

* *

CONSEILS PRATIQUES
Si vous avez peur de ne pas assumer en comprenant votre symptôme

Vous pouvez d'abord choisir de changer par la thérapie comportementale et cognitive plutôt que de comprendre par la psychanalyse. La résolution du comportement douloureux (par exemple, comme dans le cas de Véronique, une phobie de l'eau, un problème incestueux, une frigidité) est progressive.

Cela vous donne du temps pour remplacer ce comportement par des actions positives. Ainsi, Véronique explique sa phobie aux amis, l'inceste à sa mère, la frigidité à son compagnon.

On ne guérit jamais d'un problème en s'empêchant d'y penser, ou en s'interdisant de le comprendre. C'est la meilleure manière d'en faire une obsession.

Au contraire, on guérit toujours d'un symptôme en lui faisant front progressivement. C'est comme un cheval sauvage qui est d'abord plus fort que vous et que l'on apprivoise petit à petit.

Pour les gens qui ont peur de comprendre, le comportementalisme permet de débuter en douceur. Il ne recherche pas la cause d'hier, mais le cercle vicieux du symptôme d'aujourd'hui pour le contredire.

Comportementalisme et analyse se complètent. Nous suggérons une analyse après la thérapie comportementale quand nous avons un patient curieux, intéressé, frustré de la directivité. Certains font les deux en même temps. Dans ce cas, l'amélioration du symptôme par le comportementalisme permet de récupérer de l'énergie pour l'analyse.

TABLE

PREMIÈRE PARTIE

Le corps qui souffre

DEUXIÈME PARTIE

L'esprit qui stresse

TROISIÈME PARTIE

La famille

QUATRIÈME PARTIE

Médicaments et thérapie

Cet ouvrage a été imprimé par la
SOCIÉTÉ NOUVELLE FIRMIN-DIDOT
Mesnil-sur-l'Estrée
pour le compte des Éditions Payot & Rivages
en février 2001

Imprimé en France
Dépôt légal : février 2001
N° d'impression : 54572